资本短歌行

中国概念股的海外上市、退市与回归

李靖怡◎著

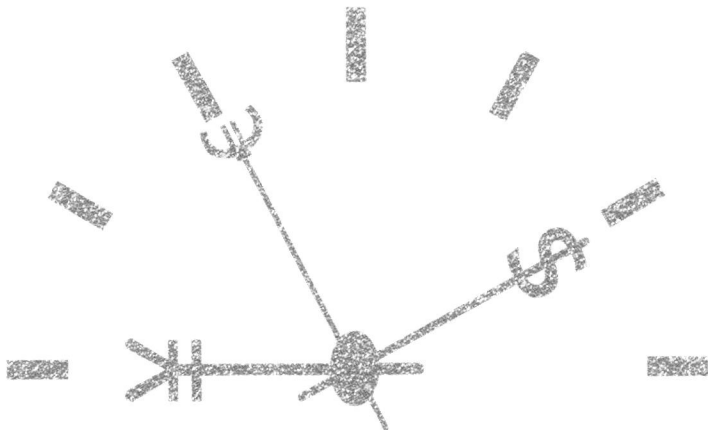

ZHEJIANG UNIVERSITY PRESS
浙江大学出版社

前　言 | PREFACE

一、起因：中概股的海外上市选择

本书意在讲述海外上市的中国概念股（下称"中概股"）的历史、现状和发展，尤其是在美国上市的中概股企业近年来的行路历程。

我国改革开放至今已 40 载。国内企业尤其是新兴行业企业，选择远赴海外成熟的资本市场上市，也有 30 多年的历史了。在历史的长河中，时不时有闪耀的事件出现，比如阿里巴巴，从创立到现在不过 20 年，却因抓住了信息时代的际遇，拔得业内头筹，在海外股市实现了千亿美元的市值。

不过，这种"开了挂"的企业，在中概股企业当中，还不构成多数。截至 2018 年年初，在纳斯达克市场中的 112 只中概股的平均市值仅为 30.22 亿美元，中位数市值仅为 1.27 亿美元。股票市值指标还只是一方面，其他指标（如股票交易量等）也乏善可陈。简而言之，与国内上市的同类企业相比，海外上市的中概股企业越来越发现，其不会因为在海外上市而占有明显的优势。

但这些中概股企业毕竟是在海外成功上市了，这意味着什么呢？

曾有人把在海外上市描绘成门槛低、难度小，还能快速产生国际影响的发展捷径，而实际情况又如何呢？

现实中，海外上市也许是更容易一些。但上市成功是一回事，维持上市状态则是另一回事，"相爱容易相处难"。在海外成熟的资本市场，要想维持上市状态，意味着上市企业必须遵守各项严格的监管制度，进行详尽的信息披露，与投资者及时、有效地沟通，承受较为高昂的上市成本。

这些维持海外上市的要求，对于中概股企业来说，从运营、财务、合规、信息披露等各个方面，都构成了不小的负担。此外，还有浑水等做空机构和股民集体诉讼对上市企业紧盯不放、虎视眈眈，这些都构成了中概股企业在海外上市后的沉重压力。

二、承述：中国概念股的海外退市选择

通常而言，就上市门槛和难度系数来说，我国国内资本市场是要显著高于海外资本市场的。过去一些年以来，远赴海外上市，渐渐成了国内企业尤其是新兴行业企业发展的一个常规选项，在海外上市的中概股也逐年增多。

与此同时，越来越多的中概股企业逐渐认识到，海外资本市场似乎是"宽进严出"。根据这些企业的切身经历，在海外资本市场上市，往往意味着监管严、费用高、做空多、被诉多、处罚多。

在这样的资本市场维持上市，其实不是件容易的事，不少中概股企业感到"水土不服"。漂泊在海外资本市场，就像漂泊异国他乡的流浪人，劳心劳力，风波不断。于是，为数不少的企业选择在某个时点从海外资本市场退市。据 Wind 统计数据显示，截至 2018 年年初，海外上市的中概股数量共有 334 只，与之相对的是，已有 242 只中概股摘牌退市。

　　由此可见,在海外上市的中概股企业当中,从海外资本市场退市(无论是主动退市还是被动退市)的比例高得惊人。在这一数字的背后,似乎存在着一些逻辑上的悖论。如果说中概股企业当年赴海外上市是其主动的选择,那为何会在数年后选择私有化和退市? 如果说目前许多中概股企业从海外资本市场退市,是为了回到国内资本市场再上市,那为什么它们当年不直接选择在国内上市? 如果说在海外资本市场上市会遇到很多压力和挫折,那为何当初中概股企业还会毅然选择海外上市,并且直至今天,仍有不少国内企业希望去海外上市?

　　现实中没有"如果",但现实却可以被充分观察和解读。中概股企业作为市场主体,其行为应该是理性的。所以,尽管这些企业的路径看起来似乎在来回变换,时而选择上市,时而选择退市和回归。但企业选择的路径在"当时"都是出于现实和理性的考虑,既目标明确,又受制于固有的局限性。说到底也并不复杂,无非是"山不转路转","到什么山上唱什么歌","此一时彼一时"。

　　风起于青萍之末,浪成于微澜之间。当中概股企业决定实施其上市、退市和回归等计划的时候,它们既受制于外部,包括跨境资本市场、投资和政策等大环境,又在一定程度上反制外部,对国内外资本市场造成了一定的影响,还引发了一些政策和法规的出台。这便形成了一段很值得研究的历史,也是本书的关注重点。

　　三、转述:中概股的各种际遇

　　当真去研究这个题目就会发现,中概股的海外上市、私有化退市及回归境内(以及后来的回而不归),其中的传奇故事很多。中概股企业的各种际遇和不同经历,像极了时下经济世俗景象的写真画卷。在这画卷中最难描绘的,当属色彩繁复变幻的背景,也就是中概股企业所处的复杂市场环境,其间重大变化与转折不停发生。甚至说,这些变化和转折,也贯穿了本书的起草、修改和定稿的全过程。

2015 年夏天,史上最大规模的中概股海外退市潮涌起。当时国内资本市场非常火爆,许多中概股企业都打算先从海外退市,再辗转回国内上市。但是很快,2016 年年初国内资本市场风向突转,许多原本打算退市和回归的中概股企业,此后都决定继续留在海外资本市场。也正是这个时候,本书作者决定下笔写这一题材。

写着写着,新变化又出现了。2016 年整年,选择赴海外上市的中概股企业显著变少。作为对比,当年国内资本市场对 IPO 审核和新股发行的速度明显加快,通过 IPO 的企业数目很多,全年发行新股 267只。而对于中概股企业的回归,我国监管机构转而持非常警觉的态度,加紧了对上市公司定增和重组的监管力度,而且对于借中概股回归之名而实施"炒壳"等涉嫌内幕交易和跨境资本套利的行为,更是严加防范。

本书初稿形成于 2017 年春天。作者本来担心,2016 年监管新政出台后,中概股的海外退市和回归势头势必要随之沉寂,中概股也将失去话题性。但结果,世易时移,虽然投资风向变幻,但中概股的领域一直有很多话题。在稿件交出版社审校的过程中,国内资本市场 IPO 被否决又成了常见情形。与此同时,国内企业赴海外上市再度成为流行。而新近在美国成功上市的企业当中,还包括一些互联网金融企业,比如做现金贷的趣店等,中概股的各种话题连绵不断。

对于中概股的很多新情况和新变化,本书囿于篇幅而并未涉及。从本书涉及的内容来看,中概股企业、企业创始人、管理层、外部资本、中小股民乃至不同的监管机构之间,存在着多层次的冲突与博弈,呈现了异常丰富的表相,值得深入探究。

总之,在复杂多变的市场环境下,企业似乎只能"短歌行"。如果不唱"短歌"而唱"长歌",很容易变成唱"长恨歌"。在历史的画卷中,中概股企业一路折腾,一路吟唱。

四、结语:作者的免责声明

综上,在这短短一年多的写书过程中,冬去春来,本书涉及的课题内容也发生了许多变化。许多中概股企业归去来,归来去。这让笔者感到要非常努力才能写出本书的脉络,也担心在陈述和叙事当中有认识上的错误和局限。文责之重,不禁感到如履薄冰。

也正是因为笔者的心有余而力不足,导致书稿迟迟未定,这让出版社的编辑们也跟着受累,排版就排了很多次,笔者在此郑重致以最诚挚的歉意。同时,对于财新传媒的张老师和浙大出版社的曲老师,对于从事相关基金、证券、传媒等领域的各位老师和专家,以及对本人写作给予亲切支持和关怀的各位亲朋好友,笔者也在此致以最诚挚的感谢。

还要请读者见谅的是,由于笔者是律师职业出身,觉得非常有必要专门强调下免责条款,这也算是职业习惯吧,请各位读者在阅读本书时,需要首先接受笔者的如下免责声明作为前提。

本书中案例、数据等信息均由公开渠道查得,对其准确性、可靠性、完整性和及时性,笔者不做任何保证和承诺;对书中任何事实、观点或线索的陈述或引申,均不意味笔者赞同、支持、同意或有任何意见;读者开始阅读本书即意味其具有充分合理的常识和判断力,并且能够独立承担责任。

本书中内容不具有专业指导、投资咨询的性质,不构成对书中涉及公司股票购买等事项的暗示、鼓励和支持,亦不构成对任何商业交易或投资方略的倾向性指引,本书内容在任何情况下均不构成任何主体做出任何商业和其他方面的决定、评价和判断的依据。

笔者对于本书中提及的各家公司、个人、机构和主管部门等主体以及相关规定、政策、趋势等各方面事实和情况,均不传递本人和本人从业机构的任何态度取向、价值判断和未来预测。如果读者形成任何印象、感受、思想或想法,请依赖自己理性想法行事并独自为其负责。读者认可笔者已尽其所有合理努力而展现和解读一段历史,舍此无他。

目　录 | CONTENTS

|第一章|

海外上市历史的真相

● 国内许多创业企业会优先选择去海外上市,这种做法由来已久,为什么?

● 哪些海外上市地最受国内创业企业的青睐?

● 国内企业选择去海外上市,可以得到什么好处或机会?

● 近年来国内企业进行海外上市的大致情况如何?

在读完本章后,对于以上问题,应该可以得到答案。

一、海外上市和国内上市的比较

1.高攀不上! 国内上市高门槛

曾几何时,远赴海外上市,是许多国内创业企业热衷的选择。在过去的大约 20 年间,能去美国的纳斯达克证券交易所敲钟,是创业者们的一大浪漫理想。对于从事新兴行业的企业,例如,互联网、电信、媒体和科技行业的企业新秀们,尤其如此。

这些国内企业,当初为什么选择去海外上市,而不是留在国内上市呢? 海外证券市场的吸引力在哪里?

回溯到早些年,对于决定赴海外上市的国内企业来说,其实也不是他们不想在国内上市,而是不能。要想在国内 A 股证券市场上市,企业需要满足很高的硬性指标要求,比如对于公司的净资产和净利润等要求,并且需要连续盈利,而当时从事新兴行业的这些创业企业难以达到。

当时的新兴行业企业,大多是轻资产、低盈利的初创公司,虽然可能因其具有高科技、快增长的特点而受到投资者的追捧,融到了 A 轮、

B轮等好几轮资金，但常常还不免于处于长期亏损的状况。① 而如果等到有了盈利之后再去上市，则很容易错过最佳发展时机。这些新兴行业企业，由于财务指标达不到国内上市条件要求，想上国内A股进行首次公开发行的话，有点"高攀"不起。

再者，与世界其他资本市场略有不同的是，我国资本市场从20世纪90年代设立伊始，就负有一个特殊的使命，那就是让那些负债太多而无法清偿的国有企业上市融资，从而一举解决国企亏损、多角债困境和银行不良资产等难题。新兴行业的初创企业，基本都是民营企业，在当时的环境下看，国内资本市场确实也并非为其而设。

总之，国内资本市场上市的高门槛，将当时许多新兴行业企业挡在了门外。尤其在2009年国内开设创业板之前，这类企业基本难以摸到国内A股上市的门槛。② 尽管这些企业属于新兴产业中的先行者，虽说具有广大的发展空间，但按照国内的上市标准来看，不符合上市的基本要求。现实就是如此骨感。

---

① 这些新兴产业的创业企业，只有轻资产，缺少固定资产作为抵押物，很难从银行取得融资，所以企业的外部融资以风险投资为主。前些年的主流风险投资以美元基金为主，如投资阿里巴巴的雅虎和软银。这类风险投资不从企业分红中获利，他们的主要获利方式是在被投资企业上市时进行套现。

② 我国2009年10月推出的创业板，其首次公开发行条件中的财务指标的设置上参照了主板（包括中小板）的首次公开发行条件，主要选取净利润、主营业务收入、可分配利润等财务指标，同时附以增长率和净资产指标，但在各个指标的量级要求上，创业板低于主板的要求。另外，创业板在净利润/营业收入上设置了两套标准，发行人只需要满足其中之一即可。

2.看得见的手！国内上市路漫漫

如前所述,对于早期的新兴行业企业来说,选择去海外上市其实并不是什么选择的问题。国内上市要看财务指标,这些是硬性门槛,新兴行业企业有些达不到。除此之外,国内股票上市实行核准制,上市进度经常要受制于较多不可控的因素,难以确定上市要花多长时间,这对企业来说也是个不小的困扰。

我国证券市场最初建立时,采用的是总量控制、额度管理的审批制,具体上市的指标要由国家计委①向各部委和各省级政府分配。但审批制没有施行多久,就在 2000 年左右改为核准制。自此,如果企业想要在国内上市,须向中国证监会提出上市申请,接受保荐机构的上市推荐和辅导,然后排队等待"上会",接受中国证监会发审委的审核。

这套核准制下的上市基本流程,已经沿用了近 20 年。不过现实当中,我国新股上市的审查和核准的速度以及每年新增上市企业数量,还是受制于不少的因素,受到原来审批制下各种管控手段的影响。

比如,按照业内经验,当国内股市低落,较长一段时间都走不出熊市困境时,IPO②的审查速度和新股的发行速度就会随之放缓,甚至IPO 暂停、关闸。至于何时 IPO 可以再开闸重启呢? 不确定,一般要等到 A 股股市整体局势好转。

所以,IPO 暂停,也许会在停了一两年以后再开闸。而在这暂停的

---

① 全称为国家计划委员会,是国家发改委的前身。

② Initial Public Offerings,简称 IPO,指首次公开募股,即一家企业或公司第一次将它的股份向公众出售。

一两年间,还会不断有企业向证监会递送申请材料,参与到等待上市审核的队伍中来。于是,排队等待上市的企业数甚至可能多达上千家,出现了"堰塞湖"的状况,进而导致上市公司壳的价格飙涨等一系列问题。①

这便可以理解为何企业会对在国内上市有所顾虑了,因为对于何时能上市成功,往往无法有明确的预期。② 尤其 IPO 前的等待审核期太长,许多企业还出现了业绩下滑,甚至无法符合上市条件等情况。因此导致企业对于上市的前景感到渺茫,甚至担心上不成。面对不可测的命运,亲历者常说,这上市的过程是一场修行,而能不能修成正果,自己说了不算。

3.丽质难自弃! 中概股"远嫁"海外

相比之下,国内企业选择去海外上市就是另一番景象了。相较于我国证券市场对企业上市的盈利能力、资产规模等硬性规定,海外资本市场对企业上市的要求更加宽松和灵活。海外上市,尤其是美国等成熟的市场,在上市门槛的设计上,没那么看重企业硬实力,企业亏损也没关系,反而更看重其成长性。这一点,就备受高科技初创企业的青睐,让企业感觉自己够得上海外上市的门槛。

另外,远赴海外成熟的资本市场上市,对于新兴行业企业来说,也是为了满足自己的海外投资机构的需求。这些海外投资机构是企业的

---

① 当 IPO 无法进行,企业就会转而寻求借壳上市、上市公司并购重组等方式来对接资本市场。

② 2016 年我国资本市场 IPO 审核和发行速度明显加快,全年发行新股共267 只。

贵人,还在很早的时候就看好并投资了这些企业,几年之后,企业需要海外上市以帮助贵人退出并取得收益。

新兴产业一直颇受国际资本的青睐。美元风险投资(VC)、美元私募基金(PE)这类海外投资机构,慷慨地向新兴行业企业提供融资,不吝提供大笔资金,让企业烧钱去发展,去占据市场份额。

这些海外投资机构在投钱之后,最希望看到的莫过于自己投资的项目能在海外上市,从而实现上市退出,获得投资成功的声名,并且获得高额的投资回报。为此,融到海外资金的这些企业的创始人,也愿意奔赴海外资本市场,谋求理想的 IPO,一方面能让自己创立的企业上一个台阶,走向国际资本市场,另一方面也能报答海外投资机构的知遇之恩。

从海外上市的程序和时间来看,对于企业来说,也更容易感到有把握。在申请上市的过程中,企业需组建一个包括投资银行、法律顾问、会计师等在内的中介团队,完成尽职调查、招股书等法律文件的起草,确保企业相关信息得以真实完整地披露,然后就可以向海外的证券监管部门或直接向交易所申请上市注册登记。在那之后,企业就可以进行路演、定价,并最终实现挂牌上市。因此,如果选择在海外上市,上市企业对于整个上市过程有更大的自主度,也更容易把握股票的发行时机。

此外,在海外上市之后,上市公司可以自主决定进行再融资,包括发行新股或者转增股份等,通过上市公司董事会便可决定和启动实施。而国内上市企业的再融资仍要通过主管部门的审核。另外,如果海外上市企业想要实施对企业员工的期权激励计划,通常在程序上也较为便利。

更值得注意的是,如果国内公司选择赴海外上市,尽管公司的资产和业务都在国内,但上市公司本身和上市行为都要适用国外法律,遵循国外的法律法规以及上市公司治理准则,需要符合国外证券监管机构和证券交易所的要求。在这一过程中,通过对国外资本市场规则的遵守,上市公司能够得到国外资本市场的认可,进而被国际投资者认可和接受,与国际接轨。这也是企业在海外上市能取得较高声誉的原因。

这些在海外成功上市的企业,成为海外投资者口中的中国概念股公司,简称中概股。中概股"远嫁"海外,不仅从海外资本市场融得资金,还可获得国际合作资源和商业机会。对于中概股公司来说,天生丽质难自弃,"远嫁"海外正当时。

二、海外上市对中概股公司的好处

1. 声势浩大!海外上市潮

按上节所讲,就不难明白中概股公司去海外上市的原因了。中概股公司在国内上市太费劲了,但又有上市的需求。一扇门关上了,旁边也没有窗,这时人就想到了翻墙,赴海外上市。这些中概股公司,不仅想从海外资本市场融得资金,还想扬名立万、名利双收。

怀揣以上梦想,中概股公司漂洋过海,开始了"远嫁"海外资本市场的征程。确实,有些梦想实现了,太多中概股公司正是借力于海外资本市场,才得以成就一方势力;但也有些梦想落空了,这也是为什么有那么多中概股公司或主动或被动选择了退市。当然了,这是后话。

我们先看积极的一面。从历史上来讲,在海外资本市场上市解决了中概股公司的融资问题,为中概股公司的成长和发展提供了巨大的助推力。从 1992 年华晨汽车在美国上市以来,源源不断地有中概股公司成功在海外上市。

海外主流的资本市场,吸引着来自全球的资本,拥有数量庞大的机构投资者,国际化程度高,市场规模大。业绩表现突出的中概股公司,容易获得国际投资者的青睐,也容易获得高市值,融得更多资金。

中概股公司海外上市出现过几个高潮。在 2007 年的时候,兴起了一大波中概股公司海外上市浪潮,当年海外上市中概股企业数量猛增。到了 2010 年和 2014 年,又迎来了两波中概股公司的海外上市高潮。

业内有人说,中概股公司的海外上市,适用的是"大小年"法则,即有的年份 IPO 多,而且 IPO 新股发行价也高,融资额也高,那么这就是大年;而有的则相反,那就是小年。2007 年、2010 年和 2014 年,都算大年,小年则出现在 2008 年、2011 年、2012 年和 2016 年。

2.上市地哪家强?猜是美国

在海外上市地中,中概股公司可以有众多的选择。但既然是为了获得资本,中概股公司优先选择的当然还是发达国家,如美国、英国、新加坡等。所以,中概股公司倾向于选择发达国家证券交易机构,如美国的纳斯达克证券交易所、纽约证券交易所,此外也包括新加坡、日本、欧洲一些国家和澳大利亚的证券交易所。

但如果问到在所有上市地当中哪里最受青睐,还应当属美国。美国有多层次的资本市场(其中最受重视的包括纳斯达克证券交易所和纽约证券交易所),有成熟的规则和投资者,有非常高的股票换手率,而且对于中国新兴行业的初创企业更认可，对于互联网公司、高科技公司的认可度也高，因此一直以来都是多数中概股公司的首选上市地。

从股市发展情况来看，本轮美股牛市持续的时间已超越了上一轮牛市（20世纪90年代的互联网泡沫），美国股市给投资者的回报堪称一骑绝尘。赴美上市企业集中于互联网、金融和医疗健康等行业，我们所熟悉的互联网企业，如百度、新浪、网易、阿里巴巴、京东等巨头，都在美国上市。

2003—2014年，共有270家中概股公司赴美上市，IPO首发募集资金累计超过340亿美元。但2015年之后的一段时间，我国国内的IPO审批加速，国内的新股发行价更高，融资额也更高，赴美上市的吸引力就变小了。

2015—2016年，企业更有热情选择留在国内上市，赴美上市的数量锐减。2015年，在美国启动IPO的中概股公司数量只有14家，IPO总规模为6.66亿美元，是自2011年以来的最低。2016年，共有8家中国企业赴美国上市，筹资金额不少，达到21.52亿美元。

近年来看，互联网、高科技行业企业以及受制于国内政策而难以上市的企业，还会倾向于选择远赴海外上市，但对于其余企业来说，留在国内上市也是个很好的选择。

这么看来，随着国内资本市场的发展，创业企业自身盈利水平的提升，选择留在国内上市也好，选择海外上市也罢，不同的方式，各有千秋。选择在哪里上市，要看企业的自身情况和当时的市场情况而定。企业在哪里上市这个问题，已经不再有固定答案了。

海外上市后遭遇的真相

● 国内企业选择去海外上市,会遭遇什么限制或困境?

● 早期某些财务造假的中概股公司,是怎么毁损中概股集体信
　誉的?

● 过去一段时期里,海外针对中概股公司的严厉监管和集体诉
　讼,为何接踵而来?

● 从上市时的被追捧,到后来的被做空和被起诉,前后的境遇差
　别可以有多大?

在读完本章后,对于以上问题,应该可以得到答案。

一、海外上市对中概股公司的锤炼

1. 束手束脚！海外管特严

前两节讲述了企业选择海外上市积极的、有助益的一面,中概股公
司通过海外上市实现了最初的希望与理想。但是,从本节开始,将要开
始讲述海外上市的另一面,涉及各种现实状况,如高昂的成本、严重的
约束以及现实的危机,姑且把这些叫作海外上市对中概股公司的锤
炼吧。

前面说到了中概股公司"远嫁"海外。但到了海外,并不必然等于
今后能过上美好幸福的生活。跑到海外上市的中概股公司渐渐意识
到,外面的世界很精彩,外面的世界也很无奈。

海外上市后,中概股公司逐渐意识到,海外资本市场的制约很多,
上市维护成本非常高。比如,上市公司每年必须花的审计费用就达百

万美元。再如,上市公司必须按照上市的规定进行详尽的信息披露,事无巨细,马虎不得。否则,一旦信息披露做得不到位,就可能招致大规模的集体诉讼,并且还可能遭到证券监管机构的天价罚款。

如果只是监管严格、花费高昂,中概股公司也许还能忍受。只要能换来所需的资金、市场和股票融通的便利,咬咬牙也算值得了。但很多中概股公司失望了,因为这几样真没换来。尤其是在 2011－2013 年,很多中概股公司慨叹,在海外市场受了这些"洋罪",换来的是股价跌不停、公司被做空、法庭当被告,霉运不断。这是怎么回事呢?

2. 做空来了! 一时风声鹤唳

股价跌,首先要怪某些存在财务状况的中概股公司。早些年赴海外上市的某些中概股公司,存在着严重的运营或财务问题,为了能尽快在海外上市,不惜采取财务造假等手段。

在上市之后,这些精心粉饰过的财务状况被曝光,上市公司被打回原形。财务造假的公司不仅自己倒霉,还连累了其他没有造假的中概股公司,股价纷纷下跌。财务造假的公司像老鼠屎一样,坏了所有中概股公司的信誉。

公司信誉损坏之后,买了中概股公司股票的投资者人心惶惶。在这一背景下,浑水公司(Muddy Water)和香橼研究(Citron Research)等主导的针对中概股公司的做空应运而生。

要知道,在海外资本市场,是没有跌停板限制的,做空是可以挣大钱的。而做空机构的目的,也不是单纯地揭露财务造假、保护股民和维护股市环境,相反,他们的核心目的是做空公司股价来以此牟利。

浑水公司的创始人卡森·布洛克(Carson Block)是美国人,律师出身,是个中国通。浑水公司那些年做空的中概股公司非常多,曾使东方纸业、绿诺科技、多元环球水务和中国高速传媒这一串中概股公司停牌或摘牌。2011年,还让号称北半球最大的嘉汉林业公司申请破产。

香橼研究类似于浑水公司,是专门发布做空报告的研究机构,尤其针对中概股公司。该公司由犹太人安德鲁·莱福特(Andrew Left)创办,据称只有1名正式员工。就是这家小型机构,在创立的10多年里,发布了上百份做空报告。

在浑水等机构的做空报告中,最主要针对的问题还是财务造假,除此之外,还有公司治理、内部人控制,而这很多是源自中概股采用的协议控制结构的风险。浑水等做空机构,在做空一家中概股公司的同时,往往还捎带着打击其他中概股,让其他公司的股价受到牵连,导致集体跌跌不休。

有问题的中概股公司股价固然一泻千里,没有问题的中概股公司也跟着"躺枪",股价一样受到牵连,长期在低价徘徊。总之,遭到做空机构密集火力的打击之后,中概股公司几乎都遭遇了信任危机,海外资本市场上一片风声鹤唳,多家中概股公司因此停牌或退市。在当时,海外投资者认为中概股公司基本都是"坏人",都是财务造假者。

3.炸弹连环炸！监管和诉讼紧相随

中概股公司在美国上市,要遵守的规矩很多。美国证券交易委员会的监管机制,原本就让中概股公司受到很大的束缚。比如,作为美国上市公司,中概股公司信息披露的责任重大,公司重大事项的决策涉及的各项信息,包括对外投资情况、公司财务状况、业务上的重大改变与战略决策等,按照规定都要进行披露。如稍有不慎,被认为其中存在信息披露不及时、不正确、不完整的情况，中概股上市公司和董事会就可能面临监管部门的惩处，海外投资者就会委托律师发起集体诉讼。

中概股公司存在财务等方面问题被做空机构曝光后，也引起了监管部门的重视。监管部门随之开展调查，针对中概股公司的监管措施也就随之被引爆。与之同时，当做空报告发布后，中小股民也在海外律师事务所的支持和鼓励下，提起对中概股公司的集体诉讼。这些便一起构成了对中概股公司的围剿。

散户投资者们在美国启动对上市公司的诉讼，基本不怎么需要垫付费用。本来在美国打官司代价高昂，起诉者要负担全部诉讼成本，诉讼费、律师费等还很贵，一般人不舍得自掏腰包去打官司。但因为投资者们可以提起代表公司的股东代表诉讼，诉讼完事后可以找公司报销，至于律师费，可以在判决结果出来后，按照胜诉结果分成支付。如此一来，散户投资者们起诉几乎没有成本，胜诉了还能获得收益。这也是在美国容易出现大量集体诉讼的原因。

据不完全统计，从 2011 年开始，有超过 170 家在美国上市的中概股公司，遭到了美国证券交易委员会的调查，其中超过 60 家在经过调查后遭到了起诉。除此之外，中概股公司还遭受了多起中小股东因此提起的集体诉讼以及美国司法部的调查和起诉，官司和非议不断。

总之，中概股公司"嫁"到海外，遭遇了一系列的打击，陷入了集体性困境。于是，中概股公司就必须时不时地自证清白，证明自己合规运营。久而久之，中概股公司也觉得非常委屈。

二、分众传媒海外上市的遭遇

如果企业能去美国上市，那按说该是非常风光的事情。但世事无常，尤其在2011—2013年，很多中概股公司逐渐发现，漂洋过海到海外，所遭遇到的却是糟心事不断：股票被做空、股价腰斩、公司被起诉、公司被罚款。

当年辛苦挺进海外上市之路的中概股们，哪个曾料想到会遭遇这些。分众传媒（FMCN，又称"分众"）在美国纳斯达克上市之后，就遭遇了这样的委屈。

1.直击并购问题！对做空的还击

分众传媒创建于2003年，产品线覆盖商业楼宇视频媒体、卖场终端视频媒体、公寓电梯媒体、户外大型LED彩屏媒体、电影院线广告媒体、网络广告媒体等媒体网络。刚到美国上市之初，分众也曾一时风头无双，受到海外投资者的广泛追捧。

2005年，分众传媒成功赴美上市，以1.72亿美元的募资额，创造了当时中概股公司在纳斯达克证券交易所的纪录，成为海外上市的"中国传媒第一股"。

但在随后的7年间，情况发生了翻天覆地的变化。一桩桩的事情爆发出来，让分众感觉美国资本市场实在是待自己刻薄至极。到了2012年，分众传媒更坚定地认为，必须从美国退市，非退不可。究竟发生了什么呢？

首先，分众遭遇了浑水公司的做空。2011年11月，浑水发布了长篇报告,直指分众有如下问题:虚报约 50％其所拥有的 LCD 屏数量;虚报部分收购,宣称自己收购、减计,实际上根本没有进行过收购;在知情和故意的情况下,分众在收购中支付了过高的价格并造成亏损;纵容内部交易,分众公司的内部人士进行子公司的买卖,净赚至少 7010 万美元,同时导致公众股东亏损 1.596 亿美元。

浑水这篇报告可以说打击力度非常大,但这还不算完,此后到 2012 年 2 月 9 日,浑水又再陆续发出 4 篇针对分众的报告。

纵观浑水针对分众的大部分问题,都是关于分众多次并购交易的。据不完全统计,2004—2007 年,分众先后投资和收购了 60 多家公司,其并购对象包括框架、聚众、好耶等。2007 年,分众甚至准备动手收购老牌互联网企业新浪公司。总之,分众在那段时间里,确实是并购不断,买到手软。

而按照浑水的报告,分众是一家罕见的“无良”公司,分众的高管凭借多起收购兼并,实现侵吞上市公司公众股东利益的目的。按照浑水的说法,分众的高层靠收购等内部交易,“从股票赢利至少 17 亿美元”。

要知道,当时分众距其上市已有 6 年多的历史,上市时间不算短了,投资者们原本假定,这样一家公司在自我治理和监督方面,应该是靠谱的。只可惜,被浑水这么一带节奏,投资者纷纷用脚投票,导致分众的股价短时间内大跌不休,连其他中概股公司在海外资本市场的形象也跟着跌落谷底。

面临浑水的做空和股价的下跌,分众传媒创始人兼 CEO 江南春,带领分众的管理层试图做出还击。他们赶紧在二级市场收购股票,一方面令股价止跌,另一方面也加强其自身的控制地位。

同时,江南春等管理层还得到了投资机构盟友的支持。危机爆发之后,分众的机构投资者复星国际,也一度增持分众股票,持股比例达到总股本的 17.2%。总之,面对浑水的做空,分众积极回应,双方数度交锋,分众传媒的股价逐渐反弹,终于实现了力挽狂澜。

2.天价赔款！被告被罚的危险

如上所述,浑水公司凭借几份报告,就把分众的各个疑似风险问题一一"踢爆"。但这只是一连串倒霉事的开始。当浑水把"雷"踢爆后,紧跟着的是监管机构的严厉监管和高额索赔诉讼,连环"炸"接踵而至。

分众因收购招致了多起法律诉讼。在当被告这方面,分众在中概股中表现比较突出,经验也很丰富。例如 2007 年 11 月和 2011 年 12 月,分众就遭到了两起股东集体诉讼。

2015 年,分众传媒又遭到美国证券交易委员会的一起行政诉讼,该起诉讼是针对 2010 年 3 月分众全资子公司好耶网的一起管理层收购。针对这一管理层收购和随后的 100% 股权出售交易,美国证券交易委员会指控称,分众传媒及其 CEO 江南春违反了美国证券交易法的多项规定,包括禁止重大不实陈述和信息隐瞒条款以及要求上市保留完整会计记录条款。

这一起行政诉讼,后来以辩诉双方的和解而告终。分众传媒及其 CEO 江南春同意接受美国证券交易委员会的行政禁止令,其中包括禁止再次违反证券交易法的相关条款。同时,美国证券交易委员会开出了总金额高达 5560 万美元的和解赔偿方案,该赔偿将直接用于建立基金,用于赔偿受害的公众投资者。

分众传媒从美国退市后,此笔赔偿金仍需要支付。① 该笔赔偿金金额算是很高的了,纵观中概股公司在美国当被告的情况,比这一赔偿金额还高的,只有中国高速传媒,其被判罚 6800 多万美元赔偿金。

总之,从上市之初受热烈追捧,到后来遭遇频频做空,再到在多起诉讼中当被告,分众在美国上市的这 7 年间,遭遇了天上地下的变化。到了后期,分众更像个受气的小媳妇,前有浑水做空,苦苦相逼;后有美国诉讼,没完没了。

当陷入山高水深的境地,自当见险而止。于是,经过反复权衡后,以 CEO 江南春为首的管理层认为,分众要想彻底摆脱窘境,必须退出美国资本市场。于是,这才有了后来分众回归国内 A 股的繁荣景象。

---

① 后来,分众因为私有化再次遭遇了诉讼。2013 年 2 月 22 日,分众传媒的股东在加州法院就分众私有化交易提起了诉讼。原告提出诉由之一是控告董事会违反《美国 1934 年证券交易法》14(a)的披露义务。原告还根据开曼群岛《公司法》第 92 条 e 款的规定,要求法院按照公正衡平原则强制解散分众传媒。该诉讼随后也由双方以和解的方式结案。

海外上市后被做空的真相

● 浑水等做空机构,做过哪些善和恶?

● 在海外投资者的眼中,中概股公司可能存在什么风险?

● 做空机构常见的做空理由是什么,能否站住脚?

● 为什么说做空通常并不是做空机构单打独斗?

● 2011 年前后的那一轮做空潮,对中概股公司有什么影响?

在读完本章后,对于以上问题,应该可以得到答案。

一、中概股公司遭到集体做空

1.信仰"透明"! 如此标榜

美国的做空机构不少,浑水公司和香橼研究是专注于打击中概股公司的做空机构。

浑水公司创始人深谙中国的经商之道,也难怪在做起揭穿和打击中概股的事情时,能"一剑封喉"。浑水公司这般战绩,让浑水老板卡森·布洛克成为被做空的中概股公司一致痛恨的"浑(混)小子"。

在浑水公司的主页上,赫然写着这样的话,中国成语有云"浑水摸鱼",亦可称为"不透明产生敛财契机"。浑水公司借此承诺,将秉承透明、正确的人生观、价值观,澄清事实,调查情况,让习惯浑水摸鱼的企业最终无处遁藏。

2010 年 6 月 28 日,浑水开始攻击中概股公司,首个遭到做空的是东方纸业。东方纸业在美国证券交易所上市,该企业所在地位于河北保定。浑水几次发布报告,对东方纸业给予"强力卖出"评级,称东方纸业涉嫌夸大其近 3 年的利润水平、挪用资金、伪造资产总值以及存货周转率等。

报告发布后，东方纸业的股价由原先的每股 14.79 美元，一度暴跌至 4 美元附近。随后东方纸业强势反击，不惜重金聘请律师和会计师，对自身企业进行独立调查，为了"给其股东提供最高级别的透明度"。

浑水这类做空机构声称，只要企业不透明就是有问题的，做空机构有责任揭露，让一切问题透明化。高举透明度的大旗，做空机构如是标榜。而在被做空机构狙击围剿的高压背景下，不少中概股公司就此折戟海外。

2. 几桩大案！做空战绩辉煌

回看早些年浑水公司等做空机构进行的做空，确实是弹不虚发。多数情况下，被做空的公司自身也确实存在财务或公司治理方面的污点。这主要是因为，当时处于海外上市的早期阶段，上市的中概股公司质量参差不齐。

当时为数不少的公司并不是直接上市，而是通过反向收购实现借壳上市。在这些反向收购借壳上市的企业当中，有不少是并不符合上市条件的。它们为了能够尽快上市，不惜铤而走险，隐瞒其存在的运营模式或财务问题，甚至不惜造假，这当中就包含了嘉汉林业和中国高速传媒。

嘉汉林业的财务造假事件，是在 2011 年被爆出的。嘉汉林业于 1995 年在加拿大多伦多证券交易所，通过反向收购买壳上市。2011 年，嘉汉林业被浑水质疑，被指其涉嫌夸大资产，伪造销售交易。

在浑水报告发布之后，嘉汉林业聘用律师和会计师等组成独立调查委员会，力图证明浑水的质疑是"不准确、没有根据和具有诽谤性的"。尽管如此，由于缺乏有力证据，嘉汉林业还是于 2012 年 5 月被加拿大多伦多证券交易所摘牌退市,随后进入了破产重整程序。

　　嘉汉林业事件的爆发,引发了海外市场对中概股公司的信任危机。继嘉汉林业之后,被浑水做空的还有中国高速传媒。中国高速传媒的主业为城际巴士车载电视媒体广告,也同样是通过反向收购的手段上市,于 2010 年 6 月登陆美国纳斯达克股票市场。香橼和浑水先后做空中国高速传媒,称该公司 2009 年的收入被虚增 464%。

　　做空报告公布后,中国高速传媒的股价大幅跳水暴跌。2011 年 10 月 20 日,该公司股票价格跌落至 0.17 美元,随后股东集体诉讼和监管部门诉讼也被引爆,中国高速传媒的股东、高管以及审计师都被判处高额罚款。[①]

3. 找茬搞事情! 匿名做空时代

　　历史上针对中概股公司的最大规模做空发生在 2010 年,延续到 2011 年达到顶峰。本文前面提及的嘉汉林业和中国高速传媒做空事件,都发生在那个时段。

　　截至 2011 年 11 月 12 日,美国三大主板市场上的中概股公司的总

---

　　① 针对中国高速传媒的股东集体诉讼于 2011 年 2 月 4 日爆发,公司本身、公司的 CEO 和 CFO 以及外部审计师德勤香港,都成为诉讼的被告。2014 年 1 月 17 日,公司被缺席判决超过 53550 万美元的总赔偿,并从即日起计息。2015 年 5 月 6 日,法官判决审计师德勤香港赔偿 1200 万美元,创下中概股诉讼案件中审计师赔偿的第二高金额,仅次于安永在嘉汉林业中 1.17 亿加元的赔偿。在美国证券交易委员会对公司和高管的起诉中,2013 年 10 月 9 日联邦法院缺席判决公司赔偿总金额本息合计约 4189 万美元,另外承担民事罚款 725 万美元。2014 年 2 月 19 日,联邦法院缺席审判裁决公司董事长兼 CEO 承担个人赔偿本息合计约 1772 万美元,另外承担罚金 150 万美元。

数缩至 223 家,而 2010 年 6 月这一数字还有近 270 家。也就是说,在 1 年多的时间里,近 50 家中概股公司因遭到做空而长期停牌,甚至退市,市值蒸发达 210 多亿美元。

在 2011 年前后对中概股公司的这一波做空潮当中,做空报告多数是做空机构具名做出的。做空机构以自身名义发布做空报告,公开质疑中概股公司,并鼓励卖空。而在当时做空机构针对中概股公司的报告中,有些确实有依据,揭露了中概股公司存在的问题。

但在该次做空潮之后,随着时间的推移和中概股公司情况的变化,做空不再是那么言之凿凿,做空机构也不是那么仗"义"执言了。做空换了一种玩法,从实名做空到匿名做空,从确能查到公司的硬伤到后来的"搞事情"。

2014 年之后发生的包括针对世纪互联等做空事件,做空报告并没有列出做空的联系人姓名和电话,甚至起名 Anonymous Analytics(匿名分析),还自称是网络黑客组织 Anonymous 的分支。

与从前做空机构能轻松打掉中概股公司相比,近年的做空少有能将企业一下子打成退市的,做空变得困难起来。中概股公司也学会了回击做空的本领,知道如何应对做空,怎么进行危机公关,怎么能让海外投资者相信自己。①

近些年来,就海外上市中概股公司的整体而言,实施明显财务欺

---

① 早期的中概股公司对做空机构的反击也有一些成功了。例如,2011 年 6 月 28 日,浑水公司向展讯通信就公司销售情况等 15 个问题提出质疑。做空消息发出后,展讯股价当日跌幅一度超过 30%。但第二天展讯开始展开两轮还击,同时美国投行 Needham 和三星声明支持展讯,重申展讯通信的买入评级。展讯股价随即反弹,随后浑水创始人承认公司对展讯的财务报告存在误读。

诈的公司基本在上市过程中就被筛掉了。估计是因为近年来中概股公司的上市以 IPO 为主，反向借壳上市比较少，上市之前在投行和各方中介机构的监督下（一旦出事，他们也怕巨额赔款），公司的治理机制大为改善，财务方面也比较正规。做空机构再要找中概股公司的硬伤，已经没那么容易了。

当做空机构找不到中概股公司的硬伤，就只能捕风捉影去找些小问题来刻意放大。而一旦被戳穿，做空机构也会丢面子，甚至要赔偿或者受到严厉处罚。比如，当做空机构存在明显错误和恶意，被中概股公司或者证券监管部门揪住了，做空机构要公开认错，有时还会被处以高额罚款和市场禁入。

中概股公司被做空的案例，部分总结如下：

中概股公司被做空案例

序号	做空年份	目标公司（股票代码）	研究报告要点	结果
1	2010	东方纸业（ONP）	夸大收入、挪用资金、财务造假	股价暴跌 50%
2	2010	绿诺科技（RINO）	伪造客户关系、夸大收入、管理层挪用上市融资资金	退市
3	2011	中国高速传媒（CCME）	夸大收入及利润、公司运营不透明	退市
4	2011	多元环球水务（DGW）	财务造假	摘牌
5	2011	嘉汉林业（00094）	被指庞氏骗局、虚报收入与资产	申请破产

续表

序号	做空年份	目标公司（股票代码）	研究报告要点	结果
6	2011	展讯通信（SPRD）	高层变动、财务造假	击退做空
7	2011	分众传媒（FMCN）	内部交易、虚报 LCD 屏幕数量	击退做空，主动退市
8	2012	傅氏科普威（FSIN）	虚报业绩	击退做空，主动退市
9	2012	奇虎360（QIHU）	流量造假	主动反击，股价跌后反弹
10	2012	新东方（EDU）	利润与税收存在造假嫌疑	击退做空
11	2013	网秦（NQ）	涉嫌市场份额、负债表、收购业务等造假	股价暴跌57%
12	2014	世纪互联（VNET）	财务造假及某些收入来自非法渠道	股价暴跌
13	2014	金融界（JRJC）	高管涉嫌违规、信息披露违规	股价并未受到太大影响
14	2014	500彩票网（WBAI）	业务处于灰色地带、下载数据造假、员工账户代领奖金	做空当日股价下跌8.04%
15	2015	唯品会（VIPS）	对收入确认、存货会计、其他应收款、资本性支持、现金流、到期的投资、收购乐峰交易、物流公司建设等提出质疑	股票下跌接近8.5%，市值缩水超过10亿美元

二、透明度游戏和做空链条

1. 证伪调查！秃鹫的手段

做空机构和中概股公司的关系，时常会形成鲜明的对抗，就像秃鹫和猎物，上演着"猎杀"和"反猎杀"的戏码。

浑水等做空机构，一再标榜自己是为了把透明度还给广大股民，并不存在恶意做空行为。但是，做空有时候确实存在着恶意。在海外的中概股公司，但凡牵扯做空，少有不痛恨做空机构的。浑水公司创始人卡森·布洛克怕遭到报复，常年都不敢透露行踪。

做空的核心出发点是"证伪"，也可能是"找茬"，如果能找到企业有财务、经营等方面造假，当然最好。如果没有，退而求其次，能找到从海外投资者的角度看起来不太合理的事项也行。如果角度切入得好，也会让做空发挥威力。

在做空的过程中，浑水等机构不惜投入大量人力物力，派出调查人员，进行实地调研，拍照、摄像，把所有与公司公告看起来不符的情况，都以证据的形式固定下来。

例如，对户外广告企业，做空机构派人去数户外广告牌。对传统生产型企业，做空机构派人在厂区外暗中观察进出厂区的车辆运载情况，去仓库偷拍库存。然后，做空机构再将实际调研的所得结果，与公司自身发布的信息相对比，找到弱点，加以攻击。

做空机构的这种投入，可谓不惜血本。据说，为了掌握嘉汉林业的一手情况，浑水公司曾专门组过一个包括律师、会计师和林业专家的团队，跑遍中国好几个省，花了几个月的时间调查研究，才取得了做空报告的证据材料。最后，将嘉汉林业这家号称北半球最大的林业公司整到破产。

有时候，做空机构揪住一点线索不放，用间接的、暗示的方式去引导公众。例如，浑水公司会调查某些工厂的开工建设情况，并发报告声称，当前市场之低迷应当并不支持此类大规模建设投资，投资建设的合理性、资金来源都值得怀疑。公众容易受此影响，心中种下怀疑的种子。如果中概股公司无法有效应对此类质疑，便要承受被做空的不利后果。

2.做空链条！群鸦的盛宴

有人也许要问，就凭做空机构自身，凭未经充分论证的做空报告，就能兴起这么大的风浪？具体来说，做空机构这么不惜血本地调研，钱从哪儿来？浑水、香橼这种做空机构，号称都是个人小作坊，是只有几个人的企业，如何请得起那么多调查人员，舍得在前期就花掉那么多的费用？

这些质疑有一定的道理，做空机构确实不太能仅凭一己之力就成事，感觉就像团队作战。经常的情形是，针对上市公司的做空报告一发出，上市公司的股价就跟着大跌，接着就是律师事务所代表广大股民对上市公司提起集体诉讼，进行高额索赔。

看这一系列动作，简直是一气呵成。这么顺畅的配合，这么默契的行动，是否意味着有那么一条专门做空的产业链，而如果有的话，浑水这类机构在其中又是什么角色呢？

做空机构确实不是"一个人在战斗"，他们背后有一条产业链。但对于中概股公司的做空,却演变成了有意识、有联络的行动。参与这个做空链条的海外机构,包括做空机构、基金等,都是嗜血的秃鹫和群鸦。

回看 2011 年前后在北美资本市场上针对中概股公司的做空高潮,先是由浑水等做空机构担任先遣部队,负责冲锋陷阵,而真正推动做空的是国际上的一些大型基金,他们手握重金,是真正的主力部队。随后,商业调查、机构买空、律师诉讼这一连串的举动,便可以将一家家中概股公司打倒在地,令其损失惨重,甚至停牌退市。

在成熟的资本市场,做多或者做空都是常态行为。但针对中概股公司的某些做空的基金,据说还曾是中概股公司的股东,甚至还是当年在中概股公司上市之后倾情炒高公司股价的"恩客"。

这些曾作为中概股公司投资者的"恩客",很是知晓公司的情况或者说"老底"。当年在炒高股价之时,大赚特赚。数年之后,又通过做空,再次大赚特赚。对同一家公司,捧和杀,全是同一"恩客"所为,细想这其中甚是无情。

"恩客"做空的流程是什么样的呢?有文章总结道,对冲基金一般会先把一些材料送给浑水这样的公司,让他们写分析报告,再把报告发给一些基金公司,鼓动更多的机构建空仓。时机差不多的时候,再让浑水这类的研究机构正式发布这些报告。同时他们在二级市场上集体砸盘,引起恐慌,届时卖盘汹涌。股价跌到一定价格,接受股票质押的银行等机构就会斩仓,股价于是再跌。跌到理想价位后,做空者再进来补仓,把借来的股票还掉,一轮做空获利就此完成。

做空的机构和它背后的力量,很会选择做空的时机,一般都是中概股公司正好有点倒霉事儿的时候,这时秃鹫们便会伺机砸盘。砸盘的同时公告天下,称这家公司有问题,我们要做空,该公司股票一文不值。

就拿新东方在 2012 年被做空的案例来说,浑水就很会选日子发做空报告,选在美国证券交易委员会针对新东方宣布启动调查之后的第二天,公布了做空的调查报告。而那上百页的报告,显然不是临时书就,而是早有预谋和准备的。①

总之,2011 年前后做空的这场"浩劫",中概股公司哀鸿遍野,数十家公司濒于退市边缘。在这当中,华尔街的大空头赚得盆满钵满,其余做空链条上的各家机构也获利颇丰。这场针对在北美上市的中概股公司的猎杀行动,被业内称为"屠鲸行动"。

3.浑水更浑！做空坏小子

当然,如果中概股公司确有问题,比如存在虚假欺诈等情况而被做空机构揭露,甚至搞垮,那也没什么好说的。但对中概股公司的做空还存在另一种情形,更多体现了做空机构的非正义。

众所周知,由于存在不同的文化、地域、商业背景等原因,海外投资者可能无法彻底搞清中概股公司的企业情况。在投资者和公司之间,存在着信息不对称。而如前所述,浑水等做空机构所宣称的核心理念是要恢复透明,反过来说,只要存在不透明,他们就认为里面存有欺诈,就开始大做文章。

如果做空机构真的能做到恢复透明,那也无可非议。但现实当中,他们所做的,往往是仅让海外投资者了解到部分事实,而不是全部,抓

---

① 2012 年 7 月 18 日,浑水公司再次对中概股公司发出攻击,认为新东方存在利润与税收造假嫌疑,两个交易日股价腰斩,市值一度仅剩 15 亿美元。但是在新东方的强力反击下,股价反弹。3 个月后,新东方通过美国证监会的审核,浑水公司对新东方的做空以失败告终。

住一些非实质性的问题,捕风捉影并故意放大、故意误导,或者选择性地去遗漏另一些事实。这不是恢复透明,而是把水搅得更浑,浑到他们自己可以从中摸大鱼。

比如,在过去一些年,做空机构常拿来做空的一个理由,是中概股公司提交给美国证券交易委员会的财务报表或者其他信息披露文件的内容,与中概股公司在中国国内的工商部门年检信息、税务部门报税信息等,无法相互匹配。通常说来,报给美国官方的数字高,报给中国官方的数字低。

比如,香橼和浑水先后做空中国高速传媒,就称该公司广告巴士数量有一半以上是虚报,中美报表存在巨大差异,中报报忧、美报报喜,交出的阴阳财务数据毫不可信。

做空机构借此得出结论,认为中概股公司恶意虚报利润,报表中存在严重的财务造假。但真实的情况可能是,对美国官方上报的数字并没有问题,但对中国官方上报的数字报低了。但海外投资者又如何能明白这个事实?一下子就被做空机构"带到沟里"了。

对于这种真实的情况,做空机构不会不知道,要知道做空机构里的都是中国通。但是,做空机构却不会让海外投资者明白这一点。为什么?因为做空机构是为了赚钱而做空,只想让海外投资者见到能支持做空的事实,哪怕不惜误导海外的投资者,只要从中能获得高额收益。

由于做空机构的搅浑水,海外投资者和中概股公司之间不仅没有变得透明,相反,相互之间的信息不对称更加严重了。做空机构抓住这种可乘之机,引发广大的海外投资者对中概股公司的普遍怀疑。华尔街大鳄躲在后面,买入大量看空,准备好弹药,在合适的时候砸盘。

海外普通的投资者一看到做空报告发出来,再看股价已经跌跌不休了，当然会认为"狼来了"，吓得四散而逃。随即不出意料的话，中概股公司的股价便进入下跌周期。

中概股公司，作为立足于中国的企业，漂洋过海到海外资本市场上市，就这样被海外的这些机构联合起来欺侮了，成为做空机构和华尔街大空头们的口中猎物。直到如今，有不少中概股公司的创始人，回想整个被做空的过程，还会感到不寒而栗。

中概股公司投资者与创始人的冲突真相

● 中概股公司所面临的公司治理难题,为何要比一般的公司更为
　严重?

● 中概股公司的海外投资者,为什么会对创始人感到难以信任?

● 当创始人为了中概股公司的发展而有所行为,但投资者并不理
　解或不认同,这时会面临什么困境?

● 如果中概股公司的创始人存心想损害上市公司利益,会坑到什
　么程度?

● 当信任危机爆发时,中概股公司的创始人如何才能自证清白?

在读完本章后,对于以上问题,应该可以得到答案。

一、支付宝事件的警报

1.楚汉相隔! 公司治理难题

2011年前后,中概股公司鱼龙混杂,有些公司为了能快速上市,确
实存在着财务造假的问题。应运而生的浑水机构,专以做空海外中概
股上市公司为主业,兴风作浪,揪出了多起财务舞弊案。遭到多轮做空
后,中概股公司股价暴跌,整体的状况可谓是一个字——惨。

被做空的公司当中,有些是因为财务涉嫌造假,有些则是因为涉及
公司治理、代理人风险等。多起事件爆发,也挑战了海外投资者脆弱的
神经。本章的几起事件,就能体现出投资者和创始人之间可能演化出
的激烈冲突。

说到底,中概股公司的资金和监管主要源自境外,而业务、资产和

人员主要在境内。中概股公司在境外拿到投资,在境内进行运营,公司结构区分境内和境外,这样分处楚汉不同地界,存在着信息的不对称。

一方面,海外投资者持有中概股公司的股份,数量虽多,但话语权实在寥寥;另一方面,创始人一般是中概股公司的实际控制人,也是公司的经营者,往往担任公司 CEO 或董事局主席。

现代公司都存在代理人风险①的难题,而在中概股公司背景下,海外投资者常常感到代理人风险更加巨大,公司治理的难题更加难办。在海外投资者和公司创始人之间,不仅隔着太平洋,还隔着不同的法制环境,隔着东西方文化差异的鸿沟。地域相隔如此遥远,海外投资者感到,一旦风险爆发,他们拿公司的创始人和管理层几乎没有办法,这让他们感到害怕和担心。

2.资产剥离!最怕的事情已发生

支付宝事件是很能凸显中概股公司结构危机的一个事件。这一事件曾一度让业内各方对中概股公司的结构(甚至是前景)感到黯淡。

事件的起因是中国人民银行(又称"央行")发布的对第三方支付牌照的要求。此要求影响深远,导致了阿里巴巴资产和股权结构发生了根本调整。

2010 年 6 月,中国央行出台了《非金融机构支付服务管理办法》,规定从事第三方支付的企业必须向央行申请许可证,且申请者必须是

---

① 代理人风险是指在资产所有权和经营权分离的状态下,由于委托人与代理人在目标、动机、利益、权利、责任等方面存在着差异,委托人具有因将资产的支配权和使用权转让给代理人后可能遭受利益损失的风险。

境内依法设立的有限责任公司及股份有限公司。当时业内传闻，未能获得牌照的支付公司在 2011 年 9 月 1 日前必须停止运营。

根据这一规定，必须是境内设立的公司才能取得第三方支付牌照。但如果外商投资企业想要申请牌照呢？按照该规定，外商投资支付机构的业务范围、境外出资人的资格条件和出资比例等，由中国人民银行另行规定，报国务院批准。

那么问题来了，对于某些境内企业，虽然表面看来是内资企业，不存在外资的直接股权控制，但涉及协议控制结构的企业，还能否申请该牌照呢？

这里先简单介绍一下何谓协议控制结构，接下来的篇章还会重点介绍。协议控制结构，是指通过在境外设立控股公司，控股公司再通过设立外商投资企业，并非采取股权控制的方式，而是以签署系列协议的方式，控制其在中国境内的资产和业务，成为境内运营实体的实际受益人和控制人。

简单可以理解为，协议控制结构不通过股权结构实现控制，而是通过协议约定来实现对境内运营公司的控制。也正是这个原因，在境内运营的实体，是作为内资企业进行登记注册的，而非外商投资企业。

中国央行在这一规定中，没有提及对协议控制结构的公司该如何做认定。但据称 2011 年第一季度，在发放第三方支付牌照的前夕，央行曾向所有申请者发函询问，企业是否有外资控股、参股（包括协议控制），若有，要求必须申报。

阿里巴巴集团下的支付宝，据说就收到了央行的这一询问函。支付宝是阿里巴巴集团旗下的在线支付业务平台，自 2004 年从淘宝网分拆独立后，逐渐发展成为当时中国最大的第三方支付平台。而支付宝的母公司阿里巴巴集团当时接近 70％的股权被美国雅虎和日本软银公司持有。

按照阿里巴巴的说法，2011 年央行专门给支付宝发函，要求支付宝出具声明，说明无境外投资者通过持股、协议或其他安排拥有支付宝所涉及公司的实际控制权。

一方面，支付宝急切地渴望从央行获得第三方支付牌照；另一方面，央行催着支付宝公司申报股东情况。于是，在申报前夕，阿里巴巴的创始人和管理层决定，将支付宝重组为内资公司，剥离阿里巴巴集团所拥有的支付宝的所有权益和控制权，两方财务报表分离。同时，对支付宝进行结构重组，由全内资企业浙江阿里巴巴电子商务公司（马云占股 80％、阿里创始人之一的谢世煌占股 20％）取得支付宝的全部股权。很快，2011 年 5 月 26 日，支付宝获得了央行颁发的第三方支付牌照。

但马云对支付宝的结构重组，令阿里巴巴集团的外方股东雅虎和软银很是惊诧。原本他们以为，应当按照约定，保持当时的支付宝股权和协议控制结构，由阿里巴巴集团和境外实体通过协议间接控制。不曾料想，因为所谓的牌照要求，阿里的管理层在境内启动了重组，重组过后，支付宝就完全成为内资企业的资产，一下子就与外方股东没什么关系了！

于是雅虎对外发布声明，称支付宝重组时并未获得阿里巴巴集团董事会和股东批准。对于雅虎的声明，阿里巴巴进行了驳斥，称在 2009 年 7 月召开的董事会上，阿里巴巴集团董事会讨论并确认了支付宝的股权转入一家独立的中国公司。中方管理层与外方投资者股东之间对此有了争议，公说公有理，婆说婆有理。

在支付宝事件中,各方所争的无外乎是对支付宝进行的重组,究竟是为了取得第三方支付牌照和满足央行的规定,而不得不为的切割资产和清退外方股东的举措? 还是相反,创始人其实是假借央行要求和取得牌照之由,进行"自我执法",不惜背离契约精神,乃至撕毁协议?

在外方投资者当时看来,中国央行并没有明确规定必须禁止协议控制结构,没有规定对于协议控制结构下的境内运营实体是否等同于外商投资企业,也并没有直接禁止涉及协议控制结构的企业申请支付牌照。所以,申请第三方支付牌照,不应该妨碍协议控制结构的采用,协议控制结构应当维持。

但在阿里的创始人马云看来,如果支付宝公司涉及协议控制结构,就不可能取得第三方支付牌照,他认为有必要坚持"100％合法",不想在向央行申请牌照的过程中"存在侥幸心理",于是在央行发函询问支付宝是否涉及外资的协议控制时,"基于对牌照审批形势的判断",单方面终止了协议控制结构,并调整了公司的股权结构。

3.自我执法! 契约的脆弱性

支付宝事件的发生,在业界引起了轩然大波。要知道,自新浪公司2000年采用协议控制模式海外上市开始,几乎所有已在海外上市或者准备在海外上市的中概股公司都采用了此模式,少有例外。而且,虽然一直有人担心协议控制结构可能无法有效约束境内运营实体和管理层,但是在支付宝事件之前,协议控制结构并未遭受过真正的挑战。

说白了,协议控制结构从诞生伊始,就有违反协议这一固有风险。但如果能自觉遵守协议,在中国官方不明确要求予以取缔的情况下,这一协议控制的状况,似乎也能长期维持。但在支付宝事件中,协议控制结构涉及的主体，在创始人的带领下，把窗户纸捅破了。这种"自我执法"的方式，让整个中概股圈子乃至投资界都受到了巨大的震撼。

从当时的影响来看，该事件给了协议控制结构乃至中概股公司致命的打击。该事件使得海外投资者，除了担心财务造假之外，对中概股公司有了进一步的不信任。

海外投资者突然意识到，中概股公司的结构好像存在致命的问题。设计了这么复杂的协议控制结构，签署了这么完备的协议，结果是什么呢？创始人和管理层"造反"起来居然毫不费力。当创始人单方解除控制协议，海外投资者又能奈之如何？

创始人把协议控制结构这么一"调整"，境外上市主体就无法通过协议控制境内权益了。这么一来，境外的上市主体就真的只是壳了，境外投资者的股权权益仅限于这个"壳"，其他实质利益都没有保障了。看起来，这从根本上否定了中概股公司远赴境外上市融资的基础。华尔街的一些海外投资者感到愤怒和不安，当时甚至对雅虎发动了集体诉讼，雅虎无辜"躺枪"了。

在海外投资者的眼中，境内负责协议控制实体的创始人、管理层至多只是"小股东兼职业经理人"，但却能利用协议控制结构的固有缺陷，把集团最有价值的资产轻轻松松就转移到第三方，对此自然是感到非常愤怒。

除了海外愤怒的投资者，该事件还激起了国内业界的一片反对声。核心在于指责其"自我执法"，假借合规之名，擅自拆除协议控制结构。知名媒体人胡舒立等人，公开指责马云私自转移支付宝违背了契约原则，在为自己谋私利。

不仅投资者忧虑，企业创始人也担心，因为互联网等行业的中概股公司多年以来就是走协议控制结构这一条路,突然就此倒塌了。如果海外投资者从此不信中概股公司,不信协议控制结构,今后还怎么融资,怎么去海外上市?

尽管遭到国内外发难者的质疑,马云还是坚称自己的行为"不完美,但正确","别人犯法,我们不能犯法"。他对质疑他的人说,即便其他领域可凭借协议控制结构规避行政规制,但在金融领域是绝不可以存有此种侥幸的,中国央行绝无可能允许支付宝这样涉及国家金融安全的产品被外资控制。从他的角度看来,为了让阿里巴巴能有更好的发展,必须清退一些外方股东,或者把一些紧要的资产剥离。他坚持这样做,哪怕身后巨浪滔天。

从后续事件发展看,阿里巴巴的雅虎和软银两大外方股东得到了支付宝事件的补偿,也算是得以妥善解决。① 但在该事件发生后的挺长一段时间内,海外投资者始终有阴影,倾向于怀疑中概股公司结构的稳定性和可靠性。

自从支付宝事件后,美国许多长线投资基金有了一条不成文的投资默契——市值低于 10 亿美元的中概股不再持有。自 2011 年 5

---

① 2011 年 7 月 29 日,阿里巴巴集团、雅虎和软银,就支付宝股权转让事件正式签署协议,支付宝的控股公司承诺在上市时予以阿里巴巴集团一次性的现金回报。2014 年 8 月,阿里巴巴在赴美上市前夕更新的招股书中称:作为拆分支付宝的补偿,阿里巴巴集团每年将获得 37.5% 的蚂蚁金服税前利润,而若监管允许,蚂蚁金服将增发 33% 的股权,来交换阿里巴巴集团拥有的利润分享和现金补偿权益。2014 年 10 月,蚂蚁金服正式成立,该公司最主要资产和业务即为支付宝。2018 年 1 月,经阿里巴巴董事会批准,阿里巴巴集团通过一家中国子公司入股并获得蚂蚁金服 33% 的股权,2014 年约定的年度利润分成和现金补偿等义务得以解除。

月始,很多低市值中概股公司股价折掉了近80%。赴美上市的中概股公司很少再有此前溢价发行的盛况,频频遭遇破发。已上市的中概股公司在相当长的一段时间内也表现得萎靡不振,虽说做空机构的打击是造成困境的主要原因,但投资者的不信任是造成困境的根源。

二、双威教育事件的惨案

2011年和2012年是中概股公司的多事之秋。在那段时间里,中概股公司要么被做空,要么被做空牵连,总之备受磨练,时刻担心落入深渊。

但另一方面,2011年前后,海外投资者也非常害怕,一触及中概股,就谈之色变。投资者和中概股公司的关系可以说是非常紧张,草木皆兵或者剑拔弩张都是常态。之所以会闹成那样,与双威教育这一极端事件不无关系。

1.人去楼空！创始人刷下限

双威教育事件,不夸张地说,可用"匪夷所思"来形容。从这一事件当中,海外投资者才切身体会到,当中概股公司的创始人心怀恶念、想要掏空公司时,中概股公司会因此遭受什么样的灭顶之灾,最后甚至落得渣都不剩。

双威教育于2007年通过反向收购的方式,登陆美国纳斯达克交易所,融资近2亿美元。主营业务为远程教育服务和独立学院,2009年其股价最高时超过8美元。

　　双威教育对于公司结构的设置有其自身特点。双威教育上市公司持有语培信息科技（上海）有限公司（下称"语培"）、双巍信息技术（上海）有限公司（下称"双巍"）等外商独资企业的股权，再通过语培、双巍收购了湖北工业大学商贸学院、广西师范大学漓江学院、重庆师范大学涉外商贸学院这三所学院。

　　事件发生于 2011 年的下半年。2011 年 8 月 1 日，双威教育收到机构投资者的私有化收购要约，但随后爆发了公司创始人和外方大股东的斗争，双威教育没有完成私有化程序，甚至没有按时向美国证券交易委员会提交 2011 年财政年度的年报。最终，双威教育在 2012 年 6 月被摘牌，被迫掉入粉单市场。据后来可查记录显示，双威教育最后的每股交易价格约 0.11 美元，大量投资者血本无归。

　　双威教育事件的起因，是公司创始人陈子昂和外方大股东之间的争斗。陈子昂是港籍商人，担任公司的董事长，但并不是公司的大股东。双威教育最大的股东是机构投资者 Fir Tree Inc.。陈子昂和外方大股东之间的斗争屡次爆发。比如，陈子昂曾经想把 Fir Tree Inc. 提名的独立外部董事 Ned Sherwood 踢出董事会，理由是 Ned Sherwood 在私有化交易中有内幕交易行为。

　　但外方大股东没这么容易被打败。外方提名的董事 Ned Sherwood 完全不服董事长陈子昂的决定，还发出公开信，称遭到该公司董事会的不公正对待，对陈子昂进行反击。结果是陈子昂落败，从 2011 年第四季度开始，陈子昂不再受到董事会支持。但是别忘了，陈子昂仍控制管理层，也完全把控着中国境内实体和学校，他不甘心就此退居二线，陈子昂决定在背后给他的敌人致命一击。

　　2012 年 1 月 10 日，双威教育的年度股东大会举行，股东们投票选举了新董事，Ned Sherwood 及其提名的两名董事高票当选。表面看起来是外方大股东胜出，陈子昂落败。但出人预料的是，陈子昂无视投票结果并"非法宣布休会"，此后开始公然不配合外方大股东及其委派董事的各项要求。

双威教育当时面临的头等大事，是要依照对美国上市公司监管的惯例，启动年度外部审计程序。但是，外部审计却没法开展，因创始人和外方大股东斗得正酣，陈子昂不允许审计师进场。2012 年 1 月底，当上市公司聘请的德勤会计师事务所提出要对语培和双巍这两家外商独资企业进行审计时，遭到了时任这两家公司董事长陈子昂的强硬抵制，审计无法进行。

拖延了 1 个多月后，2012 年 3 月，上市公司董事会决定免去陈子昂的董事长职务，同时外方大股东赶紧委派新董事和首席财务官前往中国上海彻查公司情况。这一查不要紧，发现整个公司都已经被掏空了。

大股东派来彻查的人发现，自 2011 年 7 月 1 日至 12 月 28 日，语培和双巍公司部分账户共被划出了 12 笔资金，总额 5.1 亿元人民币。陈子昂等人已带走了语培、双巍两家公司的工商执照、公章和财务账册，公司电脑硬盘中资料已被删除。办公室里，只留下了一大包被下令粉碎的公司运营资料的碎纸屑。

随后双方冲突继续升级，剧情更加狗血，出现了抢营业执照、抢单位公章、转移历年财务报表、清空电脑记录，甚至殴打律师的闹剧。而双威教育集团的核心资产，即三家国内民办学院，其中有两家学院的股权已经被陈子昂等人卖给了他人。

2.掏空凭什么？公司结构风险

这场殊死搏斗谁胜出，已经非常明显了。在双威教育事件里，境外上市公司和大股东，没能敌过心怀叵测的创始人。面对这一现实，2012年12月21日，双威教育上市公司发布公告称，2009－2011年上市公司的所有年报、季报均不可信赖，公告中披露的信息存在各种隐瞒、虚假或错误。

在公告中，双威教育向投资者们揭露了上市公司存在的各种致命问题，包括上市公司对子公司失去股权控制，上市公司的资金被挪走，前高管与亲友及关联公司间有超过9亿元的借贷等资金往来，上市公司虚构收购价格，上市公司以定期存款为第三方做巨额质押担保，资产负债表上超过一半的资金并不存在等。

这样骇人的事实被揭开，一下子就令海外投资者目瞪口呆。饶是经历丰富的投资者，也从未见过财务造假和欺诈能达到这样的高度，该公司的创始人陈子昂等人刷新了公司欺诈的下限。

回过头来看，创始人和他控制的管理层之所以能如此猖狂，和双威教育的多级公司结构不无关系，双威教育的公司层级非常多，上市公司下设多层子公司来实现控制。

如此一来就不难明白陈子昂在对局中的盘中优势了。当陈子昂和外方董事在上市公司董事会层面打得不可开交时，所有下级公司还是要听陈子昂的。就算陈子昂被解除了上市公司董事职务，所有下级公司的执行董事和法定代表人，还都是陈子昂及其指定的人。为了收回对境内实体的控制，海外投资者需要在各个公司层面都换掉陈子昂的这些人。而这个时间，足够陈子昂做资产转移的工作了，足够他腾挪了。

可以说，对于大股东在境外、主要资产在境内的多层公司集团，无论是采用股权控制结构还是协议控制结构，首先都要保证管理层是可靠的。否则，如果负责运营和管理的创始人存有"二心"，像陈子昂这样存心"造反"，那估计什么结构都白搭。如果创始人要废掉控制结构，将资产转移走，那国外上市公司董事会阻止的速度，恐怕没法赶上创始人转移资产的速度。

双威教育事件对上市公司和外方大股东造成了一万点伤害。陈子昂虽然已被撤销职务，但拒不移交印章、证照、文件资料，也不交出控制权。为了自救于危难，双威教育在国内、国外都提起了诉讼。2012 年 5 月，双威举报陈子昂涉嫌侵占公司现金一案，被上海市公安局浦东分局受理。2013 年 9 月，美国证券交易委员会起诉双威教育集团前 CEO 陈子昂和前中国区总裁江祥源。① 双威教育最终还是被摘牌，大量的海外投资者血本无归。

三、新东方事件的窘境

在 2011 年支付宝事件和 2012 年双威教育事件爆发后，中概股公司在海外投资者心目中"人设"崩塌，形象一落千丈。在那之后，投资中概股公司的投资者都惴惴不安，成了惊弓之鸟。好巧不巧，在那个敏感的时期，新东方事件又发生了。

---

① 美国证券交易委员会指控称，陈子昂将从投资者手中募集来的 4380 万美元中的 4100 万美元转移到了一个子公司，而陈子昂秘密持有该公司 50% 的股权。之后，他将这笔钱再次转入到另外一个不在双威控制下的公司中。另外，美国证券交易委员会指控江祥源称，他在双威集团转让一个创收学院的消息公布之前，非法抛售 5 万股双威股票。

1. 下船交桨！协议控制调整的内容

中概股公司在海外上市,但公司的控股权仍然直接或间接隶属于中国的民营企业或个人,而且核心业务和资产也位于中国境内。这是如何实现的呢? 主要是通过协议控制。

简单说来,协议控制是指境外上市公司通过所投资的外商投资企业,与境内的运营实体及股东之间签署一整套协议来实现控制的方式。境内运营实体的股东签署协议之后,只作为名义上的股东,而将其对境内核心资产、业务及各个实质的股东权利,都委托给外商投资企业,由此境外上市公司实现了对境内资产和业务的间接控制。

可以说,对于采用协议控制结构的中概股公司来说,那一整套协议就是整个公司结构的基石,轻易不能触碰、不能调整,如果调整不当,很可能会惹大麻烦。2012 年,新东方(EDU)就因为对协议控制结构进行调整,而遭遇了美国证券交易委员会的调查和浑水的攻击,股价大跌。事发突然,用新东方俞敏洪的话说,"不管你出于什么目的调整了协议控制,美国证券交易委员会还是要调查你,你需要看起来像个好人"[①]。

新东方当时调整的,是境内运营实体的股权结构。据 2004 年新东方上市时的招股书显示,新东方在美国上市的主体是在开曼注册的公司,其通过协议控制结构,控制着国内的实体,即北京新东方教育科技(集团)有限公司,这家运营实体在工商部门登记的股东包括了俞敏洪、

[①] 《俞敏洪:感谢 SEC 脱光式调查,英语进步一大截》,《中国企业家》,2012 年 12 月 19 日。

徐小平、王强等在内的11名创始人元老。

按照协议控制结构的常规安排,这11名登记股东并不享有实际上的股东权益。他们的股东权益,都应该通过协议的方式,让渡给新东方上市公司。如此,新东方上市公司才能对协议控制的实体进行财务并表。

在新东方上市以后,这些新东方的创业元老曾围绕着控制权展开过争夺,最终俞敏洪胜出,全盘控制了新东方,其余股东先后都从新东方离职。虽然除了俞敏洪之外的10位都已离职,但按照工商注册记录,他们仍旧是登记在册的公司股东。

照例来说,每当要做股东会决议的时候,或者要做企业年审的时候,就需要凑齐全体股东的签名。但那10名股东离开公司以后,大家天南海北,凑齐签名很费时间。而如果不能及时完成签名,就会把公司的正事耽搁了。所以,出于经营便利以及其他种种考虑,俞敏洪觉得有必要调整登记的股权结构。

除此之外,俞敏洪估计也有别的担心。一旦这10人中间,有人主张对新东方行使股东权利,或者万一有人否认协议控制结构,那新东方将面临很大的麻烦。所以,俞敏洪决心进行一次调整,让那10人从运营实体的登记股东中除名。调整完成后,只有1个登记股东,那就是俞敏洪。

综上,出于对人已离职但仍登记作为股东的担心,再加上为了避免经营中的不便,俞敏洪决定,对股东结构进行简化、调整。人已下船,却不交桨,公司方自然要把桨收回来。

2.澄清不易！创始人的诚意

从俞敏洪的角度来看,该次对实体的股权结构进行调整,不仅合情合理,而且光明正大。但是,监管机构的回应和市场对此的反应,却和俞敏洪预料的完全相反。

2012 年 7 月 11 日,新东方公告称,公司简化了北京新东方教育科技(集团)有限公司的股权结构,通过签署无对价协议,将股权全部转移到俞敏洪控制的公司实体下。在转移之前,俞敏洪控股境内运营实体 53%的股权。公告称,这次调整于 2011 年启动,于 2012 年 5 月完成。

公告发出后,2012 年 7 月 17 日,新东方宣布收到美国证券交易委员会的调查函。就在宣布收到调查函的次日,浑水公司火上浇油,发出了长达 97 页的报告。当日,新东方股价应声大跌 34.32%。多米诺骨牌开始被推倒,后面的质疑愈演愈烈。

浑水质疑新东方,认为新东方所有学校都是加盟模式,教育行业毛利合理水平在 20%~30%,而新东方却称毛利有 60%左右。

对于新东方的协议控制结构,浑水尤其严厉地进行了指控,认为新东方在对这些境内运营实体没有足够控制权的情况下,便将其财务数据并入上市公司报表。浑水指出,连《股东表决权委托协议》都没签,这种结构下海外投资者的合法权利无法得到保障。①

总之,在浑水报告发出的 8 小时后,新东方股价再跌 35%,事发后

---

① 在攻击新东方协议控制结构的同时,浑水还罕见地对另一家中概股公司——百度给予了高度评价,认为后者的协议控制结构是"最佳实践",能确保投资者的合法权利。

新东方股票市值累计缩水接近60%。更严重的是，没多久，新东方收到了投资者集体提出起诉协议控制结构效力的法院传票。

面对这些，俞敏洪感到非常郁闷。从俞敏洪的角度，新东方调整的不是协议控制结构，而是境内运营实体的股权结构。因为那10名创始人股东均已离开新东方另谋高就，在这种情况下如果还让他们继续作为运营实体的登记股东，将大大不便于运营实体以及新东方上市公司的管理和运营，会带来很大隐患。进行这一调整，不仅不会损害新东方上市公司的利益，相反，此举正是为了保护协议控制结构，为了保护新东方上市公司和广大投资者。

从俞敏洪的角度，即使算经济账，自己也不会想对协议控制结构造成损害，毕竟他当时手上有17.1%的新东方上市公司股票。一旦他损害了协议控制结构，那便会伤及新东方上市公司，那就意味着他手里的股票将会变得不值钱。

俞敏洪觉得自己和新东方上市公司的利益是一致的，当新东方股价大跌时，他把自己的积蓄都掏出来，用于增持新东方股票，还动员亲朋好友买进新东方股票。

但是，美国证券交易委员会却不那么容易被说服。新东方和俞敏洪就前述调整一事，前后与美国证券交易委员会沟通数月。但是美国证券交易委员会仍然质疑，认为其在未经海外投资者的允许下，私自做股权调整，这显示了新东方的协议控制结构存在缺陷和风险。

在美国证券交易委员会看来，原来境内实体有11名登记股东，能够互相牵制，而在俞敏洪擅自完成调整后，股权只由俞敏洪一人掌控。那便意味着，切不切断境内运营实体与新东方境外上市公司的联系，只取决于俞敏洪一人。

　　美国证券交易委员会感到没有足够理由马上信任新东方和俞敏洪。于是,为了自证清白,俞敏洪决定让新东方于2012年7月20日成立特别委员会,聘请多家律师和会计师事务所进行独立调查,把公司的邮件、档案都彻查个遍。

　　2个多月后,新东方宣布,特别委员会已完成了独立调查,调查结果表明,"没有发现任何重要证据支持"浑水公司的主要几项指控。2012年10月14日,美国证券交易委员会宣布,认可新东方上市公司的过往财务报告数据及协议控制结构,这一表态算是驳回了浑水公司对新东方的指控。

　　作为后续,新东方接受了美国证券交易委员会优化新东方协议控制结构的要求,相关法律文件,全部安排重签。按照美国证券交易委员会的意见,法律文件中还增加了这样的条款,一旦未来新东方协议控制结构出现不稳定因素,新东方上市公司董事会与股东有权取得所有协议下的权利。对此俞敏洪大度地表示同意,"一旦有事,美国证券交易委员会尽可把协议控制结构拿走,只要能让新东方继续发展"。

　　至此,新东方事件总算告一段落。由此可以看出,为了修复海外投资者的信任,为了取得美国证券交易委员会的认可,公司创始人需要做出多少付出和让步才行。

海外上市协议控制结构的深入解读

● 中概股公司的业务和资产在中国境内,如何实现在海外上市?

● 中概股公司为什么采用协议控制,而不是股权控制?

● 如何深入理解协议控制结构以及协议控制各个主体之间的
关系?

● 根据我国法律,协议控制结构是否合法有效?

● 什么是协议控制结构的人头控制风险?

在读完本章后,对于以上问题,应该可以得到答案。

一、协议控制结构的起因

如本书前面章节所讲,在浑水等做空机构对中概股公司的质疑当
中,最主要的问题是财务造假。除此之外,还有公司治理、内部人控制
等,而这些问题很多是源自中概股公司采用的协议控制结构。

众所周知,中概股公司中的大多数,都采用了协议控制结构。这一
章将深入解读协议控制结构的内涵和影响。

1. 约定俗成!何为协议控制结构

协议控制结构,是国内新兴行业企业实现海外上市的一条通路。
过去一些年以来,为数不少的初创型企业,在国内取得业务牌照,搭建
协议控制结构,在海外投资者处取得融资,然后去海外资本市场上市。
可以说,在搭建协议控制结构之后去海外上市的这条路上,走的公司太
多了,也就成了一条不假思索要走的路。

协议控制结构又称新浪模式,是 2000 年前后互联网企业广泛采用

的结构。随着新兴产业在国内的蓬勃兴起,尤其是从事互联网等新兴行业的轻资产公司,协议控制结构成为这类公司能赴海外上市的主流方式。后来,传统行业的一些企业也渐渐受到影响,有些也以协议控制结构登陆海外资本市场,带动了国内民营企业远赴海外上市的浪潮。

所谓协议控制结构,是指境外上市主体在我国境内设立外资企业,再与境内运营实体签署一系列控制协议,实现对其在中国境内的资产和业务(即"境内权益")的控制。该结构使得境外上市公司能够对境内运营实体的收入并表,进而能够在境外证券市场发行股票并流通上市。

在协议控制结构下,境内运营实体能取得运营业务所必需的牌照,同时其控制权掌握在外资手中,或者掌握在已经国际化的民营资本手中。通过控制性协议,控制者对境内运营实体进行注资、控制和管理,境内运营实体的盈利也将回流到其控制者的手中。

据美国会计准则规定,对不存在股权控制但存在符合要求的协议控制下的可变利益实体,该可变利益实体的主要受益人(即境外上市主体)可以对其进行并表处理。下图可以帮助读者对协议控制结构深入理解。①

协议控制结构一般主要由三部分组成:境外上市主体、境内外资企业以及境内运营实体。

(1)境外上市主体。境外上市主体是境外结构的核心,也是上市股票的发行人。围绕着境外上市主体,还需要设立多层特殊目的公司。

---

① 《律师之道:资深律师的11堂业务课》,君合律师事务所著,北京大学出版社,2011年版。

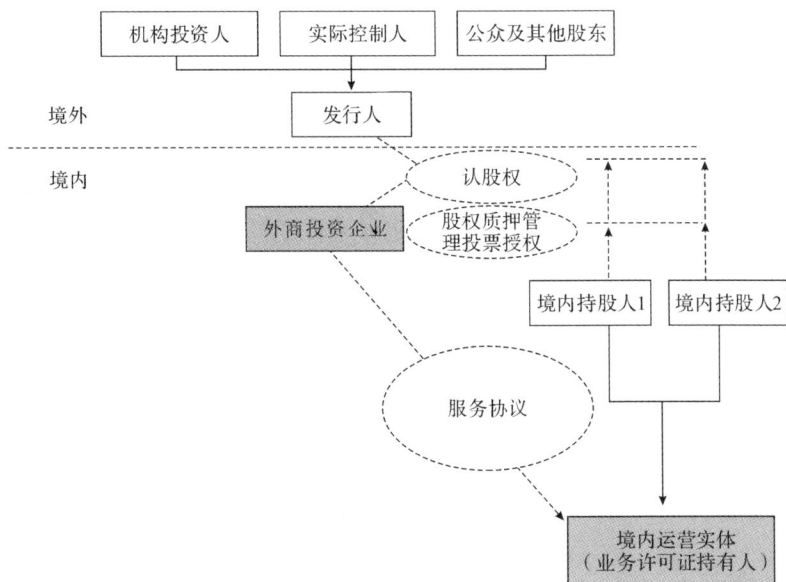

协议控制结构

出于注册快捷、保密性高及避税等考虑,这些特殊目的公司一般设立在开曼群岛、英属维尔京群岛等多个离岸地。[①]

　　(2)境内外资企业[②]。境外上市主体在境内设立外资企业,作为连接境内外的桥梁和资金汇入汇出的通道。境外上市主体融得资金后,投到此境内外资企业,再进而投到境内运营实体。同样,境内运营实体的收入也通过境内外资企业汇出境外。通常而言,境内外资企业要与境内运营实体签署一系列协议,对境内运营实体实施全面的控制。

---

　　①　通常的做法是,先设立开曼公司,开曼公司再设立香港公司,以开曼公司为境外上市主体。上市主体开曼公司的股东,一般包含创始股东、机构投资者和散户等。

　　②　通常为外商独资企业,但也有时候是中外合资企业。

（3）境内运营实体。境内运营实体是协议控制中被控制的对象。境内运营实体通过签署一系列协议，将其股权质押给境内外资企业，实体运营产生的利润通过支付服务费等方式转移至境外上市主体，将主要权利都让渡出去，如此实现协议控制。境内运营实体一般持有某类业务的牌照（业务许可证），是所谓的持牌实体。

如前所述，协议控制结构并非通过股权控制，而是通过一系列协议安排来实现控制。境外上市主体为了将境内运营实体纳入其并表范围，安排境内外资企业与境内运营实体及其股东签署一系列关于控制权和利润的转移协议，即为"控制性协议"。

典型的控制性协议，一般包括如下法律文件：

（1）独家业务合作协议。该协议的目的是通过境内外资企业独家向境内运营实体提供技术方面的服务，境内运营实体支付服务费。如此不仅能实现对境内运营实体的控制，还能实现资金的流出。

（2）独家购买权协议。该协议的目的是让境内运营实体的工商登记股东不可撤销地同意，境内外资企业或境外控股方或其指定人在一定年限内，对境内运营实体的全部或部分股权具有排他选择权，从而实现对境内运营实体的控制。

（3）股权质押协议。境内运营实体的工商登记股东将其持有的境内运营实体的所有股份都质押给境内外资企业，以保证境内运营实体在各个协议中的义务能得到充分履行。

（4）借款协议。该协议的目的是境内外资企业或境外控股方同意，向境内运营实体的工商登记股东提供一定金额的贷款（通常与设立境内运营企业所需的出资额一致），一般约定该等贷款只能以境内运营实体的股权来偿还，以此实现控制。

（5）授权委托书。境内运营实体的工商登记股东,授权给境内外资企业指定的人,授予其在境内运营实体中所有需要股东同意事项的投票权,以此实现控制。

2.翻墙工具！协议控制结构的起因

对于植根于中国境内、业务和资产都在中国境内的公司来说,协议控制结构是赴境外上市最经常采用的一种方式。为什么要做这么复杂又麻烦的协议控制结构呢？为什么不能让这些公司直接股权控制呢？

如果说存在的即是合理的,那么协议控制结构之所以得到广泛适用,有现实中迫不得已的理由。如果不用协议控制结构,直接登陆国际资本市场要面对很大的障碍,各种政策和法律上的限制,阻隔了境外的上市之路。

对民营企业来说,尤其是烧钱且短期不盈利的新兴产业企业,如果想直接赴海外上市,财务门槛很高不说,还必须取得中国证监会的批文,而这些都是非常难的。此外,即便能拿到批文,如果企业在上市之后需要再融资,还是得经过国内证监会的审核,这个"紧箍咒"一直不会摘。

考虑到上述原因,为了去境外上市,许多企业都优先选择红筹结构。红筹结构,是指核心的资产和业务均在我国境内,此即为境内权益,而对境内权益的控制,由境内企业或公民在境外设立多层特殊目的公司来实现。然后以境外控股公司作为境外上市主体,适用境外当地法律和会计制度,向境外投资者发行股票,该等股票在境外证券交易所进行上市交易。

直白地说,红筹结构是一种"绕道"的安排,可以合法规避国内证券

管理部门审核的要求。① 红筹结构围绕着"控制"进行,而控制有两种
手段——股权控制和协议控制。

股权控制结构,顾名思义是通过股权投资,以股东的方式直接控制
境内权益。而协议控制的结构,并不通过股权持有的方式,而是仅仅依
靠一系列协议来实现控制。那么,为什么协议控制结构会得到广泛适
用,而不是股权控制结构?

要知道,论股权控制和协议控制这两种方式,哪种更稳妥,是毫无
悬念的。股权控制是一种制度性、组织性的安排,通过《公司法》这样的
组织法来规范,显然更具稳定性。而协议控制,仅仅是通过一系列的合
同安排,需要依照《合同法》对每个合同进行规范,借此来实现整体的控

---

① 对于红筹上市的监管过程我国已有历史,并且有从紧到松、再从松到紧
的演变过程。早在 1997 年 6 月 20 日,国务院颁布《国务院关于进一步加强在境外
发行股票和上市管理的通知》("红筹指引"),其中明确规定境外上市各主要方式
均需报中国证监会审批和备案。2000 年 6 月 9 日,中国证监会颁布《关于涉及境
内权益的境外公司在境外发行股票和上市有关问题的通知》,要求有关境外发行
股票和上市事宜不属于"红筹指引"规定情形的,如自然人红筹,由中国律师对境
外发行股票和上市事宜出具法律意见书,中国证监会如果无进一步异议,由中国
证监会法律部函复律师事务所,这就是"无异议函"制度。该规定出台后,民营企
业因较难获得"无异议函",而无法按计划赴境外上市。2003 年 4 月 1 日,中国证
监会取消"无异议函"。至此,红筹上市又重新回到缺乏明确监管规定的状况。随
后,外管局在 2005 年之后颁布《国家外汇管理局关于完善外资并购外汇管理有关
问题的通知》(11 号文)、《国家外汇管理局关于境内居民个人境外投资登记及外资
并购外汇登记有关问题的通知》(29 号文)、《国家外汇管理局关于境内居民通过境
外特殊目的公司融资及返程投资外汇管理有关问题的通知》(75 号文)等。2006
年 8 月 8 日,中国证监会、国家外汇管理局、国家税务总局、中华人民共和国商务
部、国家工商行政管理总局和国务院国有资产监督管理委员会发布《关于外国投
资者并购境内企业的规定》("10 号令"),规定特殊目的公司境外上市应经由中国
证监会批准,以境外上市为目的的特殊目的公司以换股方式并购境内公司应经由
商务部审批。

制目的。

可见,协议控制的稳定性、可靠性远远不及股权控制。那么为什么企业还会选择协议控制结构呢?

对于协议控制方式的"包容",已有近 20 年的历史。早在 1997 年 6 月,当时的国务院就规定,境外上市各主要方式均需报中国证监会审批。[①] 一时之间,民营企业实现境外上市的道路基本全被封了。但在随后的 1999 年 9 月,在与当时的信息产业部沟通后,新浪创造性地提出"协议控制"的重组方案,该方案随后得到默许。新浪借此得以绕开境内对通信服务行业的外资政策,实现境外上市,这也是协议控制结构被称作"新浪模式"的原因。

此后,相关监管部门态度比较模糊,或者说是默许,大多数互联网公司均采用协议控制的方式登陆海外资本市场,海外上市后又继续做大,也因此造就了 TMT(Telecommunication,Media,Technology)行业在新浪模式之后的著名"黄金 10 年"。

另一方面,就外商投资的产业政策来看,从历史上说,由于国内对于不同行业的外商投资存在着不同程度的限制乃至禁止的政策,为了能取得业务经营所需的牌照,股权控制结构在很多时候无法被适用,而协议控制结构就可以在一定程度上绕开限制。

比如新闻网站、网络出版服务、网络视听节目服务、互联网文化经营等,就曾属于禁止外商投资的领域;再如增值电信等产业,

---

① 1997 年 6 月 20 日,国务院颁布《国务院关于进一步加强在境外发行股票和上市管理的通知》("红筹指引"),明确境外上市各主要方式均需报中国证监会审批和备案,监管对象为在境外注册中资非上市公司和中资控股的上市公司在境内的股权持有单位。

外商投资的最高持股比例也曾被严加限制。对于这些行业,如果直接采用股权控制模式,外商投资的境内实体作为外资企业,便无法取得业务所必需的牌照,无法从事相关业务。①

在这种情况下,协议控制结构的价值就体现出来了:一是境内运营实体仍是内资企业,能用内资企业的身份去取得运营牌照,成为持牌公司;二是还能实现境外融资,甚至上市,在境外主体与自身之间以协议的方式实现控制。

如此一来,矛盾似乎解决了,这个横跨境内外的结构,既可以让公司在境内经营业务,又能去境外融资和上市。不仅如此,协议控制结构还能满足对境外上市公司的会计监管要求,实现境外上市公司对境内权益的合并报表。而合并报表,是实现在境外上市的会计前提。

总之,协议控制结构的存在和流行,有其历史必然性,"协议控制结构的出现主要是因为国内资本市场难以满足企业的融资需求和产业政策对外商投资的限制。如果这些问题无法得到有效解决,简单地否定协议控制结构,可能致使企业(特别是新科技、新商业模式企业)的融资需求无法满足,甚至导致部分中国企业创新能力的减弱"。

---

① 矛盾在于,一方面,对于某些行业和业务,现实要求必须以纯内资公司的身份去申请,才能取得业务经营牌照,而不能有外资背景或外资成分;但另一方面,公司为了发展,又需要引进外国股东,从美元基金取得融资,这就让公司必须要有外资成分。

二、协议控制结构的古典比喻和效力

1.罗密欧和朱丽叶！协议控制的比喻

如果亲爱的读者不从事相关领域,也许会对协议控制结构、主体、效力这些名词感到困惑,现在不妨换个思路去理解协议控制结构,就说说爱情故事吧。协议控制结构当中,简单可以分成两伙,分别是境内运营实体和境外上市公司,如果把前者比作朱丽叶,后者比作罗密欧,他们的爱情故事是这样的——

罗密欧和朱丽叶家族是世仇,罗密欧家族掌管了象征资本界权力和资源的铁王座,朱丽叶家族掌管了象征正统性的国家立法,于是罗密欧和朱丽叶这一对真心相爱的璧人,面临着不能结婚的现实障碍。但二人想要结合的心愿如此之大,于是他们还是决定在一起。

由于二人的结合为国家立法所不容,罗密欧和朱丽叶签署了一系列协议,在各个协议中落实了相互承诺将永远作为男女朋友,保证除了对方之外不能接受任何其他异性,将二人的身份、财产、子女抚育等逐一严格捆绑,直至二人死亡。通过上述安排,罗密欧和朱丽叶实质上成了对方唯一的配偶。

由于罗密欧家族比朱丽叶家族更强大和有势力,为了取得罗密欧家族铁王座的资源和支持,朱丽叶同意将她的财产质押给罗密欧。

二人无法结婚的根本原因,在于朱丽叶家族的立法不准许。但立法未来可能会变化,于是二人在协议中明确约定,只要立法允许了,二人就立刻登记结婚,成为正式的夫妇。

从此之后二人就愉快地在一起生活，与一般的夫妇并无太大区别。独特之处在于，没有结婚证，不能使用"妻子""丈夫"的称谓和身份。约束和保护二人的，并非神圣的《婚姻法》，而是二人签署的成套的合同。

这样，虽然来自有世仇的两个家族，两个年轻人却也在一起了，即便会有那么点惴惴不安，但契约是神圣的，不是吗？

将现实中的协议控制结构与上述爱情故事做个比较，就可以很容易理解到协议控制结构的精髓了。

（1）罗密欧和朱丽叶要结合的热情。罗密欧即是境外上市主体，也即股票发行人；朱丽叶是境内运营实体。在现实中，境内企业有去境外融资和上市的需要，境外资本有投资境内企业的需要。

（2）罗密欧家族掌管铁王座。要想在境外公开发行上市，必须要寻求境外资本市场的认可，罗密欧家族掌管着境外资本市场这一铁王座。罗密欧作为境外上市主体，必须要能满足罗密欧家族（即境外资本市场）的要求，对境内运营实体朱丽叶通过协议施加实际控制，合并会计报表。

（3）朱丽叶家族掌管国内立法。朱丽叶家族制定立法，对于罗密欧家族这种外资存有特殊政策，不允许朱丽叶被罗密欧娶走，依照朱丽叶家族的法令二人不允许结婚。但是对于朱丽叶与罗密欧签署的一系列控制性协议是否无效，朱丽叶家族没有明确表态，对协议整体效力态度暧昧。

（4）罗密欧和朱丽叶无法结婚。无法结婚，就像境内运营实体直接境外上市不可行，直接的股权控制结构也不可行。境内监管机构对于境内权益直接外上市有审批限制，并且境内对于外商投资有特殊产业政策限制，取得批文非常难。根据朱丽叶家族法律的规定，不允许罗密欧娶朱丽叶,境外上市主体无法通过直接股权投资控制境内运营实体。

(5)罗密欧和朱丽叶签署一系列协议以实现控制。体现为境内外资企业与境内运营实体及其股东签署的一系列独家协议安排,以实现对境内权益控制的目的,实现会计上的并表。股权控制犹如婚姻,是最正统的、受到法律保护的,在没办法进行股权控制的情况下,双方只好通过签署一系列协议,间接实现绑定和并表的安排。

(6)二人的家族对二人结合的态度。从各自家族的角度,罗密欧对家族称,他可以对朱丽叶进行全盘控制,就像境外资本市场对于境外上市主体的境内权益是认可的,并且允许境外上市主体基于此控制而发行股票并流通。但从朱丽叶家族的角度,二人订立的协议只是单个的协议,并无任何特别意义,就严谨性而言,朱丽叶没有嫁给罗密欧,就像在制度层面不曾正式认定协议控制结构的法律效力。

(7)二人协议安排的固有风险。身处不同的市场和不同的体制,两个家族并不支持二人的结合,两个年轻人只好退而求其次,签署了一系列的合同。但是契约毕竟不是身份,一旦合同受到质疑、挑战甚或撕毁,合同当事人很难得到充分的救济。另外的风险在于两个家族的制度层面,一旦朱丽叶家族想彻底把这个事实女婿扫地出门,一旦国内司法环境明确否掉协议控制结构,那协议控制结构就命悬一线了。所以,协议安排存在着固有风险。

2.且行且珍惜!协议控制结构的效力

过去10多年间,许多国内的新兴行业企业,如高科技互联网公司都纷纷凭借协议控制结构登陆海外资本市场。协议控制结构已经成为一种约定俗成的常见结构，那么对协议控制结构的效力是如何认定的呢？

对于这个问题，可以在罗密欧和朱丽叶的故事中得到启示。如上所述，朱丽叶家族从法律上不承认罗密欧这个女婿，朱丽叶家族明知朱丽叶和罗密欧签了一系列协议，朱丽叶已经被控制和并表，但朱丽叶家族明面上不说什么，对这个事实婚姻睁一只眼闭一只眼。

国内还没有法律规定或司法解释对协议控制结构有个明确的定性，也没有对协议控制结构予以一概禁止。协议控制结构处于"灰色"地带，不能简单地说它"合法"或"非法"。

当然，我国监管部门绝非没有注意到协议控制结构的存在。从行政监管的角度，在涉及紧要环节（如外汇管理）、紧要行业（如电信、出版）①、紧要事项（如反垄断、外资并购）②等，协议控制都已被

---

① 协议控制结构此前有因地方政府反对而被终止的前例，但据称该反对是和钢铁行业政策相关。2011 年 3 月，宝生钢铁撤销其在美国的上市申请，原因是河北当地政府不认可协议控制结构。事件的源头是 2010 年 4 月，宝生钢铁以换股方式收购了一家香港公司。该香港公司在中国内地拥有一家附属子公司，该港资企业通过协议控制了宝生钢铁和河北的一个冷轧机钢铁公司的全部经济收益。河北地方政府认为，该协议违背了当时的有关外商投资企业的国家法规和管理政策。

② 如国家外汇管理局于 2005 年 10 月 21 日颁布了《关于境内居民通过境外特殊目的公司融资及返程投资外汇管理有关问题的通知》（汇发[2005]75 号），自此将搭建协议控制结构的行为纳入了外汇监管。2009 年 9 月，新闻出版总署联合国家版权局出台相关规定，不允许外商通过协议控制结构实际控制或者参与境内企业的网络游戏运营业务。2011 年 8 月，商务部颁布了《商务部实施外国投资者并购境内企业安全审查制度的规定》，该文规定了外国投资者不得以协议控制方式实质规避并购安全审查。其他被列为不得规避的手段，包括代持、信托、多层次再投资、租赁、贷款、协议控制、境外交易等。

纳入了监管的范围内。按照相关规定,不得以协议控制的方式规避监管①。但如果真的就规避了监管,司法机关又是什么态度呢?

多年以来,并没有直接涉及对控制性协议效力认定的判例,直到2016年7月,最高人民法院(下称"最高院")对一个涉及控制性协议效力的案件做出了终审判决。

该案中,一审原告是长沙亚兴置业发展有限公司(下称"亚兴公司"),一审被告是北京师大安博教育科技有限责任公司(下称"安博公司")。亚兴公司要求确认亚兴公司与安博公司签署的《合作框架协议》无效,理由是安博公司实际是美国上市公司安博教育在境内的运营实体,该《合作框架协议》使得安博公司能进入《外商投资产业指导目录》所明确禁止外资进入的义务教育领域。

一审中,亚兴公司提出了一个强势的观点,认为安博公司与安博在线公司之间,利用协议控制结构,恶意规避我国禁止外资进入义务教育领域的法律规定和产业政策,属于以合法形式掩盖非法目的。

不过,这一说法并未得到一审法院,即湖南省高级人民法院的认可。一审法院认定,安博公司应为内资企业,不能根据投票权让渡和利润转移安排,就认定安博公司系外商投资企业。安博在线公司对安博公司的协议控制,也并不必然对我国教育产业安全造成危害。法院还进一步认为,否定双方之间的《合作框架协议》的效力,会鼓励亚兴公司的不诚信交易行为,将破坏商事交易安全。最终,一审法院驳回了亚兴

---

① 例如,对于沃尔玛和1号店的并购案,2012年8月,商务部同意附条件批准沃尔玛公司收购1号店,附加的限制条件是要求沃尔玛的收购范围只包括1号店的直销业务,而不包括通过协议控制结构经营的的增值电信业务。

公司的诉讼请求。

亚兴公司不甘心,又向最高院提起了上诉。最高院在终审判决中虽然未直接认定安博公司与安博在线公司之间《独家合作协议》《认购期权协议》及《委托书》的效力,但认定了亚兴公司和安博公司之间签署的《合作框架协议》中的内容并未违反法律和行政法规的强制规定,也不存在"以合法形式掩盖非法目的"的情况,因此认定该协议有效。①

这一判决对协议控制结构的意义非常深远。在协议控制效力认定方面缺乏法律和司法解释的情况下,最高院以判决的方式,在相当程度上维护了协议控制结构的稳定性。与此同时,对于该案件中涉及的产业政策问题,最高院认为该问题应归属行政部门主管,提出了相应的司法建议,技巧性地把问题抛给了教育部,判决书中写道:"对外资通过并购股权参与举办或者实际控制举办者实施义务教育民办学校的行为,可能存在危害教育安全及社会公共利益的问题,系教育行政主管部门

---

① 中华人民共和国最高人民法院民事判决书(2015)民二终字第 117 号,即二审判决中认定,《合作框架协议》并未违反法律、行政法规的强制性规定。亚兴公司主张《合作框架协议》因违反《中华人民共和国中外合作办学条例》第 6 条及《外商投资产业指导目录》《商务部实施外国投资者并购境内企业安全审查制度的规定》第 9 条的强制性规定无效。但《外商投资产业指导目录》及《商务部实施外国投资者并购境内企业安全审查制度的规定》系部门规章,而非法律和行政法规。根据《中华人民共和国合同法》第 52 条第 5 项有关"违反法律、行政法规的强制性规定"应当认定无效的规定及《最高人民法院关于适用〈合同法〉若干问题的解释(一)》第 4 条"合同法实施以后,应当以全国人大及其常委会制定的法律和国务院制定的行政法规为依据,不得以地方性法规、行政规章为依据"的规定,《外商投资产业指导目录》及《商务部实施外国投资者并购境内企业安全审查制度的规定》不能作为认定合同效力的依据。

的职责范围。对可能存在的外资变相进入义务教育领域,并通过控制学校举办者介入学校管理的行为,应当予以规范,并通过行政执法对违法行为予以惩戒。就此,本院已向中华人民共和国教育部发出司法建议,建议该部在行政审批及行政监管过程中,对此予以依法规范,以维护社会公共利益和教育安全。"

可见,最高院不希望贸然认定此类协议无效,也不希望给外界留下协议控制结构已得到最高院承认的印象。作为最高的司法系统,最高院非常谨慎,仅在案件诉争范围内,在合同效力的层面上做出认定,至于该经营模式所涉及的行业监管,还是交由归口的行政主管部门处理。

可以说,这一判决对整个中概股公司群体来说,都有重大和深远的影响,让很多业内人士心里都感到踏实了一些。因为此前,就在2010—2011年期间,中国国际经济贸易仲裁委员会上海分会某仲裁庭,在两起涉及同一家网络游戏运营公司的协议控制结构的案件中(下称"贸仲案"),以该协议控制结构违反了禁止外国投资者投资网络游戏运营业务的行政法规的强制性规定以及构成了"以合法形式掩盖非法目的"为由,裁决案件中涉及的协议控制结构无效。

在贸仲案中,据说主要是因为该起案件中的协议控制结构违反了《中华人民共和国电信条例》中的效力性强制性规定,因而被认定无效。虽说如此,该仲裁结果还是对协议控制结构产生了一定的消极影响,自此协议控制结构有了被否认效力的仲裁裁决先例。尤其是,通常业内普遍认为,仲裁比起诉讼来说,理应更能维护当事人的契约自由和意思自治原则,更应该维护协议效力,而不是否定效力。

因此,前述最高院在安博公司一案的判决,是在贸仲案之后,由法院来对协议控制结构进行合法性的审查,并且是由最高院做出的有正面意义的判决，令业内人士颇感欣慰。虽然严格来说，今后仍不排除协议控制结构因"以合法形式掩盖非法目的"而被归于无效的可能，但最高院的判决毕竟让这片灰色地带照进了一抹阳光。①

三、协议控制结构的风险和弘成教育事件

1. 心中有数！协议控制结构的风险

本书前一章中的几个典型事件，已经给海外投资者展示了，当中概股公司的创始人与海外投资者之间发生冲突时，放在中概股公司特殊结构的背景下，公司治理危机会加剧成什么样，会演化成什么样的极端事件。

2011—2012 年，是中概股公司的多事之秋，一些财务造假和做空事件接连爆发，真是流年不利。再加上支付宝事件、双威教育事件等，让中概股公司结构缺陷这层纸就此被捅破。自此，海外投资者不信任了、害怕了，看到任何风吹草动，都吓得草木皆兵。

中概股公司自身也感到委屈。在那段时间里，无论是做空机构、媒体还是大众投资者，都热衷于一件事：对中概股公司的协议控制结构进

---

① 我国《合同法》第 52 条规定了 5 种合同无效的情形，其中，"违反法律、行政法规的强制性规定"属于情形之一。这种禁止性规定分为效力性禁止性规定和管理性禁止性规定。根据《最高人民法院关于适用〈中华人民共和国合同法〉若干问题的解释（二）》第 14 条的规定：《合同法》第 52 条第（5）项规定的"强制性规定"，是指效力性强制性规定。也即，如果是属于违反管理性禁止性规定的，并不必然无效。只有违反效力性禁止性规定的，才属无效。但如果构成"以合法形式掩盖非法目的"，则属于无效合同。而如果一旦协议控制结构确实违反了法律、国务院行政法规中的效力性禁止性规定，则可能归于无效。

行认真审视。当大家看到哪家公司的结构不够清晰或者协议不够完备,这家公司的股价就得跌一跌。

而实际上,绝大多数中概股公司的创始人并无二心,他们手上拿着上市公司股票,和上市公司深深绑定,普遍愿意维护协议控制结构,也愿意接受协议的约束。

如果近距离看协议控制结构中的各方,就会发现公司的股权和控制权分处于楚汉河界的两边。境外,投资者希望能通过协议对境内的企业及其权益施加控制;境内,协议控制实体的创始人、管理层实实在在地管理和运营着公司。

协议控制结构,确实不如正常的公司股权结构来得稳当。正常的股权投资结构,就像"明媒正娶",是受到法律明确保护的。而协议控制结构下,值钱的业务、资产都在境内,就凭一系列协议,实现境外上市公司间接控制业务资产,确实有些"名不正、言不顺"。

控制性协议能否完全而充分被履行,能否被各方始终如一、有意愿、尽心尽力去履行,这些问题确实让人担心。控制性协议条款的强制执行力总归并不理想,就算各方想尽力在协议中强化责任,也基本是"防君子、不防小人"。但凡有人存心违反控制性协议,强行废掉协议控制结构,那守约方恐怕只能单靠违约后的事后救济,这将面临非常被动和不利的局面。

这一点,让海外投资者感到害怕。投资者免不了担心,自己对境内的公司和资产影响力都很有限,更多需要依赖于创始人和管理层,一旦各方发生争议,协议控制结构可能无法有效约束他们。

为了能长期合作下去,需要打消海外投资者的这种顾虑,给投资者安全感。而经过这么多年,数以百千计的适用案例,协议控制项目中参与的各方，包括境外上市公司和海外投资者，对于协议控制结构的这些固有风险都是心中有数的。

有风险，不代表这条路走不下去，在没有更好的解决办法之前，协议控制结构还要延续，就只能带着问题默默前行。

2. 股权被查封！弘成教育事件

如前所述，中概股公司多数适用协议控制结构，存在境外上市主体对境内运营实体失控的可能性。这便是协议控制结构的固有风险，包括合同履约风险、人头控制风险等。在弘成教育事件当中，发生了境内运营实体的股权被查封的意外，这是协议控制结构风险的体现。

该事件发生在纳斯达克上市公司弘成教育（CEDU）私有化退市的前夕，由于境内运营实体工商登记的小股东有个人债务未能清偿，在小股东被诉之后，意外导致小股东名下的股权遭到司法机关的冻结，使得公司的协议控制结构面临危险。

按说，如果协议控制结构已搭好，小股东也已签署了各个协议，把他名下的股权质押给境内外资企业，把实质的股东权利让渡给指定的人士，那小股东只是挂名而已。在这种情况下，小股东还能惹出什么祸呢？

不要忘了"人头控制"的风险。小股东既然是自然人，那么其有举债的自由。在工商登记的小股东对外欠款的情况下，协议控制实体的股权名义上还是其资产，小股东的债权人有权要求执行他名下的股权，而控制性协议是无法对抗第三方的。于是，小股东的个人财产情况，很有可能会危害到协议控制结构的根本。

该事件涉及的中概股公司弘成教育，是国内一家老牌教育培训机构,成立于 1999 年,旗下有 101 网校、弘成学苑等,2007 年 12 月 11 日登陆纳斯达克,是国内首个成功登陆海外资本市场的网络教育全面服务提供商。弘成教育在纳斯达克辗转 6 年,市值长期在 1 亿多美元徘徊。

弘成教育也是第一家主动选择退市的教育股。2013 年 6 月 21 日,弘成教育宣布,收到由董事会执行主席黄波和 CEO 丁向东组成的买方集团发起的私有化要约,收购所有不属于买方财团的在外流通股,收购价为每股现金 2.33 美元,即 7 美元/ADS(美国存托股票),整个公司的估值大约为 1.288 亿美元。

不曾料想,在发起私有化之后,弘成教育在境内的实体股权却遭到国内司法机关的冻结。弘成教育在 2013 年 10 月 17 日向美国证券交易委员会递交的文件中披露,弘成教育集团通过协议控制的北京弘成教育科技有限公司 28% 的股权被北京市第一中级人民法院冻结。

该部分被冻结的股权,原本是由境内运营实体工商登记的小股东杨雪山持有,该次股权冻结主要是基于杨雪山与中国建设银行北京西四支行之间贷款合同纠纷民事判决结果。换句话说,是杨雪山欠了银行的钱,被起诉到法院,法院查其名下财产,查到了杨雪山名下持有的运营实体股权,并要将其作为他的财产付诸执行,于是就冻结了境内运营实体的股权。

该股权冻结事件发生后,弘成教育集团发出公司公告,强调此事将不会对公司产生任何重大影响,理由是:第一,在股权被冻结之前,杨雪山已就被冻结股权办理了股权质押登记;第二,杨雪山是名义股东且签署了一系列控制协议,以及就其股东权利签署了授权委托书。

真的不会有任何影响吗？第一,按照工商登记公示,杨雪山毕竟是诉争股权的登记股东。当他未能清偿到期债务,其债权人银行可以据此向法院申请对该股权强制执行。[1] 第二,被冻结的股权虽然已被质押,但并不会阻断强制执行,也就是说,如果债务人未能偿还贷款,法院可依法将冻结的股权强制执行。一旦如此,质权人只能在股权拍卖和变卖后,优先获得相应的拍卖或变卖价款,却不能直接取得股权。

可见,倘若工商登记小股东名义上持有的股权真的被法院付诸执行,进入拍卖程序,那么连运营实体的股权归属都无从确定。即便小股东签署了一系列控制性协议,并办理了股权质押登记,权利人也只能优先获得拍卖或变卖的价款,却无法直接取得股权。也就是说,各方费尽周章构设的协议控制,便会落空了。

弘成教育实体股权被冻结的这一消息,正好发生在上市公司私有化期间,公司管理层努力降低了该事件对私有化的影响。从后续进展来看,私有化如期完成,2014 年 4 月 24 日,弘成教育宣布退市。可以合理猜测,杨学山的贷款纠纷是以别的财产偿还了银行债务,境内运营

---

[1] 如果说杨雪山是名义股东,那么按照公司法规定,公司应当将股东的姓名或者名称及其出资额向公司登记机关登记;登记事项发生变更的,应当办理变更登记。未经登记或者变更登记的,不得对抗第三人。也即,按照法律规定,依法进行登记的股东具有对外公示效力,隐名股东在公司对外关系上不具有公示股东的法律地位,其不能以其与显名股东之间的约定为由,对抗外部债权人对显名股东提出的主张。根据《最高人民法院关于人民法院执行工作若干问题的规定(试行)》(1998),人民法院对被执行人所有的其他人享有抵押权、质押权或留置权的财产,可以采取查封、扣押措施。当协议控制实体的股权被申请强制执行时,如果协议控制实体背后的隐名股东以其为代持股权的实际权利人为由提出执行异议,要求停止执行的,法院估计一般不会予以支持。

实体的股权没有被强制执行。

这一案件给业界提了个醒,如何对境内运营实体工商登记的股东实施控制?具体包括,如何能够保证他们不会因为个人债务或者其他任何原因而危害其持有的运营实体股权?如何保证他们不借贷、不离婚、不去世,或者在发生借贷、离婚、去世的情况下,把对协议控制结构的影响降至最低?从根本上说,能否将境内运营实体的股权与这些登记股东的个人财产相隔离?这些非常棘手的难题,也属于协议控制结构下的固有风险。

监管机构和交易所对协议控制结构的风险也有所注意。在支付宝事件发生后,2011年11月底,香港联交所修订了上市决策,表明香港联交所对协议控制结构原则上采取肯定态度,但对于非外资限制的行业却采取协议控制结构的项目,审核将更加谨慎和严格。① 香港作为境内公司红筹结构的一个主要上市地,香港联交所的这种官方态度,明显意图限制协议控制结构的适用。

协议控制结构的未来前途何在?虽然目前并无明确规定,但未来对协议控制结构纳入监管将是大势所趋。根据2015年1月19日发布的《外国投资法(草案征求意见稿)》,将"协议控制"明确规定为外国投

---

① 根据修订后的《05上市决策》,香港联交所将在全面考虑申请人采用协议控制架构的原因并满足《05上市决策》规定的条件情况下,以个案处理方式继续认可申请人采用协议控制架构,并强调如果协议控制架构涉及非限制业务,上市科会将其交由上市委员会处理。后者则意味着香港联交所对通过协议控制架构上市的非限制行业企业的审查将更加审慎。

资的一种形式。① 其中规定，在该法生效后，以协议控制方式进行投资的将适用该法，明确不得以协议控制的方式规避外商禁止性、限制性投资领域。②

---

① 《外国投资法（草案征求意见稿）》第 149 条规定外国投资者、外国投资企业以代持、信托、多层次再投资、租赁、承包、融资安排、协议控制、境外交易或其他任何方式规避本法规定，在禁止实施目录列明的领域投资、未经许可在限制实施目录列明的领域投资或违反本法规定的信息报告义务的，分别依照本法第 144 条、第 145 条、第 147 条或第 148 条进行处罚。

② 根据该草案征求意见稿，对于该法生效前既存的以协议控制方式进行的投资，如在该法生效后仍属于禁止或限制外国投资领域应当如何处理，商务部在该征求意见的说明中包含了几种处理方式，大致都需要上报到商务部，符合条件的控制结构可以继续保留。

第六章

中概股私有化和退市的基本问题解读

● 上市公司进行私有化和退市,有什么好处?

● 为什么说中概股公司进行私有化和退市,可能是为了自救?

● 作为最常见的私有化方式,一步式合并包括哪些主要步骤?

● 美国的中概股上市公司的私有化和退市,有什么关键的程序?

● 为什么说许多中概股上市公司顺利从美国退市,是得益于双层
股权结构?

在读完本章后,对于以上问题,应该可以得到答案。

一、私有化和退市的基本原因

1.为了自救! 2011 年退市潮

前面一章讲到的弘成教育,是主动选择从纳斯达克退市的上市公司。在海外资本市场,私有化和退市是正常的商业行为。当中概股公司在海外资本市场境遇不佳的时候,就会想要私有化和退市。如前文所述,2011 年前后中概股公司被集体做空,2011—2013 年,出现了中概股私有化退市的一波高峰。

需要承认,由于国内外市场、文化和语言的差异,海外投资者与中概股公司之间存在着天然的隔阂。2011 年前后,当一些中概股公司的财务问题被曝光后,原本可能只是极少数的个案,但因为投资者、监管层产生了不信任,再加之海外有做空机制和集体诉讼的传统,就波及了其他中概股公司,这又进一步加剧了集体股价下挫的恶性循环。

美国股市有着严格的退市要求，如果公司股价跌个不停，公司股票有被强行摘牌的风险。以纳斯达克证券市场为例，当市值小于 3500 万美元或股价连续 30 个交易日小于 1 美元，就会受到交易所的警告，被警告的公司如果在规定的时间内不能采取措施提升股价，就会受到退市处理，这就是所谓的"1 美元退市规则"。

据不完全统计，仅在 2011 年，在浑水、香橼等做空机构的炮轰下，就有 20 家在美上市的中概股公司被停牌或者摘牌。一旦公司被强行摘牌，公司股票会落入高度投机的柜台交易市场或粉单市场，命运多舛难测。

于是，当股价被大幅低估时，为避免掉入柜台交易市场或粉单市场，中概股大股东只能自己启动私有化，以图"自行了断"。私有化和退市成了中概股公司的一种自救方式。①

话说回来，与上市相比，说不定退市的日子更好呢。曾有一些优良的企业，在私有化时获得了比上市更高的估值。比如，环球雅思（GEDU）私有化的价格，相当于其在纳斯达克股价的 3 倍。

即便不是股价低到要被摘牌的程度，中概股公司的股价表现也常常很不理想，跌破发行价，这让公司的创始人非常受伤。许多中概股公司的创始人在启动私有化的时候，都对外说过同样一句话，那就是"公司股价低到已严重偏离了企业的价值"。想当年中概股公司去海外上市何等风光，而如今却充满了沦落为低估值"弃妇"的忧伤。

---

① 当时中概股普遍的行情不佳。据 2012 年 8 月公开数据显示，当时中概股股价小于 1 美元的有 31 家，另外还有 12 家介于 1～1.2 美元；市值在 3500 万美元以下的有 42 家，另外还有 11 家市值处于 3500 万～4000 万美元。

不仅股价上不来,更要命的是,股票的流通性还奇差。对于不受关注的中概股股票,日交易量有时甚至只有几万股,这种股票无法卖出,被称为"僵尸股"。

这让中概股公司的创始人很懊恼,刚卖一点股票,就有砸盘大跌的架势,手中的股票变得更不值钱。当初决定"嫁"给海外股市,想着毕竟是海外豪门,虽然规矩多些,也总该是"霸道总裁",日子还是好过的。但不曾想,霸道是真霸道,但"霸道总裁"却不爱我,上市后的日子每况愈下。这样的资本市场性价比太低,不如私有化和退市。

还有个现象值得注意,2011—2013年这波退市的公司主要是北美上市公司,其业务主要集中在传统行业。海外(尤其是北美资本市场)非常看重公司所处的行业和业务成长性,更青睐高科技、新兴产业,传统行业的公司较难获得投资者的关注,公司的股价和成交量都不令人满意。

2.私房菜！退市的好处

上市公司私有化,是资本市场上一类特殊的并购交易。首先,私有化属于并购交易的一种,体现为用现金或者有价证券作为对价,来获得并购目标企业(即私有化主体)的股权。其次,私有化交易属于一种特殊的并购交易,与其他并购交易的最大区别在于,私有化的目标是令被收购上市公司退市,由公众公司变为非公众公司。

对于在美国上市的中概股公司而言,私有化是指根据美国相关法律法规规定,上市公司的主要股东和其他外部财团,通过交易,使上市公司转变为非上市公司。

私有化的好处是什么呢？私有化的最大好处,就是能纠正上市带来的坏处,能够纠正公司过于透明化、短视化的问题。如果选择私有化和退市，在摆脱与上市有关的诸多束缚后，公司和管理层不再需要面对巨大的公众监管压力和上市维护成本消耗等，不必再向外界公布自己的战略意图及财务数据，可以更加独立自由地大展身手，更能关注长期目标和战略部署，将精力放在业务运营上。私有化之后，"公司里的每一个人都更能好好做事"。

有些企业家就很直白地吐槽过上市带来的问题。例如，据说新东方的创始人俞敏洪在2011年举办的首届中国民办培训教育行业发展高峰论坛上说道，"新东方上市，带了一个好头，也带了一个坏头"。他这样比喻上市，"就像你娶了一个你完全把控不住的女人一样，很难受，你又爱她，但是她又不听你的话"。此前，他在给员工的群发邮件里写到，"上市让新东方在一瞬间从对内的关注转向了对外的焦虑，从关心学生的感受转向了关注股市的动态，从关注教学质量转向了关心数据增长……这些转变正逐渐吞噬新东方的价值体系，模糊新东方的方向"。

这样就能明白，为什么会有中概股公司的老板后悔上市。后悔了不要紧，可以改，能退市。在完成私有化和退市之后，公司便不用再受制于证券交易所、监管机构和中小股民，不用做没完没了的信息披露公告，经营中也不需要像上市时那般束手束脚。私有化完成后，公众公司退市成为私人公司，这就相当于从"大众食堂"变成了"私房菜"，怎么炒怎么香。

退一步说，我们需要正视"上市"和"退市"这两个词，因为这两个词语本身是中性的。按照常理，当资本市场环境很好，股票价值能得到认可的时候，公司会更倾向于上市，将股票公开挂牌。而反过来，当市场未能发现或不认可公司股票价值的时候，公司股票价格偏低，那么大股东或上市公司可能会选择从二级市场上回购股票，从而既聚拢了股份比例,又适当抬高了公司股价。

因此,上市也好,退市也好,都是理性的经济行为,受制于客观经济规律。在海外成熟的资本市场,私有化和退市是正常的商业行为,退市和上市同样常见。不像在国内,上市公司远远比退市公司多,A 股就有为数不少公司该退市而不退,充当"不死鸟"。①

总之,上市公司进行私有化的原因有很多方面。为了维持上市状态,需要及时进行信息披露和公告,处理好上市公司与投资者的关系。如果选择私有化和退市,这些成本和麻烦就可以省去。

此外,私有化和退市还能解决公司股价过低、被起诉和做空压力大等问题,能够获得公司治理方面的灵活性,减少作为上市公司承担的合规成本及投资者关系管理、法律和审计等成本,让公司回归到核心业务。甚至,公司可以在私有化之后在其他资本市场寻求上市,还可能以更高估值融得更多资金。

二、私有化的不同路径

这一节将主要介绍在美国上市公司私有化的路径,尤其是最为常见的一步式合并,以及阐述私有化过程中的关键问题。

1.一步式合并!私有化主要路径

通常来说,私有化就是上市公司的创始人(往往是公司的大股东、董事会主席或者 CEO),通过联合其他一些机构投资者(统称为"主要

---

① 国内自 2001 年首批公司退市至今,沪深交易所累计已有 78 家公司退市,年均退市率仅约 0.11%,英美等成熟市场的年均退市率是我国 A 股的 90 倍左右。

股东")和外部财团组成买方财团，收购所有其他股东（统称为"非主要股东"）手中持有的股份，把非主要股东持有的股份全部买回来，最终使这家上市公司退市。

当私有化是由创始人等主要股东发起时，整个私有化的气氛一般会较为友好，各方以协议合并的方式，约定其他非主要股东收到现金后退出，整个私有化交易完成。这种情形下，私有化通常以一步式合并的方式进行。

一步式合并（one-step merger）是最常见的私有化合并路径，即由上市公司主要股东和外部财团组成买方财团，设立并购母公司（Parent）和并购子公司（Merger Sub），并购子公司与上市公司直接合并。① 合并后，非主要股东取得现金对价（私有化对价）并被挤出，上市公司随后完成退市。

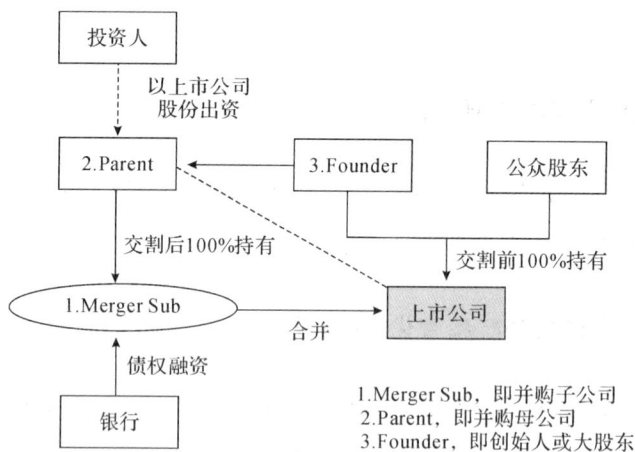

一步式合并

---

① 陶旭东、张鸿午，《美国上市的中国概念股私有化》，《君合专题研究报告》，2013 年 5 月 24 日。

一步式合并,一般按照如下步骤进行。买方财团设立一个100％控股的并购母公司,通常在开曼群岛设立。由并购母公司再设立一个全资子公司作为并购子公司,该并购子公司通常也在开曼群岛设立。上市公司的主要股东将其所持上市公司股份作为出资,注入并购母公司。

随后,由并购子公司与上市公司签署合并协议。① 合并后,上市公司的非主要股东取得私有化对价并被挤出。合并协议生效并得以执行后,并购子公司并入上市公司不再继续存续,这样原来的上市公司作为继续存续的公司,就成为并购母公司的全资子公司,从一家公众公司变成了一家私人公司。

一步式合并是完成私有化交易快捷和便利的方式,被大多数中概股公司的私有化采用。从本质上说,一步式合并属于协议收购。

2.两步式合并! 其他路径

除了一步式合并之外,还有另一种私有化方式——两步式合并。所谓的两步,包含了要约收购及后端合并。要约收购(tender offer),是指先由收购方向上市公司发出收购要约,目标是收购上市公司特定比例(通常为90％)以上的股份,原则上该价格应适用于所有股票持有人。

因为两步式合并是采取要约的方式进行收购,所以收购方取得股票的成本偏高。此外,若收购方在第一步收购中无法获得90％以上的股份,由于后续程序又会涉及股东大会表决等,私有化要花费的时间反

---

① 合并协议会对合并方案、合并价格、双方的声明/保证、交割先决条件、交割程序、违约责任、适用法律和纠纷解决机制等进行约定。

而会拉长。这是两步式合并的缺点。

两步式合并较多见于敌意收购当中。与一步式合并不同的是，在要约收购下，收购方需要给出一个足够有吸引力的高价，才好确保交易能够做成。近年的中概股公司私有化中，基本很少见到两步式合并。

另外一种更特殊的私有化交易结构，是并股，或称反向股票分割，是指通过减少股份数量和增加对应的股票价值，实现将公司股票的持股人数减少至 300 人以下。根据美国证券交易所相关规则，持股人数减少至 300 人以下，就被视为股票"不被广泛持有"，就达到了退市标准。

近年来私有化采用并股的方式基本见不到。早期去美国的中概股公司当中，较多并非直接上市，而是采取反向收购的方式借壳上市，公司股权比例非常集中。对于这样的公司，就适合采取并股的方式实现退市。

三、私有化的审查、程序和价格

1. 谁赞成谁反对！私有化的投票表决

私有化交易，是以上市公司退市为目标的特殊并购交易，私有化需要经过美国证券交易委员会的审查，审查内容包括上市公司提交的各个表格和委托投票权说明等。

此外，一步式合并必须经由上市公司的特别股东大会批准。至于批准是否容易取得，一方面要看表决权比例，另一方面也要看上市公司注册地的表决机制是如何要求的，不同法域下的法律对于特别股东大会批准的门槛有不同的规定。如今的中概股上市公司多数都注册在开曼群岛,表决相对容易些。如果是注册在美国当地,那情况就不太好说了。

早些年在美国上市的中概股公司,或者通过在美国买壳上市的中概股公司,如果其上市主体是在美国成立的公司,则应适用上市公司注册地美国所在州的法律。而在美国有些州,私有化交易的参与方被要求回避表决,适用少数中的多数原则,合并须由非主要股东表决通过才可以,这就大大增加了私有化的不确定性。

与之相对,近年来,中概股公司的上市主体多数注册在开曼群岛。而根据开曼法律,达到 2/3 以上的出席股东大会的股东批准后,便可以进行此类法定合并。开曼群岛的法律对投票机制规定得比较宽松,所有股东都可以参加投票,提出私有化的股东不需要回避表决,经过出席会议的股东所持表决权的 2/3 以上同意即可通过,这样就很大程度上降低了私有化的不确定性。①

另外,既然合并要经过股东投票表决,那么买方财团中的主要股东所持表决权比例的大小,就构成了投票时的基本牌面。对此,买方财团一般都会感到乐观,因为表决权和股权比例往往不是对应的,抛开机构投资者所持股份的表决权不说,就单说创始人大股东所持股份的表决

---

① 众所周知,开曼群岛、英属维尔京群岛这些离岸岛国,为了吸引投资,采用的公司法更多向董事倾斜。开曼法律的限制要比美国许多州的公司法限制少许多。比如,根据特拉华州公司法,公司与董事之间的交易必须要经过非相关董事或者股东会同意,在各方面证明是对公司公平的,否则该交易将无效。而根据开曼公司法,并不限制公司董事和公司进行交易,董事披露其利益即可,也不限制其相关表决权。

权,通常就大大超过了其股权比例。

美国资本市场允许同股不同权,上市公司采用双层股权结构,允许创始人大股东持有超高比例表决权的股票。双层股权结构指设置 A、B 股两类公司股份,其中 A 类股向外部投资者发行,每股只有 1 票的投票权;B 类股可被设置为每股有超过 1 票(例如 10票)的投票权,B 类股不公开对外交易,始终被担任管理层核心的创始人持有。如此一来,创始人的表决权比例远超过其持股比例,在通过公司各项决议和议案时,其话语权都非常大,控制地位也因此得以加强。

可以说,正是这种宽松的私有化退市投票机制,再加上美国上市公司常常采用的双层股权结构,让中概股公司的私有化和退市结果相当有谱。

2.皇冠别掉！公平正义的程序

私有化交易,是以上市公司退市为目标的特殊并购交易。在私有化交易当中,程序和价格是极关键的两项因素,可以分别被比作皇冠和皇冠上的宝石。对于私有化交易,根据美国证券法和美国监管部门的要求,交易程序要比一般的并购交易严格许多,另外对于私有化价格的确定标准也有一定规定。

程序正义源于一句人所共知的法律格言:"正义不仅应得到实现,而且要以人们看得见的方式加以实现。"

如前所述,私有化需要按照法定程序向美国证券交易委员会提交材料,并经过审批。而对私有化交易的监管要求,要高于普通的并购交易,并且特别强调程序正义,这是为什么呢?

在一般的买卖当中,双方地位比较平等,甚至买方更容易吃亏一些,因为"买的没有卖的精"。买卖双方存在着信息不对称的情况,一般情况下都是卖方知道得多,买方常因不知情而当了冤大头。天下的买卖也许真是这样,但是私有化并购却是个例外,情况完全相反。

在私有化并购当中,是"卖的没有买的精"。在私有化交易中,常常是公司的主要股东等作为交易的买方,公司的散户等中小股东作为交易的卖方。

私有化的买方财团一般由创始人、大股东、管理层牵头,他们不是外人,而是公司的内部人,很清楚公司的具体情况,比如,公司股价能否反映真实价值,公司最有价值的资产和业务是什么,等等。

而私有化交易的另一方则相反,卖家是非主要股东,包括市场上的机构投资者和散户,他们对于上市公司和交易能得知的信息相对有限,在私有化交易中,较易处于不利地位。

更有甚者,作为买方的创始人、大股东、高管对公司的影响力很大,他们往往能够控制公司的董事会,使得公司及董事会在处理私有化交易时很有可能出现偏向大股东(作为买方)利益、牺牲公众股东(作为卖方)和公司利益的情形。在私有化并购中,作为卖方的广大中小股东和上市公司本身,都处于弱势地位。

为了防范以上情形的出现,为了促使董事会恪守诚信义务,为了保护上市公司以及广大中小股民的利益,美国证券交易委员会格外重视私有化交易中程序的公平和完备。

在私有化交易当中,由于天然的利益冲突的存在,为了确保正义能够得以实现,需要追求"看得见的正义",要证明所有环节和程序都遵守了正义原则,各个环节都经得起推敲和质疑。① 这一程序正义的要求,便是私有化过程当中的"皇冠"。私有化的参与者要小心地戴着,不能低头,否则,皇冠会掉。

如果没有程序正义的要求,扯皮的情况很容易发生。比如,买方声称,虽然我们是公司大股东带领下进行的私有化,但我们做的这个私有交易非常公平,没有占公司和中小股民的便宜。但是,空口无凭,这样的话怎么才能让美国证券交易委员会和广大中小股民信服呢?

私有化交易当中的程序正义,需要能够保证交易的全程都遵守了公平原则,包括交易启动的时机、方式、交易结构的确定等各个方面。如果买方财团能够证明程序合法,遵守了所有流程要求,提交了各种符合要求的表格并获得通过,那么按照程序正义的原则,可以推论私有化交易的实体方面也是公平的。反之,如果买方财团连程序完备都无法证明,一旦被起诉,法庭很可能倾向于认为买方占了便宜,则买方败诉和被勒令赔偿的风险就加大了。

私有化交易受制诸多,大股东和管理层轻易不敢造次,否则可能会被罚死。根据美国法律的规定,对于大股东和管理层提出的私有化要约,因为涉嫌利益冲突,与一般无利益冲突的私有化要约相比,要求适

---

① 程序正义是英美法的传统原则。按照罗尔斯 1971 年在《正义论》中的观点,不存在任何有关结果正当性的独立标准,但是存在有关形成结果的过程或者程序正当性和合理性的独立标准,因此只要这种正当的程序得到人们恰当的遵守和实际的执行,由它所产生的结果就应被视为正确和正当的,无论它可能会是什么样的结果,"以便它无论是什么结果都是正义的"。

用更严格的标准。① 例如,特拉华州法院适用"彻底公平"原则,简单地说是法院有权对私有化过程进行最严格的审查,要求董事和大股东举证证明交易过程的彻底公平②以及交易价格的彻底公平。

投资者还有权起诉控股股东或董事在并购的交易决策过程中违反诚信义务。例如,特拉华州公司法要求董事须忠诚于全体股东,应基于诚信原则做决策,掌握充分的信息,并要求在涉嫌利益冲突的交易中,大股东对小股东也负有类似的诚信义务。假如董事或控股股东违反了这样的义务,法院可以判决要求其对小股东做出赔偿。

另外也要注意到,私有化交易几乎都以不存在相关诉讼作为交割条件。如果公众投资者当真提起针对上市公司私有化的诉讼,虽然估计不至于让私有化完全停滞,但也会阻碍交割,增加交易成本和风险。这也就可以解释为什么在私有化交易中,中概股公司在程序方面都表现得很小心谨慎。

在私有化的过程中,私有化的各方都必须规规矩矩,遵守各项程序要求。有两个方面需要专门强调一下,即特别委员会和信息披露。

(1)特别委员会

进行私有化交易时,谁来代表公司和普通公众股东与买方财团进行交易的谈判,将非常影响交易的公平性。本来,公司的经营决策机构

---

① 假如并购交易不涉及控股股东(如两步式的要约收购),那么,法院审查标准将相对宽松,法院会推定董事会的交易决策出于诚信并且具有充分的信息基础,进而对董事会的决策给予最大限度的尊重。这被称为"商业判断"规则。

② 关于交易过程的彻底公平,如果已证明程序正义得以保证(如设立独立的特别委员会并且得到少数股东多数同意后),法院会将举证责任转移给原告,要求小股东举证存在不公平。

是董事会。董事会对内掌管公司事务,对外代表公司。但在私有化交易当中,代表公司的机构却不是董事会,而是专门新设的特别委员会。原因也正是如前所述的,需要让董事会避嫌,从而减弱、消除创始人对董事会的影响力。

设立特别委员会,正是为了实现对非主要股东利益的保护。在向美国证券交易委员会陈述私有化对价确定依据及经过时,就涉及上市公司特别委员会与收购方就私有化对价谈判的过程。特别委员会一般包括独立董事,也常常聘请专业人士介入参与。特别委员会的任务是要独立于董事会之外,保护广大股东的利益。

换个角度看,如果能成立独立的特别委员会,并且特别委员会能展示出切实履行了职责,也就能够给美国证券交易委员会和股民一个交代,大股东和董事被起诉的风险也就少些。

也许有人会质疑,毕竟上市公司最终还要受制于私有化买方的大股东,那么即便设立了特别委员会,这个特别委员会会不会仅是个"橡皮图章"?这一想法有一定道理,为了防范出现这种情况,美国证券监管机构特别要求确保其独立性。①

按照规定,特别委员会的组成人员必须独立于控股股东和管理层。特别委员会要得到充分的授权,能够实施对私有化要约的评估和决策,能够决定寻求替代性交易方案,能够决定审查启动"毒丸"这类对抗要约收购的措施,等等。特别委员会如果失职,会面临被起诉等法律风

---

① 在一些私有化项目当中,买方财团和特别委员会发生了明显的冲突。例如,特别委员会要求买方财团提高报价,但买方不情愿,拒绝提高。再如,特别委员会认为被诉讼的风险大,要求启动保守的机制,要求适用非主要股东少数中的多数原则,以多数票通过,这一提议也是买方财团不愿同意的。

险。以上要求,不仅突出了特别委员会工作的严肃性和重要性,也强调了独立性。

(2)信息披露

美国证券法对私有化并购交易信息披露的要求,比对于普通并购行为的披露要求要高。私有化交易中,各方需要披露更多的资料和信息,强调准确性和充分性。

按照规定,上市公司及买方财团应详细说明,私有化对于非主要股东在程序上、实质上的公允性以及认定公允性的依据。私有化当中有披露义务的各方,应充分、公平地披露对私有化表决情况很可能有实质性影响的重要信息。

信息披露的要求涵盖了私有化的各个核心过程和环节。例如,美国证券交易委员会很关注私有化资金是否有充分的保障,上市公司及买方财团应详细披露各项资金来源的具体数额,资金的支付是否存在法律上或合同上的任何条件和限制等。再比如,受聘于特别委员会的财务顾问的角色非常重要,要协助对交易对价的公允性发表意见,那么上市公司就需要披露财务顾问是如何遴选出来的,甚至要披露财务顾问收取的费用。

美国证券法规要求,上市公司必须向公众投资者公告披露有关并购交易(包含私有化交易)的各种重要信息。从实践看,投资者对上市公司和大股东所用的最有力的诉讼武器之一,正是基于向股东征集委托投票权的信息披露规则而提出的主张。

3.皇冠上的宝石!公允的价格

"皇冠"是指私有化过程中公平正义的程序,而程序最终指向了一个核心，那就是私有化的价格。作为整个交易最核心的条件，私有化价格像宝石一样熠熠发亮，必然得到各方的聚焦和关注。

私有化价格至关重要，它既是买方财团对公司进行私有化、据为己有所要付出的对价，也是中小股东同意退出上市公司所能收到的对价。私有化价格是买卖双方商谈的焦点，也是美国证券交易委员会和社会公众的关注重点。

私有化价格需要体现交易的公平，这是指买方财团支付的对价应当对卖方公平，而是否公平要综合考察公司的经营情况、短期与长期、经营预期等各种因素。

总体上看，上市公司私有化要约价和最终支付价，都较公司股票当时的市场价有不同程度的溢价，溢价幅度从 10％到 100％不等。

但是，在不少私有化项目中，中小股民感觉被大股东这些买方占了便宜，低价把上市公司卖给了他们。但是，当卖方中小股民感到委屈的同时，大股东作为买方似乎也有一肚子怨言。

站在大股东的角度，他们觉得给出的私有化价格并不低，因为现实中股价就这么低，大股东觉得自己才是上市公司股价低的最大受害者。大股东常常认为，如果公司的股价高，那没必要启动私有化；正是因为公司的行情差，而且也不是一天两天了，这才启动了私有化。

但是不管溢价多少，总会有中小投资者感到不满意。如果投资者认为私有化价格过低，可能会采取多种手段表示怨言和不满，如抵制股东大会的召开、提起集体诉讼、抗议、写公开信等。近年来，中概股公司在启动私有化之后，因私有化价格过低等问题而遭到投资者诟病的公司有不少，包括人人网、当当网等。

人人网（RENN）的私有化要约价格其实是不算低的，比私有化要约发出前 30 个交易日的平均价格高出 22%。但即便如此,投资者仍质疑该价格的合理性,理由是人人投资的 SoFi 很快就要上市了,"当管理层知道自己所持有的 SoFi 股份估值将暴涨之际,他们却选择了提前私有化,独占投资成果,让人失望"。由于广大中小股民、机构投资者软银和美国证券交易委员会的反对,最终人人网的私有化方案没有成行。

当当网(DANG)的私有化价格也遭到了中小股民的广泛质疑。当当网最终实施的私有化价格为 6.7 美元/ADS,这一价格比 1 年前的 7.81 美元/ADS 的报价低了 14.2%。投资者质疑当当的私有化要约是"利用中美时差在 7 月 9 号美国股市开盘前,拿当当的股东作为交易对手,进行投机性套利",并指出当当的股价在当年中只有 3 个交易日低于该报价。得益于双层股权结构下创始人所持有的大量投票权,当当网的私有化最终得以完成。

第七章

2015 年中概股私有化高潮的真相

● 2015年前后的中概股退市潮,与2011年前后的中概股退市潮有什么不同?

● 中概股公司在海外资本市场遭遇各种难题的深层原因是什么?

● 新兴行业企业选择在国内上市或者在美国上市,会有什么显著不同?

● 海外投资者对于中概股公司的定位,与公司对自身的定位有什么不同,会造成什么问题?

在读完本章后,对于以上问题,应该可以得到答案。

一、私有化和退市的特别原因

1. 沸反盈天! 2015年退市潮

如前所述,2011年前后的那一波中概股公司私有化高潮,多数是因为当时中概股公司在海外上市的糟糕境遇,从而做出的无奈之举。至于退市后下一步去哪里,那些中概股公司在退市时并没有太明确的目标,大概随缘的心思多些。

2015年前后的私有化热潮则完全不同。虽然中概股公司面临的海外投资环境仍有股价低、监管严等问题,但所面临的做空已不像2011年前后那么严重了。2015年前后,中概股公司的私有化更多并非来自必须退市的压力,而是来自想要退市的动力。更重要的动力在于,退市后回国的愿景特别美好和诱人。

2015年前后,随着我国国内资本市场的发展,再加上国内货币超发造成的流动性过剩,资产价格高企,对于上市公司给的估值远比海外资本市场给的要高。这个新现象很快引起了中概股公司和投资机构的注意力。如果从海外资本市场退市,换个资本市场,公司股价就要翻几番,大股东身价也要跟着翻几番,既然这样,那不如返乡回国,打道回府。这便是 2015 年前后出现的中概股退市潮的直接原因了。

从这一点说,2015 年这一波私有化是主动的、积极的、乐观的,私有化的目标非常明确,就是为了退市后回国内资本市场。"大众创业、万众创新"的国家战略使得 2015 年上半年国内 A 股市场持续走高,这仿佛指向了一个新可能,中概股公司回国能成为国内资本市场的香饽饽。

当时有一些"老司机"的中概股公司上了国内 A 股,很是成功,成为其他中概股公司艳羡的对象。例如,分众传媒和巨人网络(GA),这两家分别属于广告传媒和游戏公司,在美股市场都是见过大风大浪的,最后都选择了私有化和退市,之后又花了几年重组,再登陆国内 A 股时,正好赶上了 2015 年千股涨停的大牛市。于是,这两家公司都通过借壳成功上市 A 股,公司股价均创出多个交易日涨停的暴利神话。

除了这样的中概股"老司机"的成功案例在业内有煽动性之外,中概股"小鲜肉"的成功案例更是给其他中概股公司打了鸡血,直接掀起了中概股公司的一轮私有化浪潮。暴风科技(又称"暴风")就是这样一个案例。

2015 年 3 月,作为第一家拆除协议控制结构后回归 A 股的互联网公司,暴风科技(300431)成功在深圳证券交易所创业板上市,很快成为互联网第一股,上市后连续 39 个涨停震惊股市,被封为一代"妖股"。

这便是暴风科技通过主动拆除协议控制结构再回归 A 股后所创

造的涨停板传奇,许多原本在海外上市或者正打算上市的公司一看,纷纷表示惊呆了,开始考虑新的出路,盘算着要不要也回国上市。如果是已经做完协议控制结构的,开始考虑要不要拆除协议控制结构;如果是还没有搭建协议控制结构的,开始严肃思考是否该从国内人民币基金(而不是美元基金)融资。①

国内资本市场高企的市盈率和上市后的高融资额,构成了伊甸园苹果般的诱惑。对于中概股公司尤其是参与其中的各路投资机构来说,特别有动力要回国抢占估值的"高地"。先从海外资本市场进行私有化和退市,再在国内登陆资本市场,以此抢滩高发行价、高发行市盈率、高募集资金的"三高"发行的 A 股市场。对于资本来说,这充满了致命的诱惑力。

2015 年,许多优质公司都着手拆除协议控制结构,研究如何能更快回归 A 股。另外,当时新三板也正红火,并且还传闻后续将有战略新兴板开启、股票发行注册制变革,这些利好让人觉得国内将从制度层面为中概股的回归大开门路。

资本市场自由之风正酣,营造了热情洋溢的市场氛围,让身处其中的人们觉得,中概股如果想回归,无数的涨停板都在等着它们。

据统计,2015 年共有 32 家中概股公司②先后收到了私有化要约,

---

① 2015 年密集出现了一批拆除协议控制结构的公司,据不完全统计,包括宝宝树、车语传媒、易到用车、趣分期、喜马拉雅 FM、迅游科技、科迪乳业等。

② 天合光能、阳明风电、瑞立集团、合一集团、爱康国宾、乡村基、艺龙、麦考林、欢聚时代、当当网、海王星辰、空中网、陌陌、奇虎 360、中国信息技术、中星微电子、航美传媒、乐逗游戏、博纳影业、如家、世纪互联、人人网、易居中国、世纪佳缘、晶澳太阳能、迈瑞医疗、淘米网、中国脐带血库、学大教育、药明康德、久邦数码、完美世界。

这一热情一直延续到 2016 年年初。2015 年这波中概股公司的私有化和回归，因为公司的体量、名气、实力更大，受到了广泛的关注，成了财经界甚至普通老百姓都耳熟能详的新闻。

2.估值高处！此山更高

2015 年前后，中概股公司特别有动力退市回国，其中最重要的原因是国内资本市场涌现出的高溢价和高估值情况。简单地说，把中概股公司从海外资本市场搬回国内资本市场，好像只需这样腾挪一下子，公司的市值就会翻几倍，公司股东们的身家就要加几个零。当得知有这种好事，谁会不心动呢。

为什么会有这种现象呢？因为不同资本市场对于公司价值的认可程度不同，市盈率不同。市盈率指的是股票普通股每股市价与每股盈利的比率，是用来评估股价水平是否合理的常见指标之一。

以市盈率来衡量公司的价格，就是以公司的盈利能力为基准，看公司被市场认可的程度。对于非上市公司，也可以按照市盈率来衡量公司价格，例如当天使投资者投资公司的时候往往只有几倍市盈率，但当公司融了几轮资之后，市盈率就变成了几十倍。这就是市面上各路投资者整天会把市盈率挂在嘴边的原因，市盈率直接关系到他们的投资收益情况。

对于股市来说，通常认为，市盈率在 14～20 是正常水平，市盈率在 21～28 则说明股票价值被高估，而市盈率超过了 28 则意味着股市存在投机性泡沫。

国内 A 股市场的市盈率可以高得让人咋舌。当时我国股市的市盈率居高不下，国内 A 股的主板股票在多数情况还算理性，但是创业板的股票平均市盈率已经超过 110 倍,深圳中小板超过 60 倍,而腾云驾雾的新三板当时也接近 60 倍,其中有做市的企业平均市盈率甚至超过 80 倍。尤其题材够猛的互联网+、传媒等上市公司,市盈率一度飙涨到 200 倍以上。

尽管在 2015 年 6 月之后国内股市出现大跌,但整体来看,国内上市公司尤其是创业板的市盈率,仍然普遍高于海外上市公司。

让我们再看下暴风的例子。在暴风上市前,有人参照当时已经上市的乐视网(300104)对暴风进行评估。暴风 2014 年的净利润约为 4000 万元,上市融资的估值是 10 亿元,市盈率为 25 倍。如果以乐视网作为对标公司,乐视网 2014 年净利润为 3.2 亿元,股票市值 700 亿元,市盈率 220 倍。按此方法推算,如果暴风也能够拿到这个市盈率,那么,它的股票市值可以达到 90 亿元。

这个评估看起来让人非常难以置信,但上市之后,暴风股价的走势甚至超过了该评估水平,股票市值高达 370 亿元,市盈率高达 880 倍。[①] 和当时在美国上市的同行业公司比起来,暴风市值超越了当时行业龙头优酷土豆,和迅雷这家前辈公司比更是夸张,暴风市值相当于 8 个迅雷。

在海外,主流资本市场都以机构投资者为主,他们很成熟和理性,

---

① 暴风的原任 CFO 曲静渊在接受采访时对暴风的高股价原因归纳如下:"一是在牛市的周期里面;二是在我们通过审核挂牌阶段时,政府正好提出'互联网+'的口号;三是暴风影音这个品牌在客户群体里有很好的认知度;四是从专业机构来讲,我们有很多的想象空间。在 A 股市场当中,并没有单纯的互联网概念的公司,这个类型的公司在 A 股短期内还是相对缺乏的。所以综合来看,这些都是二级市场把股价推高的原因。"

对于上市公司股价不会给出特别高的价格。例如在美国上市的中概股的市盈率，一般徘徊在 16 倍上下。市盈率不高不仅影响着市值，也影响着中概股进行融资、收购和资源整合的能力。

不对比就没有伤害，国内和海外资本市场，就像"冰与火之歌"。一面是国内如火一般热情高涨的资本市场，一面是海外如冰一般冷淡漠然的资本市场。

海外上市的中概股，为数不少是有互联网、传媒等题材概念的，那么很自然的，这类公司的老总会拿国内和自己同级、甚至不如自己的公司作为参照物，心里发出感慨："看国内的某某公司上市后都能成功融得那么多钱，股价那么高，我想我也能。"

以影业为例，博纳影业（BONA）于 2010 年登陆美股。据公开资料显示，截至 2015 年 7 月 1 日市值约为 7.67 亿美元，而在 A 股上市的华谊兄弟、光线传媒当时的市值已经分别达到了 713.6 亿元、509.9 亿元。博纳影业的创始人于冬为此曾严肃发问，"我们博纳影业公司的价值真的比国内上市的同梯队小伙伴差 10 倍吗？"随后，博纳影业启动了私有化。

国内 A 股的高估值吸引力，使得这些中概股公司愿意选择私有化回归，在国内寻求上市。理论上，只需将公司从海外搬回国内上市，即可实现巨大的资本收益，如果真有这么好的事情，谁不想搭上这股风上天呢？

国内资产价格尤其是上市公司股票价格的高企，或者说，国内特定时期下资本市场的泡沫，是吸引 2015 年前后这轮中概股公司退市和回归国内的最主要理由。

3. 理解万岁！本土打法本土懂

国内资本市场很有吸引力，这是不假，但如果海外资本市场的日子也不错的话，中概股公司可能也不会那么想回归了。事实是，中概股公司在海外资本市场的做空问题虽然没那么严重了，但监管还是严格。另外还有中外商业文化的差异这一问题，随着时间的推移反而愈发凸显。

在商业背景和文化方面，本土公司与国际公司之间、本土市场和国际市场之间，都存在着显著的差异。如果不是因为这个差异，中概股公司不会被做空机构一打击就感到难以自证清白，海外投资者也不会因为区区几桩事件就对协议控制结构失去信任，中概股公司的股价更不会任凭出多少利好也还是长期低迷。可以说，文化差异是这些中概股公司在海外资本市场感到失意和落魄的深层原因。

中概股公司股价的集体长期低迷，和文化背景不同、沟通不利有非常大的关系。东西方文化差异的存在，令海外投资者总感觉看不懂中概股公司，双方经常"鸡同鸭讲"，即便中概股公司用英文发布企业公告，海外投资者所能理解到的也往往可能不是中概股公司想要表达的意思。对于国内好用的业务模式，老外更是觉得不知所谓。

中概股公司管理层在选择私有化退市时，总是提到"我们公司的价值在美国被低估"，"美国资本市场不知道我们是做什么的"。事实上，因为中外商业文化的不同，导致中概股公司在海外无法得到认同，进而也导致了中概股在海外资本市场估值低、股价上不去。中外商业文化的差异，是个非常棘手而敏感的大问题。

上市之前，中概股公司经常发现，如果不给海外投资者一个对标公司,投资者就弄不懂中概股公司是做什么的。在路演宣传的时候,为了能让老外更快弄懂,还得找一家海外对标的公司,跟老外解释自己公司从事的业务。

许多在中国炙手可热的商业模式,由于依赖的是本土的社会结构和消费者习惯,海外投资者很难体会与认同。[①] 例如,O2O模式在国内火爆了一阵子,但在美国却没有兴起;再如,国内的消费者喜欢逛淘宝,这种没有实体店的线上交易模式在国内非常流行,但在国外情况就可能不是这样,海外的消费者还是更乐意去店里购物。

中概股公司在海外上市后,中外商业文化背景差异造成的问题可能更大。比如,公司定位是在"专注"还是在"战略"。国际上主流的企业经营理念认为,公司必须专注,要在一个领域做深、做精。但国内的商业理念却常常是反其道而行之,认为企业必须要与上下游行业企业"合纵连横",才能生存得更好。

在海外资本市场看来,失去专注力的公司只能证明其缺乏竞争力。海外投资者一般认为偏离主业的公司非常危险,不值得投资。在他们看来,上市公司有钱了就四处买买买、投投投,毫无逻辑,甚至说明了公司CEO的无能。那些心有旁骛、四处开花的公司,是不务正业,从海外投资者的角度看,这样的公司不值得投资。

但在国内的商业环境下,"专注"的公司容易遭遇更多掣肘。国内常见的是,一家企业所面临的竞争压力,可能不仅来自同行业的竞争对

---

① 对哪些行业公司建议去海外上市,哪些不建议去,也有人做了总结。比如,对于互联网医疗公司、O2O公司、秀场类公司等,由于国情迥异而导致海外投资者难以理解,建议不要选择去海外上市。对于用户和消费者几乎全部在中国的公司,如垂直电商等,以及海外先天估值很低的公司,也建议避免在海外上市。

手,还包括来自上下游产业链,甚至是不相干的行业的竞争,例如,传统通讯行业就面临着互联网行业巨头的竞争。

因此,为了生存和发展,国内实施多元化经营理念的企业非常多,致力于整合相关上下游资源的企业更是不在少数。这种不固守已有业务,更强调布局的做法,叫做"战略布局"。[①]

十几年前,本土与海外的差异,更多可用"发展中"和"发达"来做解释。但在如今,本土与海外的差异,就更多是用本土和非本土来解释了。这不再是发展阶段的不同,而是消费人群、目标客户、整体市场环境等的不同,国内市场太具特色了。这种文化背景、思维方式的巨大差异,导致了中概股公司和海外投资者之间的沟通不是个容易的事情。

如果植根于中国的中概股公司搞了"战略"的打法,却又在美国上市,由海外投资者来评分,后果会怎样? 海外投资者看不懂上面的套路,估计会给"负分"。因此遭遇海外投资者砸盘的中概股公司,至少包括分众传媒(针对 CEO 江南春的大举收购)、奇虎 360(针对 CEO 周鸿祎开拓智能手机业务的提议)、巨人网络(针对 CEO 史玉柱投资保险公司的提议)等。

那么这个冲突就非常明显了。中概股公司的经营植根于本土,但上市却在海外资本市场,两头都要兼顾。一方面,如果要在国内生存得好,就意味着做事方式要有东方文化的灵活、模糊和写意。而另一方面,如果要在海外股市表现得不错,就意味着得照国际成熟的方式来运

---

① 例如,以视频和内容起家的乐视网,强调"生态化反",强化硬件、渠道、流量等优势,向其他端口迁移并做大做实,以构建一个自成体系的生态圈。虽然后来乐视系衰败了,但它曾经通过产业链的整合,实现成本内部化和商业模式的创新,这样做在国内是吃得开的。

作，经营管理要一板一眼、严丝合缝。

中概股公司务必要让海外投资者明白，本公司正在做什么、为什么做、怎么做。要知道，海外投资者看不懂中国公司，看不懂东方式的经营，而人对于不了解的事物，总是容易心存恐惧。结果是谁吃亏呢？仍然是中概股公司，因为股价跌了。

中概股公司植根于中国的商业环境，适用的自然也是中国的商业逻辑和智慧。中概股公司中不乏优秀公司，但海外投资者很难领略这种美。一方水土孕育一方文化，一方文化孕育一方商业模式。

中概股公司作为上市企业，当然有责任向股民和监管机构进行披露和说明。不过说心里话，如果偶尔解释一下还可以，但如果常年累月都需要解释，尤其是解释了，对方还不一定能懂，这就太累了，沟通成本太高了。可又不得不解释清楚，否则股价就跌。

反过来说，如果中概股公司回归本土，由于用户大多都在国内，股民也很可能就是用户，他们更容易听得懂。用自己熟悉的语言在本土资本市场讲自己的故事，企业更得心应手。

本书后面提到的药明康德的案例，都是因为海外投资者搞不懂中概股公司的企业定位，导致股价上不去，公司最终选择退市回国。

二、暴风影音的境内上市案例

1. 打道回府！一代神股的起因

2015 年前后，出现了中概股公司纷纷考虑回归境内股市的热潮，这一热潮在不小的程度上要归功于暴风科技这样一个神话。

暴风科技是一家互联网视频播放平台,旗下的暴风影音,集在线视频和本地播放服务于一体,为互联网用户提供互联网音视频播放解决方案。暴风科技于2015年3月24日在国内深圳交易所创业板上市。很快,宣称拥有日活跃用户5000万、月活跃用户2个亿的暴风科技,上市后连续39个涨停,震惊两市。

暴风科技以每股7.14元开盘,股价最高达每股327元,这是上市发行价的46倍。在上市后短短的1个月时间内,暴风在公司内部创造出了10位亿万富翁、31位千万富翁和66位百万富翁,创始股东兼CEO冯鑫的身价迅速飞升到60亿元以上。这一现实来得太美、太突然,估计暴风的创始人冯鑫都不曾想象过。

企业家一般愿意相信,成功是自己一步步走出来的,或者说是一点点熬出来的。他们将成功归功于自己的实力和努力,但在夜深人静的时候,他们也会隐隐意识到,成功在某种意义上是误打误撞的产物。

如果暴风科技不曾回归A股,如果仍坚持美国上市,又将如何呢?有一点是肯定的,不会有前面讲述的风光和快意。那么,暴风科技的创始人冯鑫,当初决定终止协议控制结构,并回到国内上市,这么重大的决定是如何做出的?

回顾暴风科技这一路,在决定回归境内资本市场之前,和它的竞争对手比,似乎没占什么上风。暴风科技2005年设立,2008—2009年融了3次资金,最后一笔2008年年底的B+轮的融资额是600万美元。①

---

① 暴风科技招股书显示,2007年7月B轮融资为500万美元。2008年11月,向IDG、Matrix增发B+轮优先股1,311,783股及2,623,565股,每股1.5246美元,对价为600万美元。

这意味着什么？在漫漫融资路上，暴风创立 4 年，才算刚刚开始。而那时优酷土豆都已经远远跑在前面，直奔美国上市去了。

当时的第一梯队公司，都是主打媒体流量，暴风则是以客户端为主打。在当时看来，这种打法回避了主战场，战功不明显，给投资者讲起故事来，也不够性感。所以在融资方面，比拼不过那几家龙头视频企业。当时的主战场互联网视频行业，已经进入了深度烧钱阶段，自 2008 年起，视频网站陆续崛起，并挑起版权大战。以暴风融得的这点资金弹药，根本不够买版权、打地盘。

2011 年，冯鑫也曾经对媒体说即将在美国上市，但从现实来看很难。即便去了，美国资本市场最看重的是行业地位，没列入前 3 名，就没列入第一梯队，恐怕入不了海外投资者的法眼。

眼看去美国上市是有点追不上了，冯鑫这时注意到了"新大陆"的存在。在国内，华谊和乐视都在创业板上市，上市后大获成功，不仅家喻户晓，还靠极高的市盈率融得了大量资金，可谓名利双收。看到这些，冯鑫的心思也跟着活了。谁说非得去海外上市呢？谁说回国内上市就不如去美国上市呢？

2. 福至心灵！慢慢等待上市

从 2009—2011 年，视频网站都先后在国内外资本市场上市。这些竞争对手的视频公司在从投资者融得大量资金后，无一不积极烧钱，以牺牲利润换取规模和市场占有率。

暴风因为融资金额有限，避开了烧钱的版权大战，转而专心做用户。过了一段时间，冯鑫不经意间发现，通过靠流量带来的广告收入等积累，暴风已经开始盈利了。

这点更让冯鑫心念一动。在境内上市最难的一关,莫过于要求企业连续盈利,如果这点要求暴风可以达到,那就可以放弃鸡肋的美国资本市场,转投国内当时欣欣向荣或是说不乏泡沫的创业板市场。

对于冯鑫而言,一个念头决定了成功后的丰厚资本回报。让暴风科技国内上市,既是形势所迫之下做出的决定,也是被现实照亮后的福至心灵。

但是,前途虽然是光明的,道路却是非常崎岖的。为了在国内上市,冯鑫带领团队主要做了两件事:第一,拆除协议控制结构并进行重组,重组用了 11 个月的时间;第二,排队等着在国内创业板上市。

排队的过程一直持续到 2015 年 3 月,总共 3 年。在排队的过程中,暴风还要接受辅导,以符合国内法律法规和监管机构对于上市的要求,其中不仅包括企业在各个主要方面合法合规,而且要能保持盈利。

按照老庄哲学,要做到"逍遥",第一要义是"没有等待"。而上市前3 年的这个漫长的等待过程,很不逍遥,很是煎熬。

暴风科技在 2012 年 3 月就向证监会提交了 IPO 申请,如果是正常通过的情况下,2012 年年底就该完成上市了。但没料想,国内的证券监管部门突然暂停了 IPO 审批,而且一停就停了 14 个月,暴风科技的创始人和投资者都急了。

在漫长的等待过程中,暴风公司的经营规模变大了,账面上的资金有些紧张。虽然缺钱,暴风却有不能提出融资的尴尬,因为已经提出了上市申请,处于缄默期的暴风必须保持股权比例不变。这样的处境,如同悬在山谷当中,前不着村,后不着店。

等到 12 个月的时候,不只投资者着急,甚至冯鑫都开始有些动摇了。公司账上资金紧张,股市前途不明朗,谁都不确定是否要继续等下去,不确定 IPO 到底能在哪一天开闸。甚至也有声音是不是要放弃上市,把暴风的股份卖给互联网巨头。

当时有不少机构向暴风抛出了橄榄枝,其中有互联网巨头阿里巴巴。据冯鑫讲,他们和阿里巴巴的谈判已经进入到非常深入的阶段,阿里表示愿意收购暴风的大部分股份,同时承诺未来几年投入上亿美元给暴风。这一并购方案很有吸引力,几乎差一点儿,暴风的股东们就松口同意把暴风卖了。不过又过了一两个月后,暴风的时运终于来了,IPO 开闸,企业能正常上市了。

3. 合规且赢利! 丛林中的驯化

从暴风回归的案例可以看出,在国内上市与去美国上市,二者的差别有很多。上节讲过了,在国内上市的时间表比较难以预估,谁也说不好会不会赶上 IPO 暂停。

此外,如果是赴美国上市,可以不要求企业赢利,虽然也要求企业在重大方面合规,但如果真有不够合规之处,可通过如实披露等方式,让投资者了解风险。

但是在国内上市,对于企业赢利和合规等方面的要求都很高,这又给新兴行业企业出了难题。在国内上市,企业必须在所有重大方面合法合规,与此同时,还要做到在报告期内赢利。

按照冯鑫 2015 年接受《创业家》采访时的说法,"国内上市是蛮痛苦的,要求比在美国上市高多了。美国是披露制,你该干嘛干嘛,只要披露就好了。国内要求很多,利润啊什么的,导致你发展处处受影响。比如说,你可能要为了保持利润,在投入上缩手缩脚;或者你怕违规,所以在版权问题上会比别人严苛,一点儿不敢出事"。

合规方面,以版权合规为例,暴风做了很大的投入。暴风的一大业务是通过网站向终端用户提供在线视听节目播放服务,为了防范信息网络传播权采购中的侵权风险,暴风不惜下血本,与行业内主流正规版权供应商采购正规片源,取得有关视听节目的信息网络传播权。在上市前的报告期内,暴风采购电影版权3023部,电视剧版权81094集。[1]

这不仅意味着大量的金钱投入,还意味着在公司内部需要建立版权核查和购买制度,增大合规方面的人力和物力投入。而有的时候,即便公司主观想购买版权,但又很难核实版权的有效性,无法完全规避侵权风险。[2]

此外,在国内上市,仅仅做到合规还不够,还要取得各个主管部门的证明,为企业的合规性做背书,以强化证明企业没有违法违规的情况。暴风在上市之前从主管政府部门取得的证明文件,据不完全统计包括如下:[3]

(1)北京市版权局于2012年2月22日出具的《证明》,证明暴风自2007年1月设立以来"没有违反《中华人民共和国著作权法》和《信息网络传播权保护条例》的记录"。

---

[1]　《关于北京暴风科技股份有限公司首次公开发行人民币普通股(A股)股票并在创业板上市的法律意见书》3—3—1—36。

[2]　暴风的另一大业务是让终端用户通过点击暴风的播放软件,观看其他视频网站的内容。为此,暴风与多家在线视频分享网站签署平台合作协议,本意是使暴风的用户可通过单一界面观看更多互联网视频节目,节省观看的步骤,增强用户体验。与之有关的诉讼数量也很多,暴风因上述合作关系而作为被告产生的已结案诉讼有103起,其中,暴风与原告协商后原告撤诉,且双方后续建立了版权采购合作关系的有54起。这就是以诉讼的方式逼暴风不得不购买版权。

[3]　《关于北京暴风科技股份有限公司首次公开发行人民币普通股(A股)股票并在创业板上市的法律意见书》3—3—1—39。

（2）北京市文化市场行政执法总队于 2012 年 2 月 15 日出具的
《证明》，证明暴风"自 2008 年 1 月 1 日至 2011 年 12 月 31 日没有因
违反互联网音乐娱乐、网络游戏、动漫等互联网文化产品行政管理相关
法律法规受到我单位及各区、县文化委员会行政处罚的记录"。

（3）北京市广播电影电视局 2012 年 3 月 22 日出具的《证明》，证
明暴风"自 2009 年 1 月 1 日至今，遵守国家有关广播电影电视经营管
理的法律、法规、规章，没有因违反有关广播电影电视经营管理的法律、
法规、规章而受到过处罚的记录"。

总之，在互联网行业本身还处于丛林混战的时期，为了做到合规，
很多时候企业需要自缚手脚、自我训化，与此同时，还必须保证持续赢
利。能够摆平这些冲突，说明企业和企业运营团队都经受住了考验。
这么看来，那些能成功实现国内上市的民营企业，在某种意义上说，确
实是鲤鱼过龙门。

三、药明康德的私有化和退市案例

在药明康德（WX）的退市案例中，主要的退市理由是美国资本市场
"关注短期业绩，不支持大型战略投资"。这一私有化回归案例，不仅能
够反映出一片大好的国内资本市场对中概股产生的吸引力，更能够反映
出当美国资本市场不能理解一家中概股公司的经营策略和目标的时候，
企业估值是如何受到影响以及如何因此导致了中概股的私有化退市。

1. 登陆新三板！豪门子公司来了

说起药明康德，可以先说下它的子公司合全药业（832159）。合全

药业于 2015 年 4 月份挂牌新三板。自挂牌以来,合全药业的营业额和净利润都保持着很高的增长速度。

当初合全药业刚挂牌的时候,投资的额度就很紧俏。挂牌之后,无论是成交量还是市值都很受瞩目,是新三板医药类大体量的巨无霸之一。更牛的是,合全药业融资能力很强,挂牌新三板后 1 年半的时间就融资了 3 次,合计融资金额 8.78 亿元。[①] 都说新三板融资难,但对于合全药业来说,新三板并不难。

为什么合全药业能够在众多新三板挂牌企业中脱颖而出,得到投资机构的追捧?一方面是公司牛,号称是国内唯一能为美国市场商业化生产创新药、原料药的 FDA 认证企业[②];另一方面也得归因于它的股东药明康德。

在医药研发外包服务领域,药明康德是响当当的大豪门。药明康德成立于 2000 年,向全球制药公司和生物制药公司提供全方位的外包增值服务,2007 年 8 月 9 日,药明康德在美国纽约交易所上市。该公司在 2007—2012 年连续 6 年入选"中国十大服务外包领军企业",客户包括辉瑞、默克、诺华制药等。药明康德在中美两国均有运营实体,拥有近万名员工,全球有 19 个分部。

药明康德投资设立的附属公司众多,合全药业是其中一个。当初合全药业在挂牌新三板的时候,市场上就有观点认为,药明康德这是有意让子

---

① 比如,2017 年 1 月,合全药业向 11 名机构投资者发行股份,发行价格为每股 123 元,募集资金 3.69 亿元,该次发行募集的资金将用于公司常州二期项目建设。

② 2014 年 11 月,上海合全药业股份有限公司公告《上海合全药业股份有限公司公开转让说明书》,第 43 页。

公司来新三板试试水,是为了了解下国内的资本市场,尤其是新兴的新三板市场。业内猜测说,也许这是给药明康德回归国内资本市场做准备。

合全药业在挂牌新三板的时候,还遇到了一个小难题。挂牌前夕,新三板的全国中小企业股份转让系统(下称"股转系统")要求,拟挂牌企业必须要说清楚实际控制人是谁,一定要能追到最终的个人。

这让合全药业犯了难。根据合全药业的公开转让说明书披露,其股东主要包括上海药明康德,这是一家中外合资企业,持有公司69.45%的股权,另外持有公司25%股权的是一家境外实体,而前面这两家股东的最终控制人,都是药明康德上市公司。至于剩下的5.55%股权,则由75名自然人持有,包括合全药业的高管。

药明康德上市公司通过两家公司,间接控制了合全药业94.5%的股权。那么,为什么合全药业还不知道该报谁作为实际控制人呢?这是因为,在美国证券法律制度下,一般不会要求具体明确谁是上市公司的"实际控制人"。如果从药明康德上市公司再往上追溯,这家公司的股权结构非常分散,药明康德上市公司前十大股东的持股比例均不超过8.5%。也就是说,无法追溯到最终的个人,不知道谁能被认定为合全药业的实际控制人。

当然,这一问题最后还是得到了解决。经过参考其他家上市公司案例之后,合全药业没有把实际控制人归为某个人,而是将实际控制人归到了药明康德上市公司。① 这也说明了药明康德创始人李革等人持股比例之低,药明康德上市公司股权结构之分散。

① 结合以往先例,重庆啤酒(600132)、水井坊(600779)、厦华电子(600870)等,都曾将境外上市公司作为境内上市公司的实际控制人。

总之,合全药业作为美国纽交所上市公司药明康德的子公司,率先登陆挂牌新三板,打响了药明康德"触电"国内资本市场的第一枪,开创了回归国内资本市场的先河。而在合全药业忙于登陆新三板的时候,它的母公司药明康德又在忙什么呢?

2.顺风顺水! 母公司私有化

药明康德在忙着做私有化。2015 年 4 月 30 日,药明康德公告收到了创始人李革以及汇桥资本的初步私有化要约,私有化价格为 5.75 美元/股,即 46 美元/ADS,相当于前一日(2015 年 4 月 29 日)收盘价基础上溢价 16.5%。按此计算,公司估值为 32.3 亿美元。受此影响,当日股市开盘后,药明康德股价迅速飙涨。市场的这一乐观反应说明,投资者认为此私有化交易将很有希望顺利完成。

投资者猜中了。2015 年 4 月收到私有化要约,2015 年 12 月私有化和退市完成,在这近 8 个月内,药明康德的私有化交易进行得顺风顺水。各个重点程序和节点,如特别委员会批准、签署私有化合并协议、准备美国证券交易委员会要求的注册文件、对合并协议进行股东大会表决等程序,都有条不紊地得以完成。

药明康德的私有化走得这么顺利,看似容易,其实也不容易。

说容易,是因为作为医药研发外包服务领域的龙头企业,并且又是在市场环境好的时候启动的私有化,药明康德私有化的融资就不成问题,私有化得到了投资机构和各方的追捧。而且,药明康德不涉及协议控制结构,也就没有拆除结构的麻烦事。因此,能够快速完成私有化,不奇怪。

说不容易,是因为药明康德超级分散的股权结构,前十大股东的持股比例均不超过8.5%。到2015年私有化前,随着一系列减持和稀释,董事长李革仅持有药明康德1.4%的股份。

在公司股权结构如此分散的情况下,药明康德的私有化不仅完成了,而且代价还不高,以区区溢价16.5%的价格,就把这么多大大小小的非主要股东都清退掉,这可以从侧面说明李革等核心管理层对于公司的强大影响力。

根据公开材料显示,药明康德的私有化买方团包括董事长兼CEO李革、执行副总裁兼董事刘晓钟、业务高级副总裁兼国内市场部主管张朝晖、业务高级副总裁赵宁以及原本就持股的高瓴资本,其持有的股权都被平移。此外,买方团成员还包括汇桥资本、博裕投资、淡马锡控股及平安保险等投资机构。

关于私有化和退市的原因,需要提到美国和中国不同的市盈率。在药明康德退市的2015年上半年,作为医药研发外包服务的龙头企业,药明康德在美股市场的市盈率不到30倍,估值仅约30亿美元。而当时A股正处大牛市,国内医药股市盈率达到100倍的比比皆是。

所以,也难怪很多人认为,药明康德之所以退市,是因为中美市场存在的市盈率差值和估值差。以药明康德对标国内企业,其在美国资本市场上的市值偏小,公司的价值在股价上没有得到体现。

但药明康德董事长兼CEO李革否认了这一说法,"很多人认为药明康德私有化是因为我们看重了中美市场的PE价差,这根本不是我们私有化的原因。根本原因还是华尔街太过于关注短期业绩,大型战略投资就变得比较困难。我们想要保持创新,却不能得到正向的激励。回归私有化能够帮助我们更加大胆地投资平台建设,更加灵活地把握新兴机会"。

这一说法也在药明康德的官方说明中得到了证实,"取消上市的主要原因,是作为私人持有实体公司的管理层可拥有更大弹性专注于改善长远财务表现,而毋须承受公开资本市场着重短线财务表现而带来的压力"。

无论是李革的说法,还是药明康德的官方说明,都不是官话,而是实话。该如何解读呢? 这要首先搞明白,药明康德在美国资本市场上遭遇了什么。

3.想做大平台! 定位定乾坤

李革的说法够直白,从 2014 年开始,药明康德大举扩张,开创了基因组、生物分析、药物代谢和细胞治疗等新的业务领域。但这些做法为华尔街所代表的海外投资者所不喜,华尔街认为,药明康德作为一家医药研发外包服务企业,应当安心做好本份,否则就是偏离主业。

尤其是在 2015 年 3 月 5 日药明康德公布了 2014 年第四季度和全年财报,以及随后 3 月 13 日宣布在费城新建工厂后,更是引发了投资者的集体抛售,股价从 3 月初的 40 美元左右下跌至 3 月 13 日的 34.39 美元,跌幅超过 16%。

当公司加大扩张力度,尤其是进行战略投资之时,海外投资者却认为公司"不务正业"。这体现了美国资本市场对公司的定位,与公司自我定位根本不同。美国资本市场希望药明康德将自身牢固定位为医药外包企业,安心做外包服务就行了。①

但药明康德不这么想。药明康德旨在提供全方位的研发服务,努力成为创新药的研发平台公司,甚至要为创新药公司提供包括融资在内的服务。药明康德的自我定位不仅是高科技企业,而且要做平台,要能孵化出高成长性的、尖端的医疗新秀。

药明康德近年来的一系列扩张,明显超过了传统医药外包的范围,例如,打造基因测序、免疫疗法等精准医疗概念方面的业务。除此之外,药明康德还设立了不同的基金,专门投资和孵化医药类创业企业。

这就是矛盾所在:定位不同,规划路径不同,自然会导致"道不同,不相为谋"。为了追逐梦想,药明康德不惜从美国退市,退出是为了更强大的王者归来。

话虽如此,药明康德必须得尽快找个资本市场上市。药明康德毕竟是一家人力密集型企业,有近万名员工等着开工资,这就要求公司的现金流必须是充裕的。另外,药明康德在私有化的过程中,需要融资,也用了不低的财务杠杆,想必资金压力也很大。背负着这些压力,药明康德需要尽快对接资本市场。

总之,从美国资本市场私有化和退市之后,药明康德及其买方财团想尽快登陆其他资本市场。据业内猜测,药明康德完成私有化后,将会

---

① 由于医药行业是行政管制行业,药品上市需要各国监管部门的审批,获得注册证才能上市销售。在国外,一款成功上市的创新药所需要的花费已经到 10 亿美元的级别,所以研发环节会有各类对应的公司。按服务阶段的不同,医药外包企业一般分为医药 CRO 企业和医药 CMO 企业。医药 CRO(contract research organization)企业侧重于实验室阶段小批量新药化合物的合成、临床前研究(如药代动力学、药理毒理学和动物模型等)以及各类临床试验服务。医药 CMO(contract manufacture organization)企业主要是接受制药公司的委托,进行定制生产服务。

选择分拆为三大类业务分别上市,除去合全药业在新三板之外,其余还将有公司登陆香港资本市场及 A 股资本市场。

合全药业已在 2015 年 4 月率先实现登陆新三板。合全药业融资的节奏还可以,每次融资的金额也不算小,甚至合全药业还收购了母公司的资产,以 15.2 亿元收购母公司的制剂开发服务(PDS)部门的全部资产和负债。但无奈的是,药明康德规模太大,合全药业的融资力度对于整个药明康德集团来说,只是杯水车薪。

香港上市随后也实现了。2017 年 1 月 4 日,药明康德旗下的生物制剂研发服务商,药明生物技术有限公司(下称"药明生物")发布了港股上市申请书。药明生物定位于开放式生物药技术平台,主要提供生物药发现、开发及生产服务。药明生物主营的生物制剂业务,连同小分子、细胞基因治疗、医疗器械及基因组学,构成了药明康德 5 项独有业务单元。

只剩下 A 股没有拿下了。早前业界就普遍关注,药明康德完成私有化后是否会马上启动回归境内 A 股。2017 年 7 月 14 日,无锡药明康德新药开发股份有限公司公开披露招股书,拟向上海证券交易所创业板 A 股申报 IPO,发行不超过 1.04 亿股,融资 57.4 亿元,分别投于不同的 10 个项目。

作为 2015 年前后中概股私有化回归潮中的一员,若最终药明康德获得我国证监会发审委审核通过,其将成为首例实现"新三板＋港股＋A 股"一拆三的中概股公司。

如此一来,A 股上市后药明康德的市值,再加上国内新三板的合全药业和香港的药明生物的市值,药明康德一定能满足市场对于其实现整体千亿元市值的期待。

第八章

2016 年中概股私有化退潮的真相

- 为什么 2016 年之后,为数不少的在美国的中概股上市公司纷纷叫停私有化?
- 中概股公司从美国资本市场退出后回归 A 股,有几种方式?
- 为什么中概股公司私有化的低报价会让海外投资者感到非常郁闷?
- 中概股公司如果要坚持从美国退市再回境内上市,可能需要克服哪些困难?
- 近年在中概股公司的私有化和退市项目中,人民币基金为何成了主要参与者?

在读完本章后,对于以上问题,应该可以得到答案。

一、国内出台影响中概股回归的大政方针

本书上章讲到,2015 年的国内和国外资本市场的对比就像"冰与火之歌"。一面是国内如火一般热情高涨的资本市场,一面是国外如冰一般冷淡漠然的资本市场。伴随着 2015 年国内 A 股大牛市的出现,2015 年也出现了一次前所未有的中概股公司从海外退市和私有化的高潮。

但是,国内股市这股凶猛势头,仅保持了不长的时间。上证指数在 2015 年 6 月 12 日达到了最高点 5178.19 点,2015 年 8 月降至最低点 2850.71 点,随后就长期在 3000 点上下徘徊。牛市终结是不争的事实,国内 A 股的超高市盈率、超高市值现象也没之前那么夸张了。

随后,2016 年的年中又出现了新的趋势,中概股公司的私有化和

退市潮也逐渐退却了。这一退潮是什么导致的呢？虽然国内 A 股的牛市终结，但却并不是导致退潮的原因。真实的原因是政策的大风向变了，中概股的回归意愿就跟着降低了。

1.浪拍岸上！战略新兴板黄了

如果在 2015 年和 2016 年年初去跟在海外上市的中概股公司做访谈，很多人都会提到，预计公司启动私有化和退市之后，回归 A 股会很便利，因为国内的战略新兴产业板即将开设。

其言下之意是，中概股公司很多都从事新兴产业，因此理所应当被战略新兴板涵盖在内。

自 2015 年下半年开始，资本市场关于推出战略新兴板的讨论日益热烈。2015 年 6 月 11 日，《国务院关于大力推进大众创业万众创新若干政策措施的意见》（国发〔2015〕32 号文）发布，其中"优化资本市场"的部分专门提到，"积极研究尚未盈利的互联网和高新技术企业到创业板发行上市制度，推动在上海证券交易所建立战略新兴产业板。加快推进全国中小企业股份转让系统向创业板转板试点。研究解决特殊股权结构类创业企业在境内上市的制度性障碍，完善资本市场规则"。

可是，正当大家兴冲冲地把希望寄托于此时，2016 年年初，希望的泡沫就被戳破了。

战略新兴板黄了的这则消息，在财经界响起了一声闷雷。谁也没曾料想，被寄予这么大期望的战略新兴板就这么没了，之前的所有期待都成了空欢喜。

原本想，如果有了战略新兴板，那么中概股公司从海外退市后，可以直接对接到战略新兴板上市，妥妥地躲过 A 股的高门槛和当时 IPO

几百家公司排大队的状况，也躲过代价高昂、险象丛生的借壳上市之路。

而今战略新兴板没了，这意味着，要么只能在 A 股几百家公司后面排队，要么看壳公司老板的脸色和忍受高壳价。

有人难过，就有人庆幸。长期以来国内股市资产价格高企，尤其创业板，泡沫较大。战略新兴板一旦推出，将成为 A 股市场高估值最大的敌人，而创业板必将首当其冲。海外上市的中概股公司回归，如果能通过战略新兴板上市，将与现有上市公司形成竞争，共同争夺股民的钱袋子。

如果论起公司质量好坏，海外上市的中概股公司一般具有显著优势。这也会带来一个较大的可能性，就是国内已经上市的公司不值这个股价，对国内居高不下的高估值带来冲击。对于国内已有的上市公司来说，因为引入了竞争，股价可能随之下挫，再融资也可能变得困难，这些都不是国内这些既得利益者愿意看到的。

可以说，这一举措标志着 2015 年中概股公司集体私有化和退市高潮的冷却。在这以后，中概股公司从美国私有化和退市的现象少了很多，虽然不时还会传来私有化和回归的个别案例，但不再复有 2015 年的波涛汹涌了。

2.史上最严！借壳新规来了

按上节所讲，2015 年这波中概股的私有化退市潮，多数中概股公司直奔的目标是回归境内 A 股。此前中概股公司把快速上市的希望都寄托在战略新兴板上，结果 2016 年年初就证实战略新兴板不搞了，这条路也堵死了。

战略新兴板不推出了，那么中概股公司要想回归 A 股，要么去排队等待 IPO，要么寄希望于通过 A 股上市公司并购重组实现回归。

如果想 IPO，在 2016 年年初，按照当时的情况来看，已有存量积压的 IPO 申请就要消化个两三年。

在当时看来，中概股公司要想快速回归，似乎只有并购重组这条路了。不过，从 2016 年上半年开始，并购重组一再出台了严厉的法规和政策，让中概股公司回归之路又增加了艰难险阻和重重考验。

说到并购重组，这原本就是热点话题。近年来国内上市公司实业难做，很多上市公司不专注于主业，而是热衷于并购，尤其是并购新兴行业的公司。这些行业的公司，财务表现好，有盈利，也有成长性，更好找噱头，有助于上市公司股价上涨。

2015 年中概股公司的这波回归高潮，很多也正是通过借壳的方式回归到 A 股。分众传媒、巨人网络等强势借壳回归，多家上市公司和投资机构都加入到了这场跨境资本套利的游戏当中，一时间资金爆炒，泡沫顿生。"借壳"太热，也就变成了"炒壳"。

这一现象引起了我国证券监管部门的注意。2016 年年初，我国资本市场上的"借壳"太火了，上市公司"壳价"飙涨。

我国证券监管部门对此非常警惕。从监管部门的角度，国内重大资产重组（尤其是借壳）的乱象，搞乱了我国资本市场，最终还是股民买单。对此，我国监管部门出台了严厉的监管政策。

2016 年 5 月 6 日，证监会公开表示，将对中概股公司通过 IPO、并购重组回归 A 股市场可能引起的影响进行深入研究，对境内外市场的明显价差、壳资源炒作等现象表示高度关注。此后一直到 2017 年 11 月，该政策才稍微松动，对于符合国家产业战略发展方向、掌握核心技术、具有一定规模的优质企业的回归表示支持,但仍需要符合境内重组上市交易的相关规定。①

　　证监会的这一态度,令业内资本非常紧张。对于中概股公司的回归,此前国家政策一直给出的态度是比较支持的。可证监会这一表态,无疑是给了这些热衷于回归的中概股公司一个大大的黑脸。中概股公司因此被吓了一跳,随后其在境外的股价开始应声下跌。当时奇虎360私有化,已经完成了股东大会批准程序,在这一波下跌中,股价跌去了11.32%。

　　其实,敏锐的人早该发现,这种政策倾向早有端倪。在2016年3月,证监会就已经对上市公司跨界定增的项目进行收紧,对该类项目进行"专项核查"。证监会主要的担忧是此类产业估值存在较大泡沫,很难有明确标准来判断估值是否合理。

---

　　①　2016年9月,证监会做出表态,表示相关研究工作仍在推进,"在相关政策明确之前,境外上市公司回A股的相关规定及政策没有任何变化,今后若有修改或调整,将通过正式渠道向社会公布"。2017年2月,证监会主席刘士余表示,"中概股不回归一样也是服务国家战略","中国资本市场监管标准不比美国等其他市场低",对中概股回A股的政策依然没有松动。直到2017年11月,奇虎的境内重组实质推进,成为境外优质上市公司回归A股参与境内公司并购重组重启的标志性事件。证监会认为,"重点支持符合国家产业战略发展方向、掌握核心技术、具有一定规模的优质境外上市中资企业参与A股公司并购重组,并对其中的重组上市交易进一步严格要求。同时,证监会将继续高度关注并严厉打击并购重组中涉嫌内幕交易等违法违规行为"。

2016年5月,对于跨界并购重组及相关再融资的审核标准再度趋严。① 当时有媒体报道称,证监会已叫停跨界定增,对于涉及互联网金融、游戏、影视、虚拟现实这四个行业的并购重组与再融资,均被叫停。

多数中概股公司并不从事政策所鼓励的传统实业,常常涉及新兴产业,于是,此举对于当时的中概股公司无疑属于坏消息。

有些中概股公司回归的方案,还主动随着政策的风向进行了调整。例如,当时A股上市公司万里股份(600847),正在对美股上市公司搜房控股(SFUN)的业务和资产进行并购重组,新政出台后,万里股份赶紧在2016年5月修改了资产重组方案,原本是打算将搜房的互联网金融等都放在万里股份的目标置入资产范围内,修改之后,互联网金融业务就被从中剥离了。②

前面说到的严厉新政,更多还属于窗口指导层面的,还没有形成具体的法规。但很快,法规层面的新政也出台了,严加监管的态势更加明显。

2016年6月17日,证监会发布了号称"史上最严借壳标准"的新版《上市公司重大资产重组办法(征求意见稿)》(该新规于2016年9月8日得以正式颁布,下称"重大资产重组新规"或"新规"),还发布了《关于上市公司发行股份购买资产同时募集配套资金的相关问题

① 证监会并未明确发文禁止跨行业并购重组,而更多的是以窗口指导的方式进行。2016年5月13日新闻发布会上,被问及监管层是否已叫停上市公司跨界定增并涉及以上四个行业时,证监会予以否认,并表示,支持符合条件的上市公司再融资和并购重组。目前,再融资与并购重组的相关规定及政策没有任何变化。

② 最终万里股份的该重大资产重组方案还是主动终止了。

与解答》。新规针对"上市公司并购重组存在投机炒壳的顽疾",意在"有力地遏制投机炒壳和关联人减持套利,同时对并购配套融资进行严格限制"。

根据这一重大资产重组新规,构成重组上市的认定标准被丰富化,从原有的被并购资产总额单项指标,调整为资产总额、营业收入、净利润、资产净额、股份等五个指标,只要其中任一达到100%,就认定符合交易规模要件。另外,除量化指标外,还增设了"主营业务根本变化"的特殊指标。

除此之外,重大资产重组新规还取消了重组上市的配套融资,提高了对重组方的资金实力要求,此举意在遏制A股市场的概念炒作和内幕交易。按照新规规定,上市公司原控股股东与新进入控股股东的股份都被要求锁定36个月,其他新进入股东的锁定期从此前的12个月延长到24个月。此外,上市公司或其控股股东、实际控制人,如果近3年内存在违法违规或1年内被交易所公开谴责的,被勒令不得"卖壳"。

不仅如此,监管机构还根据上述新规,对正在进行的借壳上市项目进行检查,并对既往已经完成重组的上市项目也实行了全覆盖,明确要求核查业绩承诺的完成情况。

据不完全统计,自该新规征求意见稿发布至2016年7月底,先后有西藏旅游、永大集团、铜峰电子、长高集团、天龙集团、全新好、京城股份等44家上市公司终止重组,其中大部分终止重组的方案涉及借壳。

二、中概股回归面临的整体环境和终止案例

1.鬼打墙！起起落落的大环境

如前面所说,从 2016 年年初开始,一些利空的法规和政策出台,这些对中概股公司的私有化和回归造成了一定的打击。

然而,中概股公司是否应该从海外退市和回归,也需要从国内的整体环境进行考察。中概股回归面临的环境并非全是利空,整体来看,还是有有利于中概股公司回归的政策和法规。大约从 2014 年开始出台的一系列法规和政策,在外资产业政策、跨境并购方面构成了利好,而利空则更多体现在上市公司并购重组以及外汇出境管制方面。

(1)对境外投资的行政管制放宽

自 2014 年起,国家发改委、商务部出台了境外投资的一系列规定,对境内企业进行境外投资确立了以备案为原则、以核准为例外的审核机制,审批流程得以更明晰,有利于境内企业参与市场化跨境并购。

如前所述,如果中概股公司要从美国私有化和退市,一般需要组成买方财团。对于在境内的投资机构,要想参与到买方财团中,就涉及境外投资的环节。因此,放宽境外投资的限制,将对中概股公司的私有化构成利好。

(2)外资准入政策放宽

近年来的大趋势是,我国对于外商投资多数行业的准入限制在逐步放松和取消,目标是在全国范围内推行负面清单制度,采用这一制度的上海自贸试验区的便利化措施将被复制和推广。

这一方针已经在一些行业得到了落实。例如,2015 年 6 月 19 日,工信部发布了《工信部关于放开在线数据处理与交易处理业务(经营类电子商务)外资股比限制的通告》(工信部通[2015]196 号文件),允许在全国范围内放开在线数据处理与交易处理业务(经营类电子商务)的外资股比限制,外资持股比例可至 100%。

如上规定将利好相关中概股公司退市后的重组,因其在重组过程中受到的限制将变少。

(3)并购贷款政策放宽

2015 年 2 月 10 日,中国银行业监督管理委员会发布修订后的《商业银行并购贷款风险管理指引》,与 2008 年出台的《商业银行并购贷款风险管理指引》相比,新规中规定并购交易价款中并购贷款所占比例不应高于 60%,相比原指引提高了 10%。新规中规定并购贷款期限一般不超过 7 年,相比原指引延长了 2 年。此外,根据新规,对并购贷款涉及的担保,从强制性规定改为原则性规定,同时删除了担保条件应高于其他种类贷款的要求。

以上规定均体现了政策方面对并购贷款的放宽,从而利好于企业并购活动的实施,也有利于中概股公司进行私有化和退市过程中的融资。

(4)并购审批程序便利化

2014 年 10 月,证监会会同工信部、发改委、商务部等部门,联合制定了《上市公司并购重组行政许可并联审批工作方案》。其中明确,不再将发改委实施的境外投资项目核准和备案,以及商务部实施的外国投资者战略投资上市公司核准和经营者集中审查等三项审批事项,作为证监会上市公司并购重组行政许可审批的前置条件。

在该规定出台之前，对于有关的并购重组，各部门的审批手续是串联式的关系，一个环节批不过，后续程序都无法开展。在该规定出台后，各部门审批程序改为同时并行，企业可以同时启动多个环节审批的申请，从而节省时间。

这一变化对于企业从事并购重组活动以及中概股公司回归境内股市构成利好。本书后面章节涉及的如家酒店（HMIN）回归 A 股的案例，就从这一并联式审批的变化中得到了切实便利。

以上就是对于中概股公司私有化和退市的有利方面。但是也要看到，由于我国面临的国内国际环境的复杂性和特殊性，上述法规在执行的时候，随时可能因为现实原因而被收紧。如果在关键的节点受到限制，前述法规和政策就可能无法执行下去。

例如，按照规定，中国企业在完成境外投资的相关手续之后，可以向其所在地的外汇银行办理境外直接投资外汇登记，在取得相应的外汇登记业务凭证后，就可以根据交易进度办理购汇和付汇。但现实中往往并非如此，尤其是 2015 年下半年之后，上述购付汇的程序因宏观的外汇管制受到非常大的不利影响。

自 2015 年下半年开始出现，并且一直持续到 2016 年全年的人民币贬值压力，造成了监管部门的大力监管。作为应对，前述放宽投资和并购的法规在执行上大打折扣，甚至导致对外投资和并购活动暂时停滞。这一管控资金外流的趋势，在 2016 年下半年加剧尤甚。

总之，中概股公司的私有化和回归面临的外部环境非常复杂，在各个方面的规定出台和实施过程中，经常是"猜到了开头，却猜不到结尾"。这般起伏变动非常大的环境，犹如"鬼打墙"。在这种氛围下，如想要成就大计，圆满完成私有化和回归的任务，一方面要小心谨慎踩准节奏,另一方面要坚持不懈,面对任何情况都不要迷失目标,坚信总会熬到好时候。

2.时也势也！爱奇艺私有化终止案

现实中,国内政策和环境的变化对中概股公司的回归浪潮产生了实质性影响。2016 年年中,中概股公司私有化的热潮开始逐渐退却,一些已经提出私有化的项目纷纷主动停止。

比如,2016 年 6 月 15 日,雷军和李学凌撤回了对欢聚时代(YY)的私有化要约;2016 年 7 月 1 日,陈升、金山软件、清华紫光撤回了对世纪互联(VENT)的私有化要约;2016 年 8 月 18 日,唐岩撤回了对陌陌(MOMO)的私有化要约。

至于为何停止,市面上有各式各样的解释,甚至有标题是"私有化失败"这样的新闻出来。那么,是真的私有化失败吗?严格来说,不是。失败是指做砸了,但这些私有化停止,都是启动私有化的一方主动选择停止。既然是主动选择不做,那就不算是失败。

前面已经讲过,私有化并购这类交易,是与通常交易相反的,是"卖的没有买的精"。买方财团中的管理层、大股东,都是了解公司情况的人。要不要启动私有化、什么条件去启动私有化,都是买方考虑好的,并认为是有利的,才会去做;如果没把握,或者时机、条件不对,那买方可能就先不启动私有化,如果启动了,也可以暂缓或终止。

那么上面提到的这些私有化项目,既然已经起了头,好端端为什么要叫停?别忘了,私有化并不是最终目的,中概股公司的回归和再上市才是最终目的。当再上市变难了,或者再上市没有吸引力了,私有化就缺乏目标了。明白这一点,就明白为什么私有化要停止了。

爱奇艺私有化停止,就是这样的一个案例。爱奇艺由百度创立,于2010年4月22日正式上线,百度是大股东,持有爱奇艺80.5%的股份。自成立以来,特别是2013年与PPS合并后,爱奇艺因其产品、技术、内容、营销等全方位的创新,成为国内影响力极大的网络视频平台之一。与此同时,爱奇艺也非常烧钱,连续几年自身亏损不说,也拉低了股东百度的财务表现。

2015年市场上有说法称,像百度这样的中概股龙头互联网企业,不是不想回归A股,国内A股市场的高估值、高市盈率,对中概股确实很有吸引力。但由于百度的市值当时超过700亿美元,如果整体回归的话,很难找到如此大规模体量的接盘资金,因此整体回归是不现实的。在这种情况下,百度保留整体在美国上市的地位,拆分旗下部分核心资产(比如爱奇艺)进入A股市场,也是不错的选择。

于是,2016年2月,百度公告称,百度董事长兼CEO李彦宏和爱奇艺CEO龚宇两人,计划以28亿美元的估值收购百度所持有的爱奇艺80.5%的股份,使爱奇艺从百度的上市公司体系中剥离出来,间接实现私有化。

在该收购计划实施之前,爱奇艺是上市公司百度的子公司,实施之后,爱奇艺是爱奇艺和百度两位CEO的私人公司。严格来说,这是一个管理层收购。

李彦宏和龚宇二人当初提出这个方案,是想把爱奇艺从百度体系中剥离出来,瞄准登陆国内的战略新兴板。传闻中战略新兴板的上市标准不高,尤其淡化了对拟上市企业的盈利要求,所以长期亏损的爱奇艺觉得自己有希望能上。

但收购公告发布了5个月以后,2015年7月25日,李彦宏和龚宇却提出撤回要约。这意味着爱奇艺仍将留在百度体系内,维持原状。消息传出后,各方纷纷猜测原因。

有人猜这是小股东闹的。公告发出后,曾有一个美国小机构股东跳出来,表示明确反对。2016 年 7 月 19 日,百度股东、美国对冲基金 Acacia Partners 发布了致百度公司 CEO 李彦宏的公开信,认为收购提议有悖于百度及其股东的长期利益最大化,建议李彦宏收回收购爱奇艺的要求,使爱奇艺继续保留在百度体系内。[①]

于是有人说,是因为这封信的原因,爱奇艺私有化计划停止了。果真如此吗？未必是。熟悉百度的人都该知道,李彦宏夫妇的投票权远超 50%。一家小机构股东的反对,怎么会有那么大的分量？

有人说,该计划叫停是因为价格。这样的说法也许不无道理,毕竟价格是所有交易的核心要素。百度官方的解释是:"买方财团在与三名独立董事组成的特别委员会进行了多轮沟通谈判后,由于在交易结构和购买价格等方面未能达成一致,买方财团决定撤回要约,终止收购百度所持有的全部 80.5% 爱奇艺股份的计划。"

价格问题估计还只是一方面原因。按照此前的设想,爱奇艺从百度中剥离后,一方面解决了百度财报的包袱,另一方面还可以让爱奇艺回国内战略新兴板进行融资。

但后来战略新兴板不搞了,长期需要烧钱的爱奇艺,想要登陆境内 A 股,就不符合时势了。

《论语》有云,"时也势也"。什么样的时机,什么样的大势,决定了

[①]　对此,百度回应称已经建立了一个由独立董事组成的特别委员会来进行评估,在形成相关结论后,会向投资者和公众发布。

要采取什么样的行动。既然不符合时势，如果再开展下去，没了可背靠的大树，就不利了。

3.遭遇维权！聚美私有化终止案

聚美优品(JMEI，又称"聚美")是一家化妆品限时特卖商城，其前身为团美网，由陈欧、戴雨森创立于2010年3月。聚美优品首创化妆品团购模式，每天在网站推荐十几款热门化妆品。2014年5月16日晚间，聚美优品在纽交所正式挂牌上市，发行价每股22美元，陈欧也成为纽交所史上最年轻的CEO。

2016年2月17日，聚美公告称收到了CEO陈欧、产品副总裁戴雨森以及红杉基金提出的私有化要约，提出要以7美元/ADS的价格进行私有化。该私有化要约的消息一出，一石激起千层浪，引发大量投资者不满。

一是认为私有化的报价比发行价低。投资者认为，这个报价虽然比提出私有化时最近10天的平均价格高27%，但与聚美2年前22美元的发行价相比，缩水了68.2%。这意味着该报价低于许多投资者的持股成本，如果同意以这个报价卖出，本钱收不回来。

二是认为私有化的报价低于聚美多数时间的股价。投资者认为，据统计，自聚美2014年5月16日在美股市场上市以来的571个交易日，仅有22个交易日股价低于私有化要约价。也就是说在97%的时间段中，聚美的股价高于该私有化报价。

三是认为聚美的创始人股东实质是趁低吸货。投资者认为，该报价虽然比前10个交易日平均收盘价高，但私有化报价前2个月，聚美的股价从10美元迅速跌到了5美元附近。2016年2月11日，聚美优品报收 5.11 美元/股,创出新低。而就在几天之后,聚美即宣布进行私有化。投资者认为是创始人股东在故意打压股价,伺机低价私有化。

四是认为聚美的创始人股东借亏损之时,实施低价私有化。投资者认为,聚美自上市以来一直处于盈利的状态,连续 8 个季度盈利,其营收、净利润增速直到 2015 年第 2 季度才开始出现放缓,2015 年第 3 季度出现首次亏损,而这也恰好是聚美优品宣布私有化的前一季度。

五是认为聚美的创始人股东和管理层对股价低迷见死不救。股价长期低迷,公司可以进行股票回购来让股价回升,公司账上也有大量现金可以回购。并且,聚美的董事会在 2014 年 12 月已经批准了股票回购计划,同意在未来 12 个月时间里回购价值最高为 1 亿美元的公司股票。但后来,董事会只实施了很少一部分回购。因此,投资者们认为公司和董事会有故意打压股价的嫌疑。

总之,聚美的投资者认为,该私有化要约是在聚美股价跌到历史最低点的时候提出的,有投资者直言,这一行为无异于趁火打劫。基本上,除了私有化前半个月购入聚美股票的人可以盈利之外,聚美上市 2 年来的几乎所有投资者都是被割肉的。

因为不堪承受聚美的低价私有化,聚美的投资者决定联合起来,组团海外维权。据当时报道,有 3 家机构加入到了维权队伍中,维权群人数达到了 268 人,连署股份有望达到 1400 万股,股份占比 10% 左右。

聚美的投资者是真的担心这一私有化方案会通过。要知道,聚美的上市主体注册地在开曼群岛,根据开曼法律,达到 2/3 以上的出席股东大会的股东批准后,便可以进行私有化合并。而包括陈欧、戴雨森以及红杉资本代表的买方财团一共拥有公司发行以及在外流通普通股总数的 54.4% 以及公司 90.1% 的表决权。可见,买方财团在表决权上有明显的控盘能力，虽然私有化价格低，但是得到股东大会通过的概率仍然较大。

投资者维权的旗帜非常鲜明，他们群情激愤，不甘心就这样接受聚美的私有化方案。据了解，有受损金额超过 450 万美元的投资者当时还准备在美国和开曼起诉，号称要在美国和开曼分别起诉陈欧等管理层、私有化的特别委员会、开曼公司等，理由是其财务造假、操纵股价和误导投资者等。

其实投资者也很清楚，起诉在开曼设立的聚美上市公司，并不一定能有重重一击的效果，他们更多还是为了要拖延聚美的私有化进程。

如果聚美是纯正的美国上市公司，比如是特拉华州的公司，则情况又不一样。如果聚美的私有化报价受到美国特拉华州法院的审查，会有什么样的结果呢？根据业内观点，7 美元/ADS 的收购价格较其此前 2 个月（即 2015 年 12 月中旬）的股价低了 2 美元以上，并且，聚美优品近期股价的下跌很大程度上是因为发布前最近一季的财报显示刚刚步入亏损阶段。就其作为一项近期突发事件来看，符合"短期性因素抑制股价"①的情形。

因此，倘若聚美是在特拉华州注册的美国上市公司，该私有化报价已经可以引起法院启动严格的"彻底公平"审查标准，已有判例中法院

---

① 对于私有化要约的报价，法院审查的因素可能有：(a)私有化要约的价格与每股收益等税前现金流指标之比，明显低于近期的类似交易；(b)最终收购价格比 2 个月之前的股价低 2 美元以上；(c)短期性因素抑制了私有化要约发出时的公司股价；(d)业内人士认为要约价格及成交价格低得惊人。

对类似案例中有责任的大股东处以高达 1.48 亿美元的赔偿。① 当然话说回来,聚美虽然不是特拉华州注册的公司,但面临的压力应该也不少,投资者们的起诉威胁以及美国证券交易委员会的质疑总是免不了的。

而如果投资者要以信息披露等方面的理由去起诉,也会遇到一定的阻碍。比如,在聚美上市的招股说明书中有这样的表述:"由于双重股权结构以及公司股权的集中,陈欧和戴雨森在公司的并购、重大资产出售、董事选任和其他公司重大事项中有重大影响力。他们有可能采取不利于我们或我们其他股东利益的行动。"

可见,聚美公司一方早在招股书中埋伏下了这样的伏笔,"事先披露"了投资者们可能面临的风险。既然投资者买了股票,就默认投资者了解和知悉此类风险的存在。那么,一旦聚美陈欧等人因决策事项遭到投资者的指责或起诉,他们可以以招股书中的风险披露为由试图免责。

后来,这一遭到各方质疑的聚美私有化方案,最终没有成行。2017 年 11 月 27 日晚间,聚美优品董事会特别委员会收到了私有化买方团提交的通知函,宣布撤回 2016 年 2 月 17 日递交的非约束性私有化方案,立即生效。这意味着,在收到私有化要约的 21 个月后,聚美正式取消了私有化和退市计划。

---

① In re Dole Food Co., Inc. Stockholder Litigation(2015),在该案中法院最终裁决,由控股股东莫道克和直接实施欺诈的卡特个人,向被私有化收购的都乐股东赔偿每股 2.74 美元,总计赔偿金额高达 1.48 亿美元。

三、奇虎 360 的私有化回归案例

奇虎 360（QIHU，又称"奇虎"）的私有化退市案例很经典，非常值得研究和思考。首先，奇虎 360 的体量很大，这样的公司做私有化原本就不易。其次，奇虎开始私有化的时间是在 2015 年 5 月，正是中概股私有化最热烈的时期。完成私有化的时间是在 2016 年 7 月，正是中概股私有化最低落的时期。

也就是说，在奇虎进行私有化的 1 年里，正好经历了一个中概股公司从美国私有化退市的波峰到波谷的周期。尤其是到了 2016 年年初，有多家中概股公司终止了私有化进程。可以想象，在这种大氛围下，奇虎开始启动私有化时的心情与完成私有化时的心情，应该是非常不同的。但能不受外界环境干扰，坚定地走完私有化之路，这种心态值得学习。

1. 志不强者智不达！退市路线不动摇

中概股公司的私有化和回归，其实可以比作一条不归路，一旦走上了便无法回头。走这条路，只许成功，不许失败，无论是创始人、买方财团，还是公司本身，都无法承受私有化未能如期完成的后果。

之所以这么说，是因为私有化的融资成本高昂，退市后果严重。更重要的是，在这漫长的私有化过程中，无论是竞争对手，还是监管机构，或是宏观环境，都可能有意无意地对私有化的上市公司施加伤害。"前有堵截，后有追兵"，每行进一步，都要小心翼翼。

这可能也是为什么奇虎的 CEO 周鸿祎在操盘私有化的过程中，与

其平时的风格截然不同的原因。要知道,奇虎原本是国内最具有话题性的互联网公司,掌舵人周教主因爱穿红衣而被称为"红衣主教"。周鸿祎平日里很有主张,在各家巨头掌门人里自成一派。但在奇虎私有化的过程中,为保证私有化不出任何纰漏,周鸿祎变得三缄其口,沉稳异常。

奇虎于 2005 年 9 月创立,针对互联网木马、病毒、流氓软件、钓鱼欺诈网页等多元化的安全威胁,以互联网的思维解决网络安全问题,主营 360 杀毒为代表的免费网络安全平台等,主要依靠在线广告、游戏、互联网和增值业务作为创收和盈利来源。

2011 年 3 月 31 日,奇虎在美国纽交所上市,IPO 总计获得 40 倍超额认购,为当年中国企业在美国最成功 IPO 交易之一。首日开盘报价 27 美元,2014 年 3 月一度超过 120 美元,较开盘价翻了 4 倍。奇虎在中概股互联网公司中拥有显赫地位,市值长期仅次于百度、腾讯和阿里等几个巨头,体量相当大。

自 2011 年于纳斯达克上市之后,多年以来,奇虎的营收和利润一直保持着 100％ 以上的增速。但在 2014 年第一季度财报发布之后,奇虎股价开始呈现出下跌态势,市盈率基本停留在 30～40 倍。尽管 2014 年奇虎动作频频,比如要以 4 亿美元投资酷派进入手机领域,以 2 亿元人民币投资磊科做路由器,但股价的颓势仍未能扭转。

进入 2015 年,奇虎股价依旧持续下跌,截至 2015 年 5 月底,奇虎 360 的市值缩水至 64 亿美元,还不到过去市值高点的一半。有数据显示,奇虎基于 PC 的产品和服务的月度活跃用户总人数增长趋缓,而在移动安全和搜索领域,猎豹等竞争对手纷纷发力。

在这种背景下,奇虎启动了私有化,这在业内外都引起了特别大的关注。首先，奇虎的体量大、市值高，退市所需要的资金巨大，是截至当时在美上市中概股公司中最大规模的私有化交易之一。据说，为了进行私有化，奇虎在北京的总部大楼被抵押，商标、股权都被质押。

有人说奇虎做私有化未必划算。的确，奇虎在纽交所的股价不低，市盈率也比较高，这就导致了私有化的起步成本不低。如果说私有化的套利空间就在一买一卖之间，当这买入的价格不低的时候，如果想谋利，只能指望退市后回归的卖价高，而这显然没人能够打包票。

说起奇虎的私有化过程，周鸿祎也说，"我们回来其实风险很大，因为整个回来的过程需要动用的金额还是太大，大家也看到，一般的私有化项目，要么是股价跌得很低，甚至有比发行价还低，那么把它买回来也还是占了便宜。要么公司市值不高，几亿美金上下，基本上稍微凑点钱，就能把公司弄回来。我们退市的价格大概是发行价格的 5 倍，我们发行价格是 14.5，退市价格是 77，都是美金。而且有很多投资者还不愿意退，我们还要给人家一个溢价"①。

这个报价究竟如何呢？这个报价还算很厚道，相当于奇虎私有化前收盘价基础上有 16.6% 的溢价，而相较之前 30 个交易日的股价均价，该报价溢价约为 32.7%。

尤其是，在报价做出后，中国股市在 2015 年 6 月底开始暴跌，8 月更是传导到欧美市场。奇虎的股价也从宣布要约前的 66.05 美元，跌到 2015 年 9 月 1 日的 49.56 美元。这么算来，奇虎的私有化溢价相当于又大大提高了。但在这一过程中，奇虎并未下调私有化报价，而是维

---

① 2016 年 8 月 22 日，周鸿祎在北京 360 公司总部的媒体沟通会上对 360 私有化以来市场上流传的诸多传闻进行了回应。

持执行该价格不变。

另一个对私有化价格有影响的因素是人民币汇率的变化。在奇虎私有化过程中,人民币的汇率持续走低。在私有化要约日,银行间外汇市场人民币汇率中间价是1美元折合6.2073元人民币,但是等到了私有化完成日,该中间价已经变为1美元折合6.6803元人民币。汇率的这一变化,粗略算来,会导致私有化买方财团要多支出大约44亿元人民币的成本。

2015年6月17日,奇虎宣布私有化。2016年7月18日,奇虎从纽交所摘牌。在这1年多的时间里,股市的变化风起云涌,汇率的变化幅度巨大。在启动奇虎私有化之时,即便能预料到会有股市、汇市的风险,但却很难料到会来得那么快、那么猛烈。奇虎最后还是笃定地闯过了各种大风大浪,坚定实施私有化退市路线不动摇。

2.创新之处！境内结构为主

在已经启动或者准备启动私有化的中概股公司中,论立场坚定哪家强,奇虎的排名应该非常靠前。尽管在私有化的过程中,各种风险和变化接连发生,奇虎还是坚持了私有化计划,坚持了原定的价格条款。买方财团志向坚定,志强者,智必达。

私有化的工作,早在发出私有化要约之前就开始了。通过什么路径,实现什么目标,如何部署和实施,都要有明确的规划和时间表。

在以往的中概股私有化项目中,一般都是国际老牌基金参与和主导。但在2015年这波私有化热潮中,出现了一个新的趋势,因为企业最终希望能回归A股市场,所以在退市的时候,选择的机构投资者也以人民币基金为主,于是人民币投资机构成为私有化当中的资本中坚力量。

在私有化过程中,投资银行(下称"投行")的角色非常重要,要统领境内境外各项行动,是整个私有化项目的执行中枢。在奇虎的私有化中,最初聘请的一家投行,做中概股公司的回归很有经验,但可惜自从国内2015年股市走低后,就颇有些自顾不暇。后来,奇虎改聘了华泰联合证券作为奇虎私有化的总承销商。

奇虎私有化采用了最常见的一步式合并,即买方财团共同设立并购公司对奇虎进行一步式合并。在资本的构成中,一部分为原来股东股权的平移,一部分为财团投资者的股权资本注入,其余为债权融资。

往常,私有化交易一般采取离岸结构,由双层特殊目的公司作为并购主体。也就是说,私有化交易的收购方设立两级公司,包括一个100%控股的并购母公司,该母公司再设立全资子公司作为并购子公司,二者一般都设在开曼群岛,再与上市公司签署合并协议。在这样的结构下,私有化中最主要的融资和收购交易,都放在境外完成。

但奇虎的私有化项目做了一项创新。为能把融资和收购都落在境内,奇虎创新性地采取了跨境四层并购主体结构,并且以境内结构为主。这四层公司包括:

(1)最上面一层设立于境内,由天津奇信志成科技有限公司作为控股公司(下称"奇信志成科技");

(2)奇信志成科技下面,在境内投资设立天津奇信通达科技有限公司,作为并购母公司(下称"奇信通达科技");

(3)奇信通达科技再往下,在开曼群岛设立诚盛有限公司,作为中间公司;

(4)诚盛有限公司再往下,在开曼群岛设立新峰有限公司,作为并购子公司。

奇虎的私有化采取跨境并购结构,在境内设立两级特殊目的公司,这是基于奇虎想要尽快在境内上市的意愿而做出的创造性设计,该结构设计使得奇虎私有化可以将项目收购主体和融资主体都落在境内。这一结构设计,对于奇虎后续的结构重组和在境内 A 股上市,将带来明显的便利。

在奇虎私有化的交易文件中,该四层特殊目的公司都作为收购方,与奇虎上市公司主体签署了合并协议。但是实际上,在这四个特殊目的公司里,真正发力的是上层的两家天津公司奇信志成科技和奇信通达科技。私有化的资金是从这里注入并汇出的,在私有化完成后,这两家特殊目的公司还将继续作为持有奇虎全部股权权益的实体。而开曼的两家特殊目的公司,只作为过渡之用,在私有化完成后,就完成了历史使命。

具体就境内的两家特殊目的公司而言,作为控股公司的奇信志成科技和作为母公司的奇信通达科技均于 2015 年年底在天津注册成立。奇信志成科技的股东共 37 个,包括周鸿祎(持股比例 17.38%)和 36 家机构。奇信通达科技的股东共 39 个,包括奇信志成科技(持股 51.78%)、周鸿祎(持股 12.90%)、齐向东(持股 1.90%)和同样的 36 家机构。

这 36 家机构又是如何参与到私有化过程中呢?举个例子。在 36 名股东当中,有中信国安(000839)参与设立的睿威基金,通过增资奇信志成科技、奇信通达科技的方式参与 360 私有化,预计投资金额约为 4

亿美元等值人民币，具体分为两步：①

（1）睿威基金向奇信志成科技增资 209,269,791 美元等值人民币，增资完成后睿威基金持有奇信志成科技股权比例为 5.25%。

（2）睿威基金向奇信通达科技增资 203,445,556 美元等值人民币，增资完成后睿威基金持有奇信通达科技股权比例为 1.74%。

私有化交易完成后，睿威基金通过奇信志成科技和奇信通达科技间接持有奇虎股权比例合计为 4.46%（最终持股比例以奇虎私有化完成后结果为准）。

值得一提的是，奇信志成科技、奇信通达科技是分轮次接受注资的，由周鸿祎、齐向东、管理团队持股平台及其他机构投资者分轮次地分别注入资本金。创始人和管理团队在特殊目的公司刚设立的时候就认缴出资，机构投资者则是在设立后进行溢价增资，这种分不同轮次的注资可以使得先入资的创始人和管理团队能在特殊目的公司设立的环节就取得资本溢价。

这是私有化交易中实现的一大创举，是在境内融资结构下创始人和管理团队所能取得的特别优惠待遇。如果这是一般的中概股私有化项目，采取常规融资美元的境外结构，应该就没有这样的施展空间了。

3. 非常公平！私有化交易文件

2015 年 6 月 17 日，奇虎宣布收到了创始人周鸿祎等买方财团所发出的非约束性私有化报价。周鸿祎和中信证券、金砖丝路资本、华兴资本、红杉资本四家一起组成买方财团，收购发行在外且不为其所

---

① 根据中信国安 2016 年 4 月 1 日公告。

拥有的奇虎公司的所有 A 类普通股和 B 类普通股。直到 2015 年 12 月,奇虎才与买家财团达成最终的私有化合并协议,私有化交易估值约 93 亿美元。

先看看私有化买方财团的实力。奇虎的股票分为 A 类、B 类普通股,B 类普通股的 1 股投票权相当于 A 类普通股的 5 倍。截至 2016 年 3 月 3 日,作为 CEO 的周鸿祎和作为总经理的齐向东共拥有大约 25.4％的股权、60.1％的表决权。包括二人在内,再加上其他买方成员,买方财团共计股权占比 26.8％、投票权大约为 61.3％。可见,买方财团所能控制的表决权比例比较大,基本面扎实。

基本面不扎实是什么后果?看看本书后面讲到的爱康国宾私有化案例,CEO 组织的买方财团只控制了公司 12.6％的股权和 34.5％的表决权,于是私有化刚一启动,竞争对手就来搅局了。像奇虎这样的公司私有化,买方财团所能控制的股权和投票权的筹码足一些,可以在一定程度上阻止别人来捣乱。

按照上述分析,从表决权来看,奇虎私有化方案得到通过还是比较有把握的。当奇虎召开特别股东大会时,总共只有 41％股份的股东出席,买方财团的投票权比例占到了参加股东大会股东所有投票权的 88.46％。在这种局势下,即使所有参加的其他股东投反对票,这个交易也能通过。最终,私有化交易方案获得了 99.8％投票权的支持。

从根本上来说,私有化交易是将境外上市公司权益份额予以重新分割,并向买方财团予以出售的过程。各个投资者即买方财团成员,均被要求签署包括《权益投资承诺函》等多个法律文件,其中要求各个投资者做出承诺,保证同意托管安排,还包括对反向分手费款项的提前汇总。这些法律文件的目的,是将奇虎买方财团的境内投资者绑定,以保证买方财团向上市公司奇虎承担相关的义务和责任,保证私有化交易如期交割。

此外,奇虎在与私有化买方财团签署的交易文件当中,还含有其他看起来非常公平的条款,体现了既要把事情做成,又要把事情做漂亮的成熟姿态,条款包括:

(1)竞购条款

在奇虎的私有化合并协议中,约定了奇虎进行私有化并非只能接受周鸿祎领导的买方财团,相反,奇虎还享有 45 天的竞购期,在竞购期内有竞购的权利。

根据这一约定,在签署私有化合并文件后,奇虎私有化的特别委员会可以到市场上去寻找更高出价的买方。但事实上,根据已有买方财团的情况,外人也能看明白,把奇虎私有化许给现有买方财团是板上钉钉的事儿了,基本不会有其他买家来挑战。

(2)分手费条款

在国际并购交易中,交易的各方通常都希望能对交易的达成有稳定的预期,而不希望任何一方随意地放弃交易。但现实中又确实可能出现这样的情况,在交易的协议签署后,又有新的潜在买方给出更高报价而导致卖方改变主意。为了防范这种情况的发生,买方在协议中事先要求卖方承诺在此种情况下予以补偿,这就是通常所说的"分手费"(break-up fee)或"终止费"(termination fee)条款。

在奇虎私有化案例中,也采用了这一常规的"分手费"条款,各方在交易文件中约定:

①如果奇虎和其他买家订立私有化合并协议,周鸿祎和他的私有

化买方财团有权向奇虎索要人民币 14.4 亿元的分手费。

②如果在竞购期内,奇虎和其他买家签订替代性合并协议,周鸿祎和他的私有化买方财团能获得人民币 6.41 亿元的分手费。

(3)反向分手费条款

在国际并购交易中,与分手费条款相对应的,是交易各方还常常设置"反向分手费"或"反向终止费"条款。该条款是卖方的自我保护条款,也即当出现买方未能取得股东大会同意、政府审批或者出现融资不到位时,卖方有权向买方主张支付赔偿。在奇虎私有化案例中,也采用了这一反向分手费条款,也即周鸿祎和他的私有化买方财团反过来向奇虎支付分手费。具体而言:

①如果周鸿祎和他的私有化买方财团违反保证和陈述,或者违反其他其应遵守的协议而且没有补救,或者在所有先决条件都具备,但买方财团未能按期完成交割,则周鸿祎和他的私有化买方财团向奇虎赔偿人民币 28.8 亿元反向分手费。

②如果奇虎没违反实质性的保证和其他协议,但因相关政府等原因而导致协议终止,则周鸿祎和他的私有化买方财团应向奇虎 360 赔偿人民币 6.41 亿元反向分手费。

该条款也算是常见条款,让奇虎的私有化合并协议看起来更加完备和公平。通过比较反向分手费与分手费的条款可以看出,各方将交易是否完成的责任和风险,主要归于买方财团承担。而在奇虎另觅其他买家的情况下,奇虎需要向买方财团承担分手费。而如果交易不成,包括出现政府审批障碍等原因,只要奇虎没有重大违约的情况,则由买方财团向奇虎支付反向分手费。

在交易文件上,各方采取了审慎的态度,特意包含了公平性很强的条款，在程序的公正性、特别委员会的独立性、信息披露的及时有效性等方面，力求做足、做到位。

有人认为，奇虎的上市主体是在开曼群岛设立，而非设立于美国，其被诉讼的风险整体较低，所以觉得买方财团其实没必要搞得如此麻烦，有些条款没必要涵盖在内。但是，奇虎私有化的操盘人当然希望能尽量把法律风险降到最低，小心使得万年船。

4. 人民币出海！关键的一环

私有化和回归真正的难点在于实际操作，融资、资金出境、各方利益协调、税务筹划，各种难题层出不穷。周鸿祎在成功私有化之后现身一场小型媒体沟通会，其中有这么一段话：

"我们这么大的体量最终能够成功回来，应该说很大原因在于得到了各级政府机构对我们的大力支持。我跟各级不同的领导沟通的时候，我老老实实讲我们为什么回来，大家都表示非常理解，也都觉得360回归不是一个简单的资本行为，更不是一个简单的商业考虑，是为了让中国的网络安全有好的基础，吃一个定心丸，也是对整个中国国家企业的网络安全更有保障。从这一点来说，无论是发改委、商务部，包括外管局、人民银行、央行，他们都给予了非常大的支持，这也是唯独360能够顺利完成私有化的原因。"

上面提到了我国的发改委、商务部、外管局等，这些都是私有化涉及的境外投资行政主管部门。以涉及的外管局为例，关于奇虎换汇出境方面的手续，就曾让人煞费脑筋。

奇虎的私有化看似顺利，其实也存在暗地里的惊心动魄。私有化前期程序走得还算顺利。2016 年 3 月 30 日，奇虎私有化合并协议获得了股东会的批准。2016年4月26日,国家发改委投资项目在线审批监管平台披露,奇虎360私有化项目获得国家发改委通过。2016年5月,各家参与奇虎私有化的投资者完成了向天津高新区的奇信志成科技、奇信通达科技两家公司的打款。

看起来是万事俱备,但只欠东风。如前所述,奇虎私有化采取的是人民币融资,但奇虎上市公司股票是以美元计价,因此,私有化财团在国内筹集的人民币资金必须换汇出境,然后再以美元货币从私有化的卖方手中买下股票,最终实现私有化的交割。

买方财团在募资完成之后,发现人民币如何换汇出境是非常大的难题,甚至险些误了交割时间。近年来因为宏观经济压力,进入2016年,外管局对各种资金出境都严加监管。而各方希望能够在2016年7月底之前全部完成换汇流程,时间非常紧迫。如果资金无法按期交割,根据协议约定,买方财团应向奇虎支付高昂的反向分手费。

几经努力,奇虎的买方财团还是没能获准将融得的人民币资金一次性汇到境外。外管局要求必须分批换汇汇出,并且要求保证换汇资金不涉及资本外逃等违规行为。奇虎的买方财团最后只得利用包括内保外贷、直接购汇、境外人民币贷款等多种方式,分批将资金汇出。

在宏观外汇管制的背景下,奇虎私有化是当时史上最大金额的人民币融资,这大笔的资金最后实现了换汇和出境,各方都有惊无险地完成了私有化合并协议的交割。2016年7月16日,奇虎发布公告称,私有化交易完成。2016年7月18日,奇虎股票从纽交所摘牌。私有化总算如期完成,参与的各方都松了一口气。

第九章

私有化回归创新案例深入解读（一）

● 为什么税负问题是中概股公司进行重组时,需要重点考虑的
问题?

● A 股上市公司能以跨境换股的方式对中概股公司实施私有化
后再进行收购吗?

● 中概股公司的私有化和回归,在具备什么条件下,可以在没有
外界资本的支持下实施?

● 中概股公司从美国退市后回归境内 A 股,可能会涉及境内的哪
些审批步骤?

在读完本章后,对于以上问题,应该可以得到答案。

一、分众传媒的私有化回归案例

回顾近年中概股公司从美国私有化和退市的案例,其中不乏创新
的个例,本章和下一章都将重点讲述这些案例中的创新之处。这两章
的区别很大,最主要的区别是,本章的创新案例都成功了,下一章的创
新案例却都未能成功。

分众传媒的私有化和回归 A 股,总共历时 3 年零 3 个月。整个重
组和回归的过程比较紧张,还临时更换了 A 股借壳主体,最终有惊无
险,得以完成。其重组当中有一些创新,这些创新主要是基于项目的行
业政策背景变化以及实际控制人的身份情况。

1.加紧重组!开着飞机修飞机

本书的第二章已经讲过分众传媒在美国上市后的遭遇。2005 年 7
月,分众传媒成功登陆美国纳斯达克。随后,自 2011 年开始,分众传媒

遭遇了浑水做空、集体诉讼、美国证券交易委员会调查等一系列糟心事。气愤懊恼之后,分众传媒毅然决定退市。

2012 年 8 月,分众传媒宣布开始私有化进程。2013 年 5 月,分众传媒以 37 亿美元的交易总对价,从纳斯达克成功退市。分众传媒何时顺利回归 A 股的呢? 2015 年 11 月,分众传媒借壳七喜控股(002027)的方案,得到我国证监会上市公司并购重组审核委员会的通过,成功回归 A 股。

整体看起来分众还是非常顺利的,但也要注意到,这条回归路一走走 3 年,也是一波三折。那 3 年走得不易,背负着融资和对赌的压力。分众传媒在启动私有化的时候,与 9 家银行签约,取得了包括美元定期、现金过桥和美元 5 年期的备用信用证等高达 17 亿美元的银团贷款额度。虽然资金弹药充足,但这些弹药的成本却很高,高额借贷的压力可谓不小。除此以外,对于这个高达 37 亿美元的私有化交易,进行的股权融资也不少。

此外,据称分众 CEO 江南春在私有化之时,就和投资机构签订了对赌条款,约定必须要在 2016 年之前上市,否则投资机构有权分走分众传媒 75% 的利润。这些压力,都压在了分众传媒和 CEO 江南春的肩上。换句话说,要走从私有化到回归这条高空钢丝绳,万不能出岔子,只能成功,不许失败。

分众传媒公司的业务要照常开展,公司的重组又要在重重压力下完成,不论出现什么情况,都要在约定的时间完成回归 A 股。面对这些要求,项目操盘者必须有超强的抗压力和不凡的意志力,而这种私有化和回归的经历,可以用"开着飞机修飞机"来形容。

看分众传媒的重组过程,有两个特别之处,降低了其重组的难度。

第一点是分众传媒所在的广告行业,在分众私有化退市前后,我国的外商投资行业政策发生了重大变化。自 2015 年 6 月 29 日起,施行 7 年的《外商投资广告企业管理规定》被国家工商总局废止。这意味着外商投资广告行业再不受限制,为分众传媒回归 A 股扫清了法律障碍。

之所以这么说,是在私有化完成后,在重组中有一关键环节,就是美元基金的退出和境内新投资者的接盘,这一过程非常费劲,堪比"改嫁"。这一过程能不能绕开呢?

如果有外资产业政策限制就没法绕开,因为境内运营实体的公司股权结构不能违反外资产业政策。例如,根据《外商投资产业指导目录(2015 年修订)》的规定,增值电信业务中(除电子商务外)的外资比例不得超过 50%,那么对于从事增值电信业务的公司来说,在拆除协议控制结构时,为了保证境内运营实体仍有资格保住业务牌照,必须要保证境内投资者的持股比例共计不低于 50%。为此,需要寻求境内投资者来承接境外投资者的股权。

但在分众传媒的项目中,因广告新规明确解除了对外商投资广告行业持股比例的限制,理论上无论分众传媒是外商独资企业还是中外合资企业,从事境内的广告运营都不存在法律障碍。因此在拆除协议控制结构和重组的过程中,境外股东就没有了退出的压力,原有的股东方得以保留。

最终的重组方案是将境外股东的股权进行跨境平移,让境外股东较为直接持有境内股权,境内运营实体从原来的内资企业转为中外合资企业,继续运营广告业务。

第二点是实际控制人的国籍。CEO 江南春在私有化和退市前后都是分众的实际控制人,而江南春拥有新加坡国籍。根据国内资本市场既有的监管框架，如果上市公司的实际控制人是中国国籍，那么其必须将所持有的股权由境外平移至境内。

但在本项目中，因实际控制人江南春是外籍，没有被强制要求翻回境内直接持股，允许其通过境外特殊目的公司间接拥有境内上市公司的控股权。也正因如此，分众传媒的实际控制人仍保留了境外持股架构，境外一部分持股架构得以保留，从而避免了更为复杂的拆除协议控制结构的过程。

由于以上两点原因，和其他中概股公司的重组和回归项目相比，分众传媒在重组环节的工作显得稍微容易一些，体现在原有的股东方和股权结构能基本保留。这两点创新，其实严格来说不是分众传媒主动进行的创新，而是客观情况所致，一是"刚好"赶上外资产业政策的修改，二是实际控制人"刚好"有外籍身份。

在分众传媒私有化完成后和 A 股回归之前，分众的重组涉及多次股权转让、增发和回购，让人眼花缭乱，具体不能一一介绍，只能讲述其中核心的重组内容。

分众传媒的控制性协议签署得非常早。早在 2005 年 3 月，分众传媒、分众数码、江南春、余蔚、分众传播（及其下属境内经营实体）签署了一系列的《股权质押协议》《股东表决权委托协议》《转让期权协议》《技术许可服务协议》《商标许可协议》《业务合作协议》等。

根据上述协议安排，分众的上市主体 Focus Media Holding Limited（即 FMHL）让其下设的分众传媒、分众数码通过控制性协议，控制境内实体分众传播及其下属境内经营实体。在进行重组时，需要解除协议控制结构。2014 年 12 月，分众传媒前述协议被各方签署协议予以解除。

继而,需要调整境内实体的股权结构,从协议控制改为股权控制。2015 年 1 月,江南春将其工商登记持有的境内实体分众传播 85％的股权转让给了分众数码,分众数码对实体分众传播由原来的协议控制改为股权控制。而分众数码是 FMHL 当时能 100％股权控制的实体。

然后江南春对境外投资者的股权进行平移,落地至境内。2015 年 4 月,分众传媒股东会同意 FMHL 下设的 Focus Media（China）Holding Limited（FMCH,是 FMHL 下设在香港的特殊目的公司）将其所持分众传媒 89％的股权,转让给 FMCH 各股东在香港设立的特殊目的公司,使各股东能直接持有分众传媒的股份。

此次股权转让的目的,在于让各个境外投资者实现境内落地,持有分众传媒的股份。这一股权平移的过程,便于偿还此前用于私有化的境外过桥贷款,实现某些老股东的套现退出,并且能让境外投资者以对境内分众传媒的股份换取七喜控股上市公司的股份。

在拆除股权控制结构和重组的过程中,各方有个重大关注点,就是重组将会产生高额税负。在分众传媒的重组中,FMCH 将其所持分众传媒 89％的股权转让给了 FMCH 各股东在香港新设的特殊目的公司,这一股权转让交易是现金支付对价。此外,也有其他境外投资者将股权转让给境内财务投资者,同样也是现金支付对价。

上面提到的这些股权转让行为,根据我国税法规定,转让方要背负高额的所得税。最后,分众传媒重组过程中股权转让环节就产生了约 40 亿元人民币的所得税,这些都由分众传媒进行申报和代扣代缴。税负问题是中概股回归和做重组方案时必须要仔细考虑的,这可是不菲的回归代价。

2.七喜有喜！闪电变主体

按前面所讲,分众传媒陷入了机构做空和美国诉讼的泥潭,于2013年5月完成私有化并退市,这一过程中各方付出的代价都颇高。在此类私有化退市项目中,各方可以乐观相信付出的代价都能得到回报,相信付出的成本都能获取超额收益,但是要基于一个前提,退市后必须尽快实现再上市。

成王败寇,一切取决于能否按计划完成再上市。如果成功,那是属于江南春和资本支持者的"王者归来"。一旦失败,那场面可能会毫不留情地成为资金方的"群鸦的盛宴"。

面对时间压力,各方在启动私有化时,也得盘算好再上市的计划。由于分众传媒股东外资居多,不太了解国内 A 股市场,分众传媒最初倾向于在香港上市。那么分众又是如何改变主意,决定不去香港而是回境内 A 股呢?

据说是当时凤凰传媒(601928)高层找到分众传媒,想实现双方合并。在这一背景下,分众传媒开始研究回归 A 股的路径和前景。后来,虽然凤凰传媒和分众传媒的合并受挫,但分众传媒对 A 股的热情已经被唤醒。

下一步,为了回归 A 股,分众开始准备与宏达新材(002211)进行重大资产重组。宏达新材这只股票当时的总市值是 38.6 亿元人民币,流通股市值是 24.8 亿元人民币。2015 年 6 月 3 日,停牌半年之久的宏达新材披露了"通过资产置换、发行股份及支付现金购买分众多媒体技术有限公司 100％股权"的重组预案。只是,谁也没有料想到,在该预案发布半个月后,宏达新材及其董事长就被证监会立案调查。

按照相关规定,上市公司和董事长只要一被立案调查,就意味着这家上市公司的重大资产重组没戏了。这对分众传媒的打击甚大。要知道,江南春签下的对赌条款约定,最终上市的期限不迟于2015年年底,而宏达新材案件爆发时,已经不剩几个月了。而且当时A股发生剧烈震荡,我国证券监管机构在2015年7月4日还宣布IPO暂停发行。真是"屋漏偏逢连夜雨",面对此种局面,各方都替江南春捏了一把汗。

对此,江南春说,"宏达新材遭调查事件的发生,使得分众2015年要确保上市的时间点,从最初很确定变成比较动摇"。所幸,面对此变故,分众传媒当机立断,行使"终止权",赶紧终止与宏达新材的重组计划,并且旋即宣布找到了新的借壳对象,即七喜控股。

在闪电更换借壳主体,重新选定七喜控股后,分众传媒的重组方案几乎原样照搬了原来打算借壳宏达新材的方案。主要包括如下方面:

一是资产置换。七喜控股拟置出资产作价8.8亿元,分众传媒100%股权被作价457亿元置入。

二是发行股份和支付现金。对于置入资产与置出资产的差额部分,由七喜控股以发行股份及支付现金的方式,自分众传媒股东购买。其中向FMCH支付现金49.3亿元,用于购买其所持有的分众传媒11%股权对应的差额部分;向除FMCH外的分众传媒其他股东以10.46元/股的价格,发行股份逾38亿股,用于购买其所持有的分众传媒89%股权对应的置入和置出资产的差额部分。

三是定向增发。为提高重组绩效,七喜控股还采用询价发行的方式,向不超过10名符合条件的特定对象非公开发行股份募集配套资金,总金额不超过50亿元,主要用于支付该次交易中FMCH的现金对价,若仍有剩余,则用于补充上市公司的流动资金。

与原计划借壳宏达新材时所公布的方案一样,在借壳七喜控股时,分众传媒也做出业绩承诺,承诺分众传媒 2015 年、2016 年和 2017 年实现的净利润(扣除非经常性损益后的归属于母公司所有者的净利润)分别不低于 29.58 亿元、34.22 亿元和 39.23 亿元。

交易完成后,在不考虑配套融资所占股比的情况下,七喜控股的原大股东易贤忠对上市公司持股比例被稀释至 3.15%,江南春持有 10.2 亿股,占比 24.77%,成为上市公司新的实际控制人,其余 7 家境外主体持股均低于 10%。

幸运的是,借壳七喜控股的后续工作很顺利。2015 年 8 月七喜控股审议通过资产重组交易方案,后又经过了股东大会的决议、证监会的受理和反馈,一直到 2015 年 11 月取得了商务部原则同意和证监会有条件通过。可以说在这 3 个月内,分众紧锣密鼓地完成了主要的审批手续。2015 年 12 月底,分众的借壳上市终于成功完成。

分众传媒在美国资本市场就吃了不少做空和诉讼的苦头,回归 A 股这一路,先欲借壳宏达新材,后换壳至七喜控股,其中又有很多苦。当然,结果美好,也就值得了。一句话总结就是,七喜有喜,江南春现。

二、如家酒店的私有化回归案例

2015 年 6 月 12 日,如家酒店(又称"如家")收到私有化要约,开始回归之路;2016 年 4 月私有化完成。如家就这样回归境内,回家的过程堪比"国际直飞航班头等舱",其创新之处是由 A 股上市公司首旅酒店(600258),以非公开发行股份的方式,以首旅酒店的股份换取如家酒店的股份。最终,如家成为首旅酒店的子公司。

1.国际直飞航班！跨境换股

如家酒店的私有化,也就是自身被首旅酒店收购的过程。近年来,国内的酒店业已演变为竞争很激烈的行业。在竞争白热化之后,出现了"国进民退"的现象。有一些民营酒店品牌,原本在美国上市,经过多年运营后,被同行业大国企收购和整合。比如,7天连锁酒店被锦江酒店收购,如家酒店被首旅酒店收购。

如家酒店集团创立于2002年,于2006年10月成功在美国纳斯达克上市,成为中国酒店业海外上市第一股。如家酒店集团旗下有多个酒店品牌,如和颐酒店、如家精选酒店、如家酒店、莫泰酒店和云上四季酒店等。2010年3月,如家酒店被纳入纳斯达克中国指数股。

如家酒店集团之所以要做私有化,主要是因为在美国资本市场中市值被低估。华尔街更垂青于希尔顿、万豪、洲际这些国际酒店巨头,如家作为中国本土的经济类酒店品牌,在美国资本市场受到了压制。

因此,如果继续留在美国资本市场,如家的公司价值无法在市值上充分体现,融资能力无法充分发挥。考虑到这些,如家选择私有化和回归国内资本市场,是希望借此进行战略转型,回国振兴民族品牌。

首旅酒店是首旅集团旗下的酒店上市平台,主要从事酒店运营管理和景区经营等。

首旅酒店收购如家后,首旅酒店集团成为国内第二大酒店集团,在国内300余个城市运营3000余家酒店。通过整合后,首旅旗下控制多个国内酒店本土品牌,国内酒店本土品牌的格局变得更向巨头聚拢,这将大大有利于民族品牌的提升。

如家的回归方案很特别,并没有采用先私有化再回归A股的常规方案。如家的创新之处在于,境内上市公司首旅酒店以发行股份的方式,向如家其他主要股东购买境外资产,也即如家其他主要股东以对如家的境外公司股权换取境内首旅酒店的股份。

这种方式使得如家酒店刚从美股退市下来,就成为 A 股上市公司首旅酒店的控股子公司。如此一来,如家酒店的回归成了一个"跨境转板"的成功案例,这一回归堪比坐上了"国际直飞航班头等舱",从美股一下来直接就上了 A 股。

下面分别从 A 股上市公司首旅酒店和美股上市公司如家的角度,看如家的"跨境转板"交易是如何实现的。

从首旅酒店的角度来说,是在前期,首旅酒店首先做境外直接投资,设立首旅酒店在开曼群岛和香港的特殊目的公司,以此实现对如家的私有化并购,收回如家散户股东手中的如家股权。下一步,也是最关键的步骤,把如家的剩余股份从首旅集团和如家其他主要股东的手中收购回来,对价是 A 股股份。这便要求国内上市公司能够非公开发行 A 股股份,以此作为境外收购的支付方式。

从美国上市公司如家的角度来说,它的回归是先以现金方式实现私有化和退市的。如此一来,如家的股份就集中在首旅酒店、首旅集团(通过 Poly Victory)以及如家其他主要股东手中。在那之后,A 股上市公司首旅酒店以非公开发行股份的方式,向首旅集团以及如家其他主要股东发行首旅酒店上市公司股份,以此收购对方手中如家的股份,这便是换股了。最终如家成为首旅酒店的子公司,从而实现回归。

能不能实现跨境换股收购,能不能以 A 股股份作为支付对价,最核心的问题是,必须取得我国商务部门和证券监管部门的同意。在如家酒店该方案实施之前,业界普遍认为,商务部和证监会都不倾向于通过对跨境换股的审批。在实务操作中,市场上有过境外投资者以境内公司股权跟 A 股上市公司换股的案例,例如,分众传媒借壳七喜控股。但是,几乎没有看到境外投资者以境外公司股权跟 A 股上市公司换股的实例,或者说证监会和商务部基本没有批准过此类跨境换股的案例。

但就在 2016 年 9 月 28 日,收购如家的首旅酒店发出公告,收到商务部出具的《商务部关于原则同意 Smart Master International Limited 等战略投资北京首旅酒店(集团)股份有限公司的批复》(商资批〔2016〕894 号)。据此,商务部原则批复同意首旅酒店向 Smart Master International Limited 等境外机构非公开发行股份收购境外资产事项,在首旅酒店上市公司的层面再增加一些外方股东。

而在此前的 2016 年 7 月 28 日,首旅酒店发行股份购买资产并募集配套资金暨关联交易事项获得了中国证监会核准批文。

该方案能取得证监会和商务部审批通过,让业界既惊异又振奋。首旅和如家开了一个先河,允许跨境换股,也即以 A 股上市公司股权作为收购境外公司股权的支付手段。

2.一气呵成！先散户后大户

如家酒店作为酒店品牌,拥有一定的知名度,经营也不错,属于优质资产。首旅酒店想要收购如家酒店,而如家酒店是在美国上市的公司。那么,作为 A 股上市公司的首旅酒店,是如何一步步实施对如家酒店的收购的呢? 下文将细表。

首旅集团早在 2002 年就是如家的股东,在此后的 10 年间,逐步减持股份至 15.27%。据说,首旅集团内部在比较长的一段时间里,对如家都不太看重,那时首旅就安心当一个小股东,不参与如家的运营。不曾想，越是放养，越是长势喜人，如家酒店逐渐成长为国内酒店尤其是经济型酒店的佼佼者。可以说，如家酒店后来的蓬勃发展，于首旅来说是"无心栽柳柳成荫"。

在私有化启动之前，首旅集团通过 Poly Victory 只持有如家15.27％的股权。虽然首旅集团这一股权比例不算高，但是没关系，首旅集团还有首旅酒店这个 A 股上市公司的资源。当首旅集团发出对如家的私有化要约，立即得到一呼百应，其他所有主要的投资者都选择了追随首旅这一强有力的核心，这让如家的私有化进展非常顺利。

首旅酒店为了把如家酒店纳入麾下，一手操盘了如家酒店的私有化项目以及后续的回归 A 股项目。在首旅操盘的过程中，凸显了其自身的核心地位。

首旅的策略可以概括为对如家其他股东的清退，清退的顺序是先散户、后大户，一气呵成。待到把其他股东都清退完成后，如家酒店也就顺理成章地被收归到自己囊中。

2015 年 6 月，首旅酒店对如家酒店集团发起了私有化，2016 年 4 月私有化完成。如家酒店集团私有化及回归 A 股，是通过如下步骤完成的。从这一过程中，能感受到该收购项目一气呵成的顺畅。

第一步，如家酒店集团私有化，首旅酒店收购如家 65.13％的股份，清退如家的散户。

私有化的过程是针对美股如家 65.13％的股权，这些股权基本都由散户持有。

如家酒店的私有化，采用了常见的一步式合并的方式。首旅酒店通过设立两层境外子公司，分别是首旅酒店（香港）和首旅酒店（开曼），分别为并购母公司和并购子公司。

私有化合并是由首旅酒店(开曼)与如家酒店上市公司合并,向如家酒店集团的非主要股东支付现金对价,从而获得如家酒店集团65.13％股权。现金对价由工商银行纽约分行提供过桥资金。合并完成后首旅酒店(开曼)注销,首旅酒店(香港)持有如家65.13％股权。

在私有化完成后,首旅集团通过 Poly Victory 持有如家15.27％的股权,首旅酒店则通过首旅酒店(香港)持有如家65.13％的股权,至于其余如家19.60％的股权,便分布在如家其他主要股东的手中。①

第二步,首旅酒店以非公开发行股票的方式,收购如家剩余34.87％的股份。

在该步骤中,首旅酒店向首旅集团和如家其他主要股东非公开发行股份,购买除了其自身所控制的65.13％股权之外的如家剩余34.87％的股权。如家这剩余34.87％的股权,包括首旅集团通过 Poly Victory 持有的15.27％如家酒店集团股权以及其他如家主要股东合计持有的19.60％如家酒店集团股权。

说的直白点,就是让这些如家酒店集团曾经的主要股东们换个位置。从股权结构上,给他们"翻上来"的机会,"翻"到首旅酒店上来,不要再做如家酒店集团的股东了,而是转为首旅酒店上市公司的股东。对此的实现方式,就是通过首旅酒店非公开发行股份给这些大户。

大户转身一变,就成了首旅酒店发行股份购买资产的交易对象。而大户乐意接受 A 股股份作为换股收购的支付手段,将手中原来持有

---

① 如家其他主要股东,包括携程上海、Wise Kingdom、沈南鹏、Smart Master、孙坚、Peace Unity 和宗翔新。

的流动性差、价格低的如家酒店的美股股票，换成流动性高、走势也积极的首旅酒店 A 股股票。

大户中的沈南鹏是香港居民，Peace Unity、Wise Kingdom、Smart Master 3 家是英属维尔京群岛的公司，他们都属于境外投资者，必须按照外国投资者对上市公司战略投资取得商务部审批后，方能取得首旅酒店的上市公司股票。

于是，又产生了一个难题。严格来说，根据《外国投资者对上市公司战略投资管理办法》，对于外国战略投资者，3 年之内不得转让其上市公司 A 股股份。[①] 虽然这几位境外投资者乐意接受 A 股股票作为对价，但却不一定乐意接受长达 3 年的 A 股股票锁定期。

对此，首旅酒店专门向商务部申请，要求豁免适用《外国投资者对上市公司战略投资管理办法》规定的 3 年锁定期。理由是，沈南鹏等是以如家酒店股份换股了首旅酒店股份，而并非直接战略投资成为首旅酒店上市公司股东，且他们通过换股方式持有的股票比例均低于10%、合计持股比例亦低于 10%。[②] 最终，商务部同意沈南鹏等的股份承诺锁定期确定为 12 个月。

该次发行股份购买资产交易完成后，首旅酒店直接持有如家19.60%股权，通过 Poly Victory 持有如家 15.27%股权，通过首旅（香

---

① 根据《外国投资者对上市公司战略投资管理办法》第 5 条的规定，投资完成后取得的股份比例不低于该公司已发行股份的 10%，但特殊行业有特别规定或经相关主管部门批准的除外，取得的上市公司 A 股股份 3 年内不得转让。

② 非公开发行股份的 8 名交易对象中有 4 名属境外投资者，沈南鹏为中国香港居民，Peace Unity、Wise Kingdom、Smart Master 均为注册于英属维尔京群岛的公司。该次交易完成后，Peace Unity、Wise Kingdom、沈南鹏、Smart Master 分别持有上市公司 0.35%、0.48%、0.57%和 5.27%的股份（不考虑配套融资）。

港)持有如家65.13％。

第三步,募集配套资金,用于支付交易对价和偿还借款。

在收购如家的过程中,首旅酒店没少背债。私有化收购如家65.13％的股份,对应的现金总对价为11.57亿美元。2015年12月6日,首旅酒店(香港)取得了工商银行纽约分行出具的《贷款承诺函》,工商银行纽约分行承诺,将于如家酒店集团私有化交割时向首旅酒店(香港)提供最高不超过12亿美元的贷款。这些美元贷款用于第一步的私有化现金收购,基本是刚刚够用。

这近12亿美元的贷款,导致公司财务费用高企不下。于是,筹钱还债也是必须,而且要尽快还掉。筹集资金最首要的办法,是首旅酒店通过非公开发行来募集资金,以筹得的资金去置换银行借款。

根据首旅酒店的公告,首旅酒店以不低于15.69元/股的价格非公开发行2.47亿股,募集不超过38.74亿元配套资金,用于收购如家酒店集团股权或置换该次交易中预先投入的部分银行贷款。

除了增发募集配套资金之外,首旅酒店还向控股股东首旅集团申请财务资助额度,该提案于2015年首旅酒店的股东大会批准通过,资助金额为14亿元。

另外,首旅酒店决定变卖房产以换取现金。2015年年底,首旅酒店将海南苑温泉山庄在北京产权交易所挂牌公开出售,出售价格为1.03亿元。

可见,为了还贷和改进公司现金流,首旅酒店多管齐下,除了发行股份募集资金外,还向大股东举债,出售资产,改善负债率,降低财务成本。

总之,从资金流的角度,首旅酒店收购如家这整个交易,汇总起来就是先找美元贷款,以美元现金搞定如家在美国上市的散户股东,然后在 A 股股市进行增发，以 A 股股票搞定如家在美国上市时的大户，最后再增发募集配套资金，用于置换该次交易中举借的贷款。

散户拿现金，大户拿 A 股上市公司股票，各取所需。美股的散户拿现金走人这一步不必多说，既然能接受私有化，也就愿意接受这样的结果。对于如家其他主要股东这样的"大户"而言，只要锁定期别太长，也乐意接受 A 股股份作为换股收购的支付手段。

3. 难复制！关卡和关键

如家没有按照传统模式走境外私有化的老路，而是走了条直接被首旅酒店这个 A 股上市公司并购的道路。

如家的 CEO 孙坚说过，"私有化，拆协议控制结构，再买壳，这需要花费三四年的时间，而且有很多不确定性。而如家现有股东首旅有平台，又有未来业务整合的机会，直接私有化回 A 股，是最大效率地节省时间及成本"。

听了这样晒幸福的话语，要有很多中概股公司羡慕了，这就是"国际直飞航班头等舱"的优越性了。这比按部就班来得直接，而且躲开了现金溢价清退大户的环节，避开了大额外汇资金出境等难题。

首旅酒店收购如家进展得较顺利。当然，所有的成功都来之不易，该项目也一样。首旅酒店为操盘该项目，背负了巨额债务，穿越层层关卡，落实各项关键，最终成功完成了对如家的收购。

此外，首旅酒店能够通过跨境换股的方式成功收购如家酒店集团，还有几个关键的方面也值得观察和思考。

首先，该次交易构成重大资产重组，但不构成借壳。该次重大现金购买交易完成后，首旅集团仍为首旅酒店的控股股东，北京市国资委仍为首旅酒店的实际控制人。因此,该次重大现金购买不会导致首旅酒店公司控制权发生变化,不构成借壳上市。

其次,该项并购重组适用了并联式审批,为首旅酒店进行跨境换股并购缩短了审批时间,提高了效率。此前,证监会会同工信部、发改委、商务部等部门,联合制定了《上市公司并购重组行政许可并联审批工作方案》,其中明确规定,不再将发改委实施的境外投资项目核准和备案、商务部实施的外国投资者战略投资上市公司核准、经营者集中审查等三项审批事项,作为证监会上市公司并购重组行政许可审批的前置条件,改为并联式审批。该项目先是取得了证监会的核准,然后得到了商务部的审批,这就加快了整体的进度。

最后,关于商务部门之所以能通过该方案,也有多种解读。在首旅酒店收购如家项目中,没有适用 2006 年通过的《关于外国投资者并购境内企业的规定》("并购规定"或"10 号令"),理由是首旅酒店是将已经在境外的权益投入到境内上市公司,与并购规定立法原意下的跨境换股存在一定差异。[①] 10 号令的立法原意是为了限制境内居民通过搭建红筹架构将境内权益转移到境外,逃避境内监管。而首旅酒店收购如家项目是将已经在境外的权益投入境内上市公司。

---

① 商务部等六部委于 2006 年通过的《关于外国投资者并购境内企业的规定》("10 号令"或"并购规定"))中专门给跨境换股做了规定。外国投资者以股权作为支付手段并购境内公司,是指境外公司的股东以其持有的境外公司股权或者境外公司以其增发的股份作为支付手段,购买境内公司股东的股权或者境内公司增发股份的行为。外国投资者以股权并购境内公司应报送商务部审批,但截至当时,规定项下的跨境换股并没有成功获得商务部审批通过的案例。

此外，也有一种说法，称该方案之所以能获批，主要是基于首旅的国资背景，且境外投资者换股比例不高，这在一定程度上弱化了商务部对项目整体涉及外资的审批要求。① 而民资背景的跨境换股尚未出现获批案例，跨境换股的可行性还有待验证。

如上所述，如家的回归开了一个先河，允许跨境换股，即以 A 股上市公司股权作为收购境外公司股权的支付手段。在当时人民币汇率下跌周期和严格限制外汇换汇出境的环境下，此方案能够被证监会和商务部等各个主管部门放行，令业界比较兴奋，希望能在今后其他项目里也借此方式实现境外并购支付手段的多元化。

三、完美世界的私有化回归案例

完美世界（PWRD）的私有化和回归，总共耗时 15 个月，堪称神速。该项目的创新之处，更多依赖于实际控制人早几年布下的大局。实际控制人早就从美股上市公司剥离完美影视，再以完美影视在 A 股早早占下了上市公司的壳，等完美世界从美国退市后，再让已有上市公司对完美世界进行重大资产重组。

1. 世界完美！轻巧回归

做游戏是个非常来钱的生意，总有人乐意埋头于游戏的虚幻中间，在打怪升级中放松身心，并愿意为此买单。

完美世界于 2004 年成立，是一家网络游戏研发、运营、销售和服务

---

① 航天科技的收购案也涉及类似的跨境换股情形，也获得了批准。

公司。该公司有自主研发能力,海外拓展业务能力也较为突出。该公司的经典游戏包括《诛仙》《完美世界国际版》《创世战车》《幻影突击》《蜀山缥缈录》等。

完美世界的资本市场之路比较顺利,2007 年成功登陆美国纳斯达克,发行价为 16 美元/ADS。2009 年 1 月 2 日,登陆纳斯达克全球精选市场。但可惜的是,华尔街不懂中国游戏,中国的游戏企业长期得不到华尔街所代表的海外投资者的认可。此前,巨人网络(GA)、盛大游戏(GAME)等公司,均因在美国上市的股价低迷而提出私有化和退市。

完美世界最终也走上了私有化和退市之路。在美国上市 8 年之后,2015 年 1 月完美世界董事长池宇峰宣布了私有化提议,当时完美世界的股票价格在 15.76 美元上下。这一股价表现,比 8 年前的上市发行价还低。这样算下来,退市前完美世界的市值大约在 9 亿美元上下,也就是不到 60 亿元人民币,市盈率才 9 倍多。

而看完美世界在国内的对标企业——2012 年成功登陆 A 股创业板的掌趣科技(300315),在 2015 年高峰时期的市值为 488 亿元,市盈率 139 倍。

"8 年纳斯达克,市值仅为掌趣科技 1/8,不如做私有化和退市吧",完美世界的老板就这样决定了。于是,又多了一家中概股公司因为股价被长期低估而决定放弃美国资本市场和退市回归的案例。

回归的过程如何呢?非常顺利。值得一提的是,完美世界从私有化到回归 A 股,全部加起来只用了 15 个月的时间。其中私有化用了 7 个月,回归 A 股用了 8 个月。先来看下完美世界私有化退市的节奏,各个时间节点大致如下:

(1)2015年1月3日,完美世界宣布收到公司创始人兼董事长池宇峰发出的初步非约束性私有化要约,私有化要约价格为20.2美元/ADS;

(2)2015年4月26日,完美世界池宇峰的关联公司Perfect Peony Holding Company Limited(并购母公司)及Perfect World Merger Company Limited(并购子公司)签署合并协议;

(3)2015年7月29日,完美世界宣布为私有化而进行的合并已完成,其股票即日起暂停在美国纳斯达克挂牌交易;

(4)2015年8月7日,完美世界正式从美国纳斯达克全球精选市场退市。

而在国内,由池宇峰控制的深圳证券交易所中小板上市公司完美环球(后更名为完美世界,002624),自2015年7月开始停牌。由于当时正是完美世界完成境外退市的前夕,于是不少敏锐的股民猜到,池宇峰这是打算把完美世界的资产和业务注入自己控制的完美环球A股上市公司,那样就很完美。

停牌半年后,2016年1月7日,上市公司完美环球发布了《发行股份购买资产并募集配套资金暨关联交易》的重组预案,拟向完美世界(北京)数字科技有限公司(下称"完美数字科技")和石河子骏扬股权投资合伙企业(有限合伙)发行股份,购买其持有的完美世界100%股权,交易对价120亿元。其中,完美数字科技为完美环球实际控制人池宇峰控制的企业,完美数字科技持有完美世界75.02%的股权。

这一预案在何时得到证监会通过的呢?2个多月后的2016年3月30日。3月30日当日晚间,A股上市公司完美环球发布公告宣布,完美环球发行股份购买资产并募集配套资金暨关联交易的预案获得证监会审核通过,完美环球股票将于次日起复牌。这意味着完美世界可以就此回归境内 A 股了。

完美世界的回归,是快进版的回归。先从美国资本市场私有化和退市,再拆除协议控制结构并进行重组,最后回归国内 A 股市场所耗时间总共才 15 个月。① 对比之下,同样是这几大阶段,其他中概股公司的用时就长多了,比如分众传媒耗时 3 年 2 个月,巨人网络耗时 2 年 6 个月。

2.窝里壕!资本请靠边

众所周知,许多中概股公司的私有化,发起者往往是创始人兼 CEO,但他一般在上市公司持股有限,所以得求助于资金方(包括机构投资者、外部的 PE 基金和银行等),通过债权融资或股权融资集结到足够的资金,才能把上市公司所有在外流通股收购回来,从而实现私有化。因此,很多时候,中概股公司的私有化项目,其实是在财团支持下进行的管理层收购。

但是,完美世界的私有化却不是这样。在公开的信息里,没提到哪家基金或投资机构深入参与到池宇峰组织的买方财团当中。事实上,似乎就没组成什么买方财团。

---

① 完美世界采取的回归路径还是传统的分步式路径,由私有化退市、重组和境内上市多个步骤组成。这种传统路径通常分如下步骤:第一步,大股东或管理层首先集结资金对中概股公司进行私有化;第二步,拆除中概股公司的协议控制结构(如有),并对拟上市主体进行必要的重组;第三步,通过重大资产重组或者直接 IPO 等形式,完成将中概股原有资产和业务在 A 股再上市的目标。

　　按照公告的信息,完美世界私有化的合并主体是池宇峰的关联公司。也就是说,完美世界的私有化,几乎是公司创始人兼董事长池宇峰自己做完的。这样的私有化很罕见,老板自己打包全收,让各路机构资本都靠边站。

　　老板自己壕,公司也壕,完美世界的网游业务的现金流十分稳定。据说在提出私有化之前,公司账上留存的现金加上办公楼,价值就超过40亿元。相比之下,完美世界退市前的市值仅为不到60亿元。

　　公司有银子,老板有股份,老板在境内还有个现成的A股上市公司壳(完美环球)可以用。也难怪老板池宇峰不去找投资机构,他对项目的基本面控盘太扎实了。私有化和回归项目当中有几大关键基础,包括股权、控制权和境内A股的壳。对于这几样,池老板全占。

　　在这么强大的实力下,池宇峰自然不愿意接受机构的股权投资,没有必要让投资机构来分一杯羹。如果实在需要资金周转,宁可去借贷,利息毕竟没有多少。现实中,池宇峰还是找了债权融资,取得了招商银行纽约分行等合计9亿美元的贷款融资额度,为其提供私有化合并所需款项。

　　可见,在非常强势的公司和公司创始人面前,资本还是很弱势的。在当时的市场环境下,如果资本能参与到完美世界的私有化项目中来,就是一笔稳赚不赔的好买卖。但是因为创始人控盘太牢,资本没有机会投进去,也没有进场吃肉喝汤的机会。

　　完美世界作为美股上市公司时,原本有两家机构,后来又怎么样了呢?

　　一是景林资产。景林资产在2015年1月完美世界私有化启动时,还持有完美世界大约500万股ADS。但截至2015年4月17日,完美世界私有化合并协议签署前,景林资产持有完美世界就不到 360 万股了。

这意味着,在完美世界私有化要约公告后的 2015 年 1 月至 4 月间,景林资产减持了大约 140 万股 ADS,套现了大约 2600 万美元。景林资产没有吃到后面的回归境内 A 股的大餐。

二是复星国际。复星国际认为完美世界股票值得投资,在完美世界美国上市期间,复星国际多次在二级市场上吸筹,买入完美世界股票。至私有化前,复星国际所持完美世界的股票增持至 16.5%,仅次于第一大股东池宇峰的 16.8%。

这么看来,完美世界是复星的菜,复星应该有兴趣陪着完美世界从私有化走到境内 A 股上市。复星国际活跃于很多中概股公司的私有化项目当中,包括分众传媒、博纳影业等私有化项目,复星国际喜欢做这类项目的幕后推手。按照复星国际的风格,应该是希望能深度参与到完美世界的私有化回归项目,给项目最长情的陪伴,同时也赚得长情陪伴的大钱。

但是,在完美世界的资产注入境内 A 股完美环球时,复星国际并没有出现在投资者名单里。这意味着,复星国际在完美世界私有化之后,已经全身而退。与景林资产一样,复星国际也没能分到完美世界回归 A 股的资本溢价收益。

如此看来,完美世界这家公司的私有化和回归当中,难觅一般的财务投资者身影,资本在这里似乎找不到存在感,都被提前清退了。资本都被要求靠边站,公司的股权就非常充裕了,除了大股东持有的股权之外,其余部分可以分给公司的员工。

事实也正是如此。根据公告显示,完美世界在拆除协议控制结构之后,股权结构变为由完美数字科技和石河子骏扬共同持股,其中完美数字科技持股占比 75.02%,石河子骏扬持股占比 24.98%。完美数字科技公司是由池宇峰、上海完美副总经理杨晓曦共同出资组成,前者持股 90%,后者持股 10%。而石河子骏扬则是完美世界的管理层持股平台,其最终自然人合伙人均是完美世界以及其子公司的核心管理层与核心技术人员。此外,在回归之时,上市公告公布的《发行股份购买资产并募集配套资金暨关联交易》方案中,确定的配套资金的募集对象也以公司的员工持股计划为主,完美世界决定要以股权的方式留住精英人才。①

3.不构成借壳! 先机独占

完美世界这一美国退市回来的公司,通过 A 股上市公司完美环球,得以实现回归 A 股。这次重组只是"发行股份购买资产并募集配套资金暨关联交易",不构成借壳。不构成借壳这一点,大大降低了完美世界回归取得我国证券监管部门审批的难度。②

根据我国相关规定,借壳是上市公司重大资产重组中一种特别重大的情形,按照近年来的规定,借壳标准已与首次 IPO 上市的标准趋

---

① 文化娱乐行业特别强调人才,需要有足够的机制能够留住核心创作人才。完美游戏需要留住游戏开发人才,完美影视需要留住核心创作人员。一些签约导演及制片人对完美影视业绩的贡献很大,为了汇聚业内资源,完美影视通过排他协议、共同设立公司等模式,与业内顶尖的影视创作人才建立了紧密的合作关系。例如,赵宝刚、腾华弢等都间接持有完美影视的股权。

② 在当时,监管层对上市公司影视、游戏类项目进行收购和再融资并不施加过多限制。但时隔 1 年之后,监管层的窗口指导就并非如此了,完美世界的回归是赶上了好时候。

同,包括净利润在内等各项硬性指标,都要参照企业首次 IPO 上市的标准。①

换句话说,如果构成借壳,那完美世界要想回归 A 股,审批方面的压力就大了。一旦构成借壳上市,则重组方案需要根据中国证监会《关于提高借壳上市审核标准的通知》《首次公开发行股票并上市管理办法》及相关适用意见等,进行严格审核。

那么如何确定是否构成借壳呢? 根据完美世界资产重组届时适用的《上市公司重大资产重组管理办法》(2014)的规定,借壳上市是指自控制权发生变更之日起,上市公司向收购人及其关联人购买的资产总额,占上市公司控制权发生变更的前一个会计年度经审计的合并财务会计报告期末资产总额的比例达到 100% 或以上的重大资产重组行为。②

可见,在完美世界重组的当时,对是否构成借壳上市的认定,有两个主要指标,一个是实际控制权的变更,一个是资产变更的比例。

需要注意的是,在完美世界通过完美环球回归的这次重组前后,池宇峰的实际控制人地位并没有改变,这一点对不构成借壳来说至为关键。重组方案是由完美环球拟以 19.53 元/股的价格发行 6.14 亿股的方式,购买完美数字科技和石河子骏扬合计持有的完美世界 100% 股

①　在审核借壳上市方案中,证监会将参照首发办法,重点关注重组完成后公司是否具有持续经营能力,是否符合有关治理与规范运作的相关规定,在业务、资产等方面是否独立于控股股东、实际控制人及其控制的其他企业,与控股股东、实际控制人及其控制的其他企业间是否存在同业竞争或者显失公平的关联交易。

②　这一标准在《上市公司重大资产重组管理办法》(2016)规定中被修订。如果这一重大资产重组发生在 2016 年新规修订后,在多个指标都超过并且上市公司主营业务发生变化的前提下,需要参照 IPO 标准方能得到审批。

权,交易对价为 120 亿元。交易完成后,完美数字科技将成为上市公司的控股股东,完美环球实际控制人池宇峰对上市公司的持股比例增至 57.77%。①

该次重组完成后,池宇峰仍是完美环球的实际控制人,甚至控股地位还得到了加强。因此,该次重组不会导致完美环球控制权发生变更,也就不构成借壳上市的情形。

其实池宇峰不是没有借过壳,完美环球就是池宇峰在 2014 年 9 月以完美影视借壳金磊股份拿下的上市公司。

不得不慨叹,池宇峰下手很早,早在 2014 年就用完美影视在 A 股借壳上市,而这个完美影视还恰恰是从美股上市公司完美世界中剥离出来的! 如果,当年做完美影视的借壳上市,其实是池宇峰为接下来完美世界回归境内做的准备和铺垫,那池老板可真下了一盘大棋。

4.占壳为王! 一盘大棋

完美世界回归 A 股,从 2015 年 7 月停牌算起,到 2016 年 3 月底方案最终得到证监会通过,只用了 8 个月。这 8 个月,还完成了所有需要的重组和拆除协议控制结构。

之所以能在这么短的时间内干完这么多活儿,一方面是因为完美

---

① 交易前,石河子快乐永久股权投资有限公司(下称"快乐永久")直接持有完美环球 25.06% 的股份,为其第一大股东。完美世界董事长池宇峰持有快乐永久 90% 的股权,为其实际控制人。交易后,在不考虑配套募资发行股份的情况下,池宇峰持有完美环球 52.91% 的股份。在考虑配套募集资金发行股份且配套融资全额募集的情况下,池宇峰控制公司 57.77% 的股份,仍然是完美环球的实际控制人。

世界的股权结构相对集中,基本不涉及清退旧股东、寻找新投资者接盘等头疼又难以绕开的复杂情况;另一个更重要的方面是,池宇峰早在2014年就在境内用完美影视占了一个A股上市公司的壳,这就使得完美世界避免了像别家中概股公司那样,从美国退市后,还要为了寻觅那个适宜借的上市公司的壳而苦苦发愁。池宇峰在境内有自己的A股上市公司,再要去收自己从美国退市回来的业务,这在各方面都非常有保障了。

这个境内的壳是完美环球,其中核心的资产和业务是完美影视。完美影视与完美世界同属于池宇峰,完美影视投资拍摄了《钢的琴》《失恋33天》《等风来》等影片和多部电视剧,业内口碑不错。

要说起这个完美影视,倒还是有些故事。回望2011年,完美影视先是被注入到美国上市公司完美世界,当年又以闪电速度从完美世界中被剥离,然后又在2014年通过借壳金磊股份登陆A股。

完美影视的业务底子不错,这是2010年7月收购北京鑫宝源影视投资有限公司(又称"北京鑫宝源")和上海宝宏影视文化传媒有限公司(又称"上海宝宏")打下的基础,这两只团队主要经营影视拍摄、制作和发行,大家耳熟能详的作品有《奋斗》《我的青春谁做主》《像雾像雨又像风》等。

在收购完上述影视公司后,2011年2月,完美影视与完美软件签署控制性协议,实现被美国上市公司完美世界收购并且并表的目的。然而,仅仅半年后的2011年8月,完美影视有关的协议控制结构就被拆除,各个协议都被终止,完美影视又从上市公司完美世界中被剥离,不再属于完美世界的合并报表范围。就这样在半年之内,完美影视就此结束了美国上市公司的"半年游"。

完美影视从美国上市公司剥离的对价很低,相当于成本价,只有1.65亿元人民币的股权转让款和5年期1.95亿元人民币的无息股东贷款。① 习惯于质疑和起诉的海外投资者,居然当时没有质疑这个转让价格。这也侧面说明了在美国资本市场,影视业务板块并不被看重,剥离就剥离了。

不得不说,幸好池宇峰当年决定把完美影视从美国上市公司中剥离出来。如果不剥离,继续留在美国资本市场,影视业务无论有多好,估计也不会对完美世界的股价有多大的助推作用。但剥离回来后,再把影视业务拿到A股上市,那就不一样了。刚好,2013—2014年,国内A股市场格外认可影视板块的资产业务,只要装进上市公司,就能卖个好价钱。

这样串起来一看,池老板下的大棋就很清晰了。2014年9月,完美影视作价27亿元借壳金磊股份完成国内上市。② 2015年1月,完美世界开始启动美国私有化退市。2016年3月,完美世界通过完美环球实现A股上市。自此,完美世界集游戏、影视等业务于一身,宣称要做

---

① 为了分拆完美影视的资产和业务,快乐瞬间、快乐永久和完美影视签署了《股权转让协议》,约定快乐瞬间同意将其所持有的完美影视100％的股权转让给快乐永久,对价共计人民币1.65亿元。截至2011年8月1日,完美软件和完美网络分别向完美影视提供人民币1.3亿元和人民币0.65亿元的贷款,快乐永久同意在受让取得完美影视的同时,向完美影视提供共计人民币1.95亿元的无息股东贷款,用于完美影视分别向完美网络和完美软件偿还贷款。

② 据披露的信息显示,2013年和2014年完美影视的营业收入分别为99,008.62万元和92,578.43万元,归属于母公司的净利润分别为13,000.74万元和19,019.08万元。从这一点看,完美影视当时的经营状况不错。

"影游双擎"①的泛娱乐集团。

　　可见,池宇峰先有完美世界这一美国上市公司,再把完美影视一手装入美国上市公司,看情况不妙,赶紧又以成本价将其从美国上市公司卸下,再在2014年年底把完美影视通过借壳登陆A股市场。然后,启动完美世界从美国资本市场的退市,接下来正好可以用完美影视占下的A股上市公司的壳去收购完美世界。如上操作衔接流畅,犹如神助,堪称完美!

----

　　① "影游双擎"或者"影游一体",简单地说是指发挥影视和游戏的协同效应,影视作品可以改编为网络游戏产品,网络游戏产品也可以拍摄成影视作品,一个作品的IP可以来回在受众的大脑回沟做强化,从而以不同作品形式相互促进,扩大影响。

第十章

私有化回归创新案例深入解读（二）

● 中概股公司如果以借壳方式在 A 股上市,需要满足什么条件? 什么情况下将不构成借壳?

● 如果中概股公司想仅分拆部分资产,以该资产在 A 股借壳上市,我国证券监管机构有哪些关注点?

● 对于从事互联网业务的企业,哪些资质、牌照或知识产权,对于业务经营来说是必备的?

● 美国资本市场的中概股公司在私有化完成前,如果将中概股公司的部分业务分拆并出售给境内公司,这一行为对私有化可能会有什么不利影响?

在读完本章后,对于以上问题,应该可以得到答案。

一、学大教育的私有化回归案例

上章的创新案例,都成功得以实施和完成。本章的案例各不相同,虽然也都有各自的创新之处,但却没有上章案例那么幸运了。

学大教育(XUE)的私有化回归案例,与上章如家酒店的案例有点类似,也属于跨境转板,被 A 股上市公司收购,成为 A 股上市公司的子公司。学大教育完成了从美股的私有化和退市,还巧妙地规避了借壳上市,迅速回归 A 股。只可惜,学大教育的私有化收购是以纯现金收购的方式完成,这笔现金收购款后来成了上市公司沉重的负债。

1. 跨境转板！白马来了

2015 年前后，在线教育行业是国内资本市场的热点，在线教育上市公司的市值和市盈率一路飙涨，全通教育（300359）、立思辰（300010）、恒力实业（000622）等一大批上市公司纷纷启动对在线教育资产的抢购潮。在此背景下，纽约交易所上市的学大教育启动了私有化和回归 A 股的路程。

学大教育创建于 2001 年 9 月，初期业务为网上家教平台，慢慢转型做线下教辅中心，通过互联网教学平台整合教育资源。2010 年 11 月 2 日，学大教育登陆纽约交易所，成为中国继新东方、环球雅思之后又一家在美国上市的教育培训公司。

一般来说，中概股公司要进行私有化，创始人、大股东需要去找钱、去融资，组成买方财团，从散户的手中把中概股公司的股票买回来，实现私有化。不过，学大教育的情况与此不同，学大教育的私有化是与被 A 股上市公司收购同时实现的。

在学大教育的私有化中，不需要学大教育的创始人自己费力气组财团，而是有收购方表示愿意收购学大教育，出钱让学大教育完成私有化。这个收购方便是国内 A 股上市公司银润投资（000526，后更名为"紫光学大"）。

所以，学大教育一步到位，被 A 股上市公司银润投资收购，同时完成了私有化。根据银润投资与学大教育签订的合并协议，收购价格为 2.75 美元/股（合 5.5 美元/ADS），收购总价款约为 3.7 亿美元，约 23 亿元人民币。私有化的过程很顺利，具体见下表。

学大教育私有化进程

时间	事件
2015 年 4 月 19 日	学大教育公告收到 A 股上市公司银润投资的初步私有化收购要约
2015 年 7 月 26 日	学大教育宣布私有化方案,与银润投资达成合并协议,学大教育董事会审议通过了《合并协议》《协议控制结构终止协议》等议案
2015 年 10 月 23 日	学大教育收到美国证券交易委员会通知,确认 13E-3 经过审核
2015 年 12 月 16 日	学大教育特别股东大会召开,对私有化进行投票,出席会议的股东以 99.9% 的表决同意结果通过
2016 年 6 月 4 日	学大教育宣布完成私有化,从纽约交易所退市

如此可见,采取被收购的同时做私有化这一路径,学大教育总共花费了 14 个月的时间。而这 14 个月还涵盖了部分重组和拆除协议控制结构的时间,整体来看进度很快。

学大教育私有化的对价是 23 亿元人民币。2016 年 5 月,银润投资就交割支付了,向学大教育原股东支付了股权转让价款 23 亿元人民币。

而按照协议约定,银润投资全额支付这 23 亿元是有前提的,那就是银润投资要完成对学大教育的股权收购。而众所周知,学大教育采用了协议控制结构,那原有的协议控制结构该如何处理呢?①

---

① 学大教育采用了常见的协议控制结构。学大教育通过开曼公司投资香港公司,香港公司再设立学成世纪(北京)信息技术有限公司这一外商独资企业(学成世纪),学成世纪作为境外融资资金进入境内的通道。在境内,学大教育的境内运营实体是北京学大信息技术有限公司(学大信息)。按照协议控制结构的惯例,由学成世纪(外商独资企业)与学大信息(境内运营实体)签署了一系列控制和服务协议。

答案是,银润投资同时收购了学大教育境内和境外的实体。学大教育采用了协议控制结构,在其协议控制结构内,最主要的实体包括设立于开曼的学大教育上市公司,以及设立于境内的学成世纪(境内外资企业)和学大信息(境内运营实体)两家公司。

银润投资的收购在境内外并进,以总共23亿元的对价,将上述实体全部纳入囊中。一方面银润投资在开曼设立了特殊目的公司,对学大教育上市公司进行吸收合并,从而取得了学成世纪的股权;另一方面,银润投资在境内收购了学大信息的股权。在收购交割前,学大教育的所有控制性协议都自动解除。

交易成功了,收购方银润投资是A股上市公司,学大教育就这样成了A股上市公司的子公司。乘着银润投资这匹"白马",学大教育从美股直接转板到A股,成功实现了"跨境转板"。

2. 不触发借壳! 王子的甘愿

上文讲到,银润投资是学大教育的"白马"。但看银润投资的背景,前身是厦门市的一家渔业国企,1993年在深交所上市。此后公司控股权数度易手,自身的主营业务可以忽略,是典型的A股壳公司。

有人也许要质疑了,要知道,学大教育被银润投资收购是没有构成借壳的,但如果银润投资只是一家壳公司,市值很小,而学大教育的体量却大得多,那这种"以小吃大",是如何不触发借壳的规则限制的呢? 收购学大教育的23亿元,是从哪里来的呢?

是的,这匹"白马"是匹瘦马,本身没有多少资金和能量去收购学大。但是,"白马"后面,还有"白马王子",那就是清华大学的紫光系公司了。紫光系资本,先介入了银润投资,成为银润投资的大股东,此后还为收购学大教育提供了23亿元资金,让学大教育迅速回归A股的梦想成真。

在常规路径下,为了能完成私有化,中概股公司的大股东需要去融资,所能融得的资金多数来自财务投资者,而财务投资者谋求的无外乎是跨境资本套利和尽快退出变现。

在传统方式下,中概股公司的回归需要完成私有化、重组和拆除协议控制结构,然后再进行境内上市,这是最常见的方式。而看学大教育的回归路径,是采取被A股上市公司直接收购暨完成私有化和退市的方式。在这当中,起到决定性作用的,是紫光系这一产业资本。

在学大教育的私有化和回归中,紫光系资本作为产业资本,其所看重的并非跨境资本套利这么简单,而且也不像财务投资者那样急于退出,作为战略投资,长期持有学大教育也能接受。紫光系提供了私有化的全部资金,为学大教育的回归付出很多。紫光系对学大教育进行收购,究其本质是产业并购。将学大教育纳入麾下,寄希望于能借此对在线教育行业格局产生影响。

紫光系是学大教育的"白马王子",学大教育就像个幸运的"灰姑娘",直接被收购,成为A股上市公司的子公司,同时完成私有化。

紫光系在学大教育的私有化和回归过程中的重要性体现在如下方面:

(1)紫光系成为银润投资的大股东,甘愿花了6亿元的"壳费";

(2)紫光系成为银润投资的大股东,在学大教育被收购时,不触发借壳的限制;

(3)紫光系为学大教育私有化,甘愿提供了23亿元的过桥贷款。

紫光系控制银润投资的第一步,是通过协议受让,取得银润投资15.59%的股份,以此成为银润投资的实际控制人。2015年4月21日,在学大教育收到私有化要约的两天之后,银润投资的控股股东深圳椰林湾投资策划有限公司(又称"椰林湾投资")与紫光卓远签署了股份转让协议,约定椰林湾投资将其持有的银润投资 1500 万股股份(占银润投资总股本的 15.59%)转让给紫光卓远。

考虑到此 1500 万股是按照 40 元/股成交的,相当于停牌前银润投资 22.3 元/股收盘价的近 2 倍,这 6 亿元就是控制上市公司"壳"的起步成本,紫光卓远付出了 6 亿元真金白银作为"壳"费。

此后,紫光系对银润投资继续加磅,强化对其控制力。紫光卓远,再加上关联方紫光集团、紫光通信,通过在二级市场上数次增持股份,取得了共计 22.49% 的上市公司股权。[①]

在资本市场里,很多重组方案精心设计,都是为了避免触发借壳上市的红线。本案例也不例外,如何让学大教育的回归不构成借壳,紫光系作为"王子"尤为重要。办法是,让紫光系先入主银润投资,成为银润投资的实际控制人。

上面这步紫光系通过协议先行受让 1500 万股,对于学大教育的回归来说,至关重要。紫光卓远先行成为银润投资的控股股东,然后再在定增的时候认购部分股份,那么银润投资收购学大教育时,便可以解释为控制权始终在紫光系,而紫光系与学大教育之间并无关联,因而不构成借壳。

反之,假设紫光系未能先通过协议受让这 1500 万股,而只在上市公司占很小比例股份的话,后续即便按照上市公司的定增方案参

---

① 除了紫光卓远之外,还有紫光通信和紫光集团也持有银润投资的股份。但加总起来,紫光系的总体股比略高于 20%,整体控股比例不算高。紫光集团、紫光通信的股份,是在 2015 年 8 月 31 日之后,通过深圳证券交易所买入,在二级市场上数次增持,继续强化紫光系作为银润投资控制人的地位。

与认购非公开发行股本,那整个局势也不同了。一来上市公司的实际控制人发生了变化,二来学大教育资产规模超过上市公司银润投资的资产规模。那么在监管部门的眼中,这便实质构成了学大教育的借壳上市。

一旦被认定为借壳上市,便会触及学大教育的硬伤。根据现行的法律规定,借壳标准与 IPO 等同,需要满足年度净利润等财务条件。学大教育当时业绩不佳,净利润等方面不能达标,在 2014 年大约亏损千万美元,主营业务利润不能覆盖管理及销售费用支出。所以,这样的借壳方案,势必无法得到证券监管部门的通过。

总之,如果没有紫光系的支持,学大教育要想登上 A 股,无论 IPO 还是借壳,年度净利润等财务条件就不符合规定。而依靠紫光系,学大教育巧妙地避开了自身的硬伤,也避免了借壳上市审批的高门槛,实现了快速回归 A 股。银润投资则借此实现了业务转型,变更成为教育类版块股票。

收购完成后,2016 年 7 月 13 日起,银润投资启用新的证券简称——紫光学大。是不是学大教育就和紫光系的"白马王子"自此过上了幸福生活呢?且看下节。

3.定增难定!债谁担

学大教育私有化或者说被收购的 23 亿元,银润投资是没有出这笔钱的。出钱的是紫光系,其不仅帮助学大教育规避了借壳问题,还甘愿为学大教育的私有化提供了 23 亿元收购款。这 23 亿元,都源自紫光卓远对上市公司银润投资的过桥借款。

紫光系为了学大教育,付出了不菲的成本。首先,是 6 亿元的"壳"

费，把上市公司银润投资的"壳"占住，对此紫光系一力承担。其次，是学大私有化的 23 亿元收购款。对此，紫光卓远与银润投资签署了为期 1 年的《借款合同》，借款总额为 3.7 亿美元（约 23 亿元人民币），借款用途为支付学大教育及其控制的学大信息的收购对价。因此，这 23 亿元属于短期借款，到期后银润投资应当还本付息。拿什么还呢？上市公司需要做定向增发了（即向特定投资者非公开发行股份）。

2015 年 8 月，紫光学大公布了价值 55 亿元的定增计划，发行价为 19.13 元/股，拟非公开发行 2.87 亿股。银润投资非公开发行认购情况计划如下。①

（1）学大教育的原有股东、管理层和核心员工通过 5 家持股公司和员工持股计划，合计认购其中的 1.2 亿股，占上市公司总股本的 31.33%，对应的募集资金为 23 亿元，这正是收购学大教育境内外资产的收购价款金额。

（2）其余 32 亿元募集资金，将用于设立国际教育学校投资服务公司以及建设在线教育平台。

按照该定增方案，就紫光系而言，在该次定增完成后，持股比例上升至 33.43%。虽然仍为公司的实际控制人，但其与学大教育 31.33% 的持股比例非常接近，形成一种微妙的局面。②

---

① 数据来源于 2015 年 8 月《厦门银润投资股份有限公司 2015 年非公开发行 A 股股票预案》。

② 根据 2016 年 9 月修订的《厦门紫光学大股份有限公司非公开发行 A 股股票预案》（3 次修订稿）第 23 页，该次非公开发行后，紫光育才将成为公司控股股东。由于紫光育才系紫光集团全资控制的下属公司，此次非公开发行后，清华控股将通过紫光集团下属公司紫光卓远、紫光通信和紫光育才间接持有公司股份，持股比例上升至 33.43%。

这个方案中,值得注意的是,学大教育的主要股东和核心员工认购的定增资金总额,正好就是 23 亿元。也就是说,如果定增完成,就相当于学大教育的股东、核心员工,自己出钱把学大教育私有化和退市了,还可以帮紫光学大把钱还给紫光卓远。但反之,一旦定增完不成,这笔债紫光学大还是要继续背。

该定增方案也是一波三折,最终还是没能实施。一开始,该预案在 2015 年 12 月 16 日的临时股东会上获得高票通过。但在之后,该定增方案历经 3 次调整。根据 2016 年 8 月的《关于本次非公开发行股票摊薄即期回报对公司主要财务指标的影响及公司拟采取的填补措施(附相关主体承诺)的议案》(下称"《定增填补措施》"),国际教育学校有关的募投项目被实质修改。

按照如上修改案,国际学校项目启动地点从北京变为厦门和安吉,两大定增项目投资额不变,预期净利润却减少 8000 万元。此方案激起了小股东的强烈反对。

有小股东认为,这两个地点和上市公司的前任实际控制人(即椰林湾投资的廖春荣)有联系。早在 2012 年,廖春荣曾通过浙江银润休闲旅游开发公司进行安吉天使乐园度假休闲园区的开发,而今,紫光学大在安吉县筹建设立安吉紫光学大道尔顿学校,据称学校座落地正是位于安吉天使乐园度假休闲园区内。①

2016 年 9 月 14 日,紫光学大召开 2016 年第 4 次临时股东大会,

---

① 2012 年 7 月,银润投资(紫光学大前身)发布公告,上市公司拟与时任实际控制人廖春荣旗下的浙江银润休闲旅游开发公司签订战略合作框架协议,在安吉天使乐园度假休闲园区项目展开全方位的合作。其中,该项目预计总投资 70 亿元,规划范围 19.5 平方千米,包含 Hello Kitty 家园、酒店、商务区等建设项目。

紫光系作为该议案的关联股东,对该议案回避表决。有大量中小投资者对《定增填补措施》投反对票,占中小投资者表决股份的81%。

不过,虽然中小股东普遍反对,但相关议案还是获得股东会审议通过。关键同意票数应该是来自椰林湾投资。椰林湾投资当时持有紫光学大1244万股,持有上市公司股份的12.93%。

中小股东之所以强烈反对,一方面是认为椰林湾投资与安吉天使乐园度假休闲园区可能存有关联,怀疑有某种交易的存在。中小股东强烈反对的另一个理由,是定增发行价格相对股票市价过低。自2015年8月10日复牌后,银润投资随即开启暴涨模式,9个交易日连续涨停。此后虽然有回调,但股价仍远高于定增发行价的19.13元/股。

虽然定增方案得到股东会的通过,但2016年11月17日,证监会通过反馈意见,要求紫光学大就有关问题做出书面说明和解释。在这之后,2016年12月9日,紫光学大发出公告,称"综合考虑经营情况、融资环境、监管政策要求和认购对象意愿等各种因素发生的变化,为维护公司及广大投资者的利益,公司拟终止非公开发行A股股票事项,同时终止银润投资首期1号员工持股计划"。

这一终止行为,与当时我国证券监管机构对定向增发的整体趋紧有关。2016年以来,终止定向增发的案例数量非常多,有统计称,因为业绩、监管环境变化等各种原因,有超过1/3的上市公司主动停止实施定向增发。

回头再看学大教育私有化和回归的路径。原计划是这样的:先由第三方紫光系取得上市公司壳,紫光系再提供过桥资金解决学大教育的私有化,等学大教育回到国内,再通过上市公司做定增,以解决当初私有化退市的资金偿还问题。

结果,整个计划只完成了前面一半,后面一半涉及定向增发的这步没有完成。由于前面对学大教育是现金收购的,该笔私有化收购资金有赖于上市公司的再融资,但定向增发终止了,这笔收购款就成了压在上市公司肩上的沉重债务。

从这点看来,学大教育的这一创新模式存在较大风险。可以说,先以债权融资取得现金方式实现私有化和全部收购,再指望上市公司定向增发融资以偿还资金,这样做并不稳当。

这一创新模式带来了严重的后遗症。定向增发一终止,紫光学大的账上就欠着紫光卓远23亿元,资产负债率一下飙升至96％以上。[①]

二、搜房控股的借壳回归案例

搜房控股(SFUN)的借壳回归案,是很有创新性的方案,也因太过激进,最终没有做成。该方案是"分拆＋回归"并行,搜房控股不进行私有化,只是分拆其部分资产,以借壳上市的方式登陆 A 股。如果这一方案行得通,搜房控股不仅得以保留美国上市公司身份,还可以间接控制境内的 A 股上市公司。但是,该方案因为在许多方面存有硬伤,最终未能实施。

---

① 2017 年后,我国证券监管机构对于资本市场的再融资要求更加趋于严格。在 2017 年 2 月 17 日证监会发布的关于再融资的政策调整中,证监会对《上市公司非公开发行股票实施细则》(以下简称《实施细则》)部分条文进行了修订,发布了《发行监管问答——关于引导规范上市公司融资行为的监管要求》,明确提出"上市公司申请非公开发行股票的,拟发行的股份数量不得超过本次发行前总股本的 20％"。在该政策的约束下,紫光学大未来的资本运作将受到极大限制。

1. 方案搁浅！变型不易做

搜房控股是一家美国上市的中概股公司,2010年9月IPO登陆美国纽约证券交易所。2015年11月,搜房控股启动部分资产分拆回归重组方案,后来,该重组于2017年2月正式终止。

搜房控股的回归方案,采用了市面上从未出现过的一种新模式。在该方案刚出台时,市场上有人大声夸赞,认为该方案超级魔幻,创新指数爆表;但同时也有不少人暗暗摇头,认为触犯到很多监管问题,猜测该方案行不通。这到底是什么方案呢？不妨先把上节提到的学大教育回归案与本节的搜房控股回归案做一个比较。

学大教育的回归案,是"退市＋回归"并行;而搜房控股的回归案,是"分拆＋回归"并行。学大教育的回归案,涉及私有化和退市,不涉及借壳;而搜房控股的回归案,并不涉及私有化和退市,但涉及借壳。学大教育的创新回归方案,虽然最终上市公司紫光学大的定增没有完成,但学大教育还是完成了私有化和退市;搜房控股的创新回归方案,最终没有做成。

2015年11月,这一方案出炉。当时搜房控股公告,计划分拆旗下部分资产,并与A股上市公司万里股份(600847)进行重大资产重组。2016年1月21日,万里股份公布《重大资产出售及发行股份购买资产并募集配套资金暨关联交易预案》。

先看搜房控股决定要分拆哪些资产回来。搜房控股的主要业务包括了互联网房产及家居广告营销业务、金融业务、交易业务、研究业务等几大业务板块。为了达成借壳A股上市的目的,搜房控股集团内部进行业务整合,将互联网房产及家居广告营销业务标的资产,集中在北京搜房媒体、北京丽满万家等5家目标公司经营,将其他不相干的资产和业务从这5家公司中剥离出来。

搜房控股打算以这5家目标公司业务借壳A股上市公司万里股份。万里股份是一家主要从事铅酸蓄电池业务的A股上市公司,该业务的盈利性不佳。基于这一重组方案,万里股份希望可以剥离原有业务,转为从事新兴的互联网房产及家居广告营销业务。

根据公告的预案,北京搜房媒体等这5家目标公司的资产,拟作价161.8亿元,注入到A股上市公司万里股份内。该交易如果能得到通过,将以如下方式实施:

(1)万里股份将盈利性较弱的铅酸蓄电池业务剥离出万里股份上市公司,剥离给原万里股份的实际控制人刘悉承;

(2)万里股份向这5家目标公司的股东,即搜房控股在境内设立的外商投资企业(包括搜房房天下等)进行非公开发行股份,用于购买标的资产;

(3)该次交易完成后,搜房房天下、房天下网络和搜房装饰认购万里股份发行的股份,共同成为控股股东,共计持股比例为70.01%。万里股份的实际控制人,则由刘悉承变更为搜房控股的实际控制人莫天全。

该方案如果能得以实施,万里股份将实现主营业务的彻底转型。与此同时,搜房控股仍然在美国上市,但旗下资产就此实现借壳万里股份上市的目的。根据预案,搜房控股该次回归方案并没有完全拆除协议控制结构,但也可以讨巧地说其并入A股的目标公司均已拆除了协议控制结构。

根据预案,在拟注入上市公司的资产当中,原本还包括了互联网金融业务。但由于互联网金融，尤其是首付贷业务，是进入 2016 年我国监管部门重点整治的业务类型，而且按照重组规定，金融企业不得借壳上市。于是，2016 年 5 月 2 日，万里股份召开董事会决议，确定对重组方案进行修订，将金融业务从拟注入资产业务范围中剥离。①

尽管如此，这一重大资产重组赶上的时间点并不好。2016 年 5 月，万里股份修订后的重组方案刚刚公布，市场便传出证监会拟暂缓中概股公司国内上市的消息。据称，当时证监会对外表态，注意到中概股回归 A 股有较大的特殊性，特别是对境内外市场的明显价差、壳资源炒作应该高度关注，证监会"正对这类企业通过 IPO、并购重组回归 A 股可能引起的影响进行深入分析研究"。

随后，在 2016 年 6 月 18 日，万里股份收到通知，要求在 30 个工作日内补充所需材料。但在 2016 年 7 月 18 日，万里股份公告称，董事会决定暂时撤回已向证监会提交的重大资产重组申请文件，理由是"工作量较大，各方预计无法按照补正通知要求的时限提交补充材料"。

不论这理由看起来如何，都意味着搜房控股分拆旗下部分资产借壳万里股份 A 股上市的方案，就此被搁浅了。半年之后，2017 年 2 月 22 日，搜房控股和万里股份分别公告称，因国内监管的不确定性，已达成协议终止借壳万里股份。这就算是正式终结了。

---

① 2016 年 5 月 4 日，万里股份发布《重庆万里新能源股份有限公司重大资产出售及发行股份购买资产并配套资金暨关联交易预案修订说明》公告，并于 5 月 4 日复牌交易。

2.心在汉？回归的诚意

搜房控股的回归方案,没有采取最常见的中概股整体私有化退市后回归的路径,而是想分拆部分资产回国借壳上市。搜房控股的回归方案原本打算得特别美,一是搜房控股可以避开繁琐的私有化退市、拆除协议控制结构和在境内 A 股上市的程序;二是搜房控股仍保留美国上市公司身份,还能间接控制境内 A 股上市公司万里股份。

搜房控股之所以想要分拆部分业务,是因为这部分新业务非常烧钱,但同时成长性也好,于是就想把这部分可能带来高回报的业务放在 A 股,借国内资本市场之力获得高溢价和融资。① 同时,旧有的业务,包括自营的新房电商、二手房电商、家装电商以及自营租房等 O2O 基本业务,仍留在美国,保住美国的上市公司地位。

从这个回归方案来看,搜房控股是想搞"一企两治"。有些人对搜房控股的这一方案给予了超高的评价,不过,就该分拆后上市的整体方案而言,并不算是多大的创新。此前在港股有一些业务分拆后回境内上市的成功案例,例如神州数码将旗下神州信息和分销业务分拆回 A 股上市。当然,港股之所以这样做,是因为港股本身不容易退市。

无论如何,与整体退市后回归境内资本市场的常规方案相比,搜房

① 2015 年半年报显示:上半年公司总营收为 3.343 亿美元,比去年同期的 2.894 亿美元增长了 15.5%;营收成本为 1.486 亿美元,比去年同期的 5420 万美元增长了 174.1%;运营开支为 1.553 亿美元,比去年同期的 1.045 亿美元增长了 48.7%;归属于搜房网股东的净利润为 2230 万美元,较去年同期的 1.097 亿美元降低了 79.7%。

控股的这一分拆部分资产借壳回归的方案,确实是太走捷径了。

事实上,在万里股份重组方案发布后的第7天,2016年1月28日,上海证券交易所(下称"上交所")就通过问询函,对该方案提出了23个方面的质疑,直指该借壳方案在境内、境外可能存在的各方面问题。

上交所指出,在境内,分拆部分资产再借壳上市,将涉及上市公司主营业务的变更、资产完整性、业务独立性等多个问题。上交所在问询函中,询问拟购买资产报告期的资产整合是否可能导致其不符合最近3年主营业务未发生变更的条件。

对此,万里股份答复,"鉴于本次内部重组属于同一控制下的重组,且标的公司在本次内部重组中购入的均是从事标的业务的子公司的股权和资产",标的公司本次内部重组符合《首次公开发行股票并上市管理办法》规定的"最近3年内主营业务没有发生重大变化"的情形。

上交所又问询,本次交易构成美国上市公司搜房控股的分拆上市,请补充披露本次分拆上市是否需要取得美国证券交易委员会的同意,是否需要取得搜房控股股东大会的同意。如是,补充披露同意情况。如未取得同意,补充进行重大风险提示。请财务顾问和律师发表明确意见。

上交所关心的是,对于分拆部分资产、权益摊薄的影响,是否需要取得搜房控股股东的同意,上交所很看重美国证券交易委员会和股东大会对搜房控股分拆部分资产回境内的态度和意见。

这是因为对境外而言,假设搜房控股的目标资产被剥离并完成在A股的借壳上市,在这之后,搜房控股美国上市公司可能还将继续对该目标资产进行并表。但是,因为又在A股上市,搜房控股美股的股东权益估计要在借壳和配套融资过程中被摊薄，但同时又可能通过 A 股市场的高估值取得一定补偿。

对此，万里股份回复称，美国律师已说明该交易不需要取得美国证券交易委员会的批准；开曼律师也出具意见，说明搜房控股子公司进行此次交易无需获得搜房控股股东的授权或批准；另外搜房控股也就该次重大资产重组召开董事会，相关董事会决议已于 2016 年 1 月 22 日在美国证券交易委员会网站上披露。

虽然有外国律师的答复，但实际上，这在会计上如何处理存在着很大的难题。而且，要想分拆资产后在我国境内上市，在美国被提起诉讼的法律风险也很大。其他公司的类似经验表明，分拆资产很容易遭到海外投资者的集体诉讼。如果海外投资者感到吃亏了，搜房控股和旗下的公司、股东、董事、高管，就等着接美国法院的传票了。

总之，从上交所提问的态度来看，对于搜房控股这种分拆上市的方案，并非监管层乐意看到的。

从监管层的角度，如果中概股公司诚心想回归，那得由中概股公司实际控制人的境内持股平台收购剥离资产，使其控制权回到国内。而在这一分拆借壳的模式下，整合完毕之后，核心目标资产和万里股份上市公司的最终控制权都在国外，由搜房控股一家美国上市公司控股一家 A 股上市公司，这似乎明显过格了。

而且，别家中概股公司都老老实实搞整体私有化退市后回归，搜房控股的这一方案就显得耍小聪明，想走捷径，既保留搜房控股在美股上市的身份，又要实现搜房控股旗下的资产在国内 A 股借壳上市，这样也隐藏了很多风险。

说直白些，当境内借壳万里股份完成后，搜房控股还保留美国上市公司的地位,也就是留了"后手"。与那些老老实实做中概股整体私有化回归的诚意相比,此方案显得诚意缺缺,没法得到首肯。

3. 穿透式问询！IP 成核心

上交所通过问询函,对搜房控股分拆借壳上市方案提了 23 个方面的问题。这些穿透式的询问,让各方非常头大。

令人意料之外的是,在这些问题当中,业务牌照问题和知识产权问题,如 ICP 牌照①以及域名纠纷问题,压倒了其他各方面的问题,成了监管层最关注的风险,核心在于监管层担心万里股份拟购买的搜房系资产无法取得业务资质及核心域名。

要知道,搜房控股是互联网及移动应用房产家居信息服务商,对房地产家居网络平台进行运营。打算置入万里股份中的业务,包括互联网房产及家居广告营销业务,对于这类业务来说,ICP 牌照以及网络域名至为关键。但按照预案,该次注入万里股份的资产中却不包括拥有 ICP 牌照和核心域名 fang. com 的搜房科技。所以,监管层自然要过问了。

根据预案,万里股份拟购买的资产标的公司拓世寰宇下属子公司上海旌荣,是新设立的上海公司,正申请新的 ICP 牌照。在此之前,上海旌荣将通过与搜房科技合作的方式开展互联网房产广告业务。

对此,问询函要求公司补充披露,上海旌荣的外资结构是否符合申请 ICP 牌照的主体条件、是否存在无法取得 ICP 牌照的风险,说明标的资产与搜房科技合作方式的合规性,并要求公司对无法取得业务资

---

① ICP 指网络内容服务商,是 Internet Content Provider 的缩写。

质及核心域名可能导致该次交易失败的风险进行重大风险提示。

对此,该次重大资产重组的独立财务顾问和法律顾问答复称,上海旌荣已取得 fang.com 域名的所有权,以及在域名为 fang.com 所对应的网站上经营增值电信业务的许可,不存在因该等核心域名和/或业务许可无法取得而导致该次重组失败的法律风险,标的公司可以根据合作协议约定与搜房科技进行业务合作,不违反《中华人民共和国电信条例》等有关法律的强制性规定。

不仅如此,上交所在问询函中还进一步追问,要求说明 ICP 牌照及 fang.com 这一核心资产的缺失是否导致该次拟购买资产完整性存在问题,阐述在主营业务依赖关联方 ICP 牌照及核心域名的情况下,拟购买资产是否能够满足业务独立性的要求。对此,重组各方再次给出了肯定的答复,称搜房控股及实际控制人已就独立性保障做出了相应的安排。[①]

总之,面对上交所这些"苦苦相逼"的问题,重组各方都给出了"放心,没问题"的答复,但是似乎不是很有说服力。而正当重组方刚把 ICP 牌照和域名这些问题应付完,搜房控股的商标问题就爆出来了,很是棘手。

2016 年 5 月 3 日,万里股份重组案刚上报修订方案,就杀出另一家"搜房网"及其运营主体北京道杰士投资咨询公司(下称"北京道杰

---

① 对此,该次重大资产重组的独立财务顾问和法律顾问答复称,上海旌荣已取得 fang.com 域名的所有权及在域名为 fang.com 的网站上经营增值电信业务的许可,并且搜房控股及实际控制人与标的公司已就本次交易完成后的独立性保障做出了相应的安排,确保该次交易完成后上市公司的业务体系独立于其控股股东、实际控制人及其控制的其他企业。

士")。"搜房网"声称,万里股份公告所称的"拟购买资产将通过与搜房科技合作的方式开展互联网房产广告业务"中所提及的"搜房"在互联网(商标分类 38 类)、房产(商标分类 36 类)、广告(商标分类 35 类)等主类商标,全部是"搜房网"和北京道杰士所拥有的注册商标。

突然冒出了另一个"搜房网",这是怎么回事呢?事实上,两个搜房公司一直共同存在。跳出来指责的"搜房网"成立更早,于 1995 年就设立,拥有 sofang.com、soufang.com 等域名,同时也注册了"搜房sofang"等商标。

而美国上市公司搜房控股成立于 1999 年,成立时间要晚于"搜房网",虽然其业务和影响力更大,但因为成立时间晚,在申请域名和商标等方面有些被动。

2003—2015 年,"搜房网"和搜房控股在多个商标争议诉讼中死死对峙,互不相让。搜房控股美国上市之际,还对"搜房"品牌在商标争议及败诉后果方面进行了充分的披露。双方争论的核心在于"搜房"的35 类广告类商标的权属。直到 2015 年 3 月,"搜房网"成功对 35 类"搜房"商标进行注册。①

---

① 根据公开信息,2003 年 9 月,"搜房网"CEO 李忠为网站申请"搜房"35 类广告类注册商标,对此搜房控股认为李忠公司的申请属于恶意抢注。起初国家商标局裁定搜房控股所提异议理由不成立,随后国家商标局商标评审委员会(下称"商评委")复审推翻了先前的裁定,此后北京一中院的判决结果也维持了商评委的复审裁定。不服判决的李忠再次将上市公司搜房控股和商评委告上了北京市高级人民法院。北京市高级人民法院在 2014 年 4 月 3 日做出了终审判决,要求国家工商行政管理总局商标评审委员会就"搜房"商标中心做出异议复审裁定。国家工商行政管理总局商标评审委员会在 2015 年 3 月 9 日做出裁定,对 35 类"搜房"商标予以核准注册。同年 8 月,向李忠的搜房网颁发了"搜房"35 类广告类商标注册证,这标志着长达 10 多年的商标异议终于落幕。

近年来,搜房控股慢慢放弃对"搜房"这一商号的宣传,而更多宣传集中于"房天下"。搜房控股的网络运营平台在 2014 年 7 月购买了 www.fang.com 的域名,并于 2014 年 7 月 18 日改名为"房天下"。①

尽管搜房控股已转而宣传"房天下",但"搜房网"却不依不饶。"搜房网"的创始人称,搜房控股在借壳万里股份过程中进行了刻意隐瞒,其商标侵权行为将对证券市场的投资者造成重大损失。

总之,"搜房网"摆出一副要"死磕"的架势。2016 年 5 月,"搜房网"递交中国证监会和上交所实名举报材料,随后又举办新闻发布会,向公众解释两家"搜房"公司的多年之争。这些实名举报和媒体报道引起了监管层的注意,万里股份又收到了问询函。

千里之堤,毁于蚁穴。搜房控股这个创新的、大胆的重组方案,存在的硬伤和疑点非常多,在 ICP 牌照、域名、商标这些重大的问题上,遭遇了致命的质疑和挑战。

三、航美传媒的资产出售案例

航美传媒(AMCN,又称"航美")的方案,与上节所讲的搜房控股的方案颇有一些相似,都是希望先不私有化和退市,保留美国上市公司身份的同时,把主要资产分拆回来,卖给 A 股上市公司。不过,航美的这一方案招惹了更多的麻烦。

---

① 2016 年 4 月 22 日,上海旌荣在国家工业和信息化部的 ICP 经营许可备案为"房天下"。

1.小心碰壁！分拆业务计划

在美国资本市场，广告媒体这类中概股公司有着类似的命运，都是上市早，但是不受华尔街所代表的海外投资者待见。比如分众传媒，就曾几次遭受做空机构狠辣的剿猎。航美传媒也类似，2007 年 11 月登陆纳斯达克，随后境遇也不佳；2015 年 4 月之前，股价长期徘徊在 2 美元左右。

从华尔街的角度，航美传媒 2011－2014 年持续亏损，营收也出现下降，股价自然上不去。不过实话实说，2 美元左右这个股价，比起公司实际价值确实低了些。有些老股民认为航美传媒是烟蒂股①，股价虽然低，但公司还是很有价值的。

航美传媒的资产和业务可以概括分为两大块。一块是航美的传统广告业务，航美拥有中国航空数码媒体市场很大的占有率以及大份额的机场传统媒体资源，包括独立式数码刷屏、机场 LED 巨屏、机场传统媒体、户外单立柱等广告牌业务。这类传统广告业务构成了航美传媒上市公司最主要的业务，盈利稳定，让航美的现金流状况良好。

航美的另一块业务是近年来新开展的交通工具 Wi-Fi 业务，包括在高铁与普速列车上安装并经营无线网络。2014 年左右，航美确定以此业务作为公司未来发展的重点。但这块业务短期内都还是初创期，不会产生多大的收入。

所以，航美传媒的这两块业务就对应着两种不同的价值，也对应公

---

① 所谓烟蒂股，是指股价十分低廉，花很少钱就可以买到，但是上市公司的实际价值要高于股价，如有合适的时机，股价就能释放出来。

司运营两项不同的需求。对于传统广告业务,按照公司的说法,该业务每年能带来约 2 亿元的盈利。如果单独分拆这块业务回国内,比如卖给国内的上市公司,能轻松满足国内资本市场的盈利要求,获得比较高的市盈率,套现出一部分现金来。对于新兴的 Wi-Fi 业务,这块业务不盈利,从公司运营角度,想把这块继续留在美国上市公司体系内。该新兴业务相对更受华尔街认可,兴许能慢慢做起来。

基于此,一个看似巧妙的方案就此形成,那就是把传统广告业务从上市公司剥离,售回国内,其余资产仍留在美股上市公司。这一看似巧妙的方案,是想占尽境内外不同市场的好处。

上述方案,意在充分利用美股和 A 股两个市场的估值差,实现跨境资本套利。但只可惜,虽然该方案看起来巧妙,真回到现实,却要碰壁。这是因为对制度层面的障碍欠缺考虑。两国市场各自有不同的监管要求,无法随心所欲地变换资产归属。

航美传媒的这一方案,与上节讲过的搜房控股的方案,颇有一些相似之处。两者都希望能分拆主要资产卖给境内,这些资产都是境内 A 股市场愿意收购的、能产生良好收益的资产。

不同的是,搜房控股的方案很明确,卖资产的同时借壳上市。航美传媒想的有点单纯,只是想出售资产变现,而并未想在国内借壳上市。而航美的这一方案招致了更多的麻烦。

2.试水温!股权两次出售

如上所述,航美传媒当初有个打算,想要越过私有化和退市这个步骤,直接分拆部分业务售往国内。可惜,这个"出口转内销"不是那么容易,所谓的近路原本就几乎没有出口,航美跌跌撞撞,几次险些走岔了,误入歧途。

航美对于拟分拆的传统广告业务自己做了定价,这部分传统广告业务,按照每年能带来 2 亿元的利润计算,如果按 15 倍市盈率卖出,成交金额 30 亿元;如果按 14 倍市盈率卖出,成交金额为 28 亿元。这就是航美前后两次出售行为的定价基准。

但这两次出售,都惹出了不少的麻烦事。按时间顺序,两次出售的具体情况如下:

(1)航美公告出售5%股权,随后股价大涨

2015 年 4 月 8 日,航美传媒发布公告称,要将目前主营机场广告业务的航美传媒集团有限公司①(下称"航美广告")5%的股份,以人民币 1.5 亿元的价格出售给国内 A 股上市公司联建光电(300269)。

受该公告影响,航美股价暴涨,最高涨至 5.23 美元。但从后续进展来看,尽管公告是拟出售 5%股权,但其实不是真要卖这么少,公告用意更多是看哪个潜在买家更合适,这是要试试水温。尽管与联建光电签署了协议,但其实并不确定只出售 5%的股权,而且也并不排除航美还可能把股权出售给联建光电以外的第三方。

(2)投资者发文质疑虚假交易,随后股价大跌

2015 年 4 月 28 日,有海外投资者在 seekingalpha.com 上发文质疑航美,宣称联建光电斥资 1.5 亿元收购 5%航美广告股份的交易,实为虚假交易。

从海外投资者的角度,之所以发函质疑航美,是因为根据他们从公告中看到的向联建光电出售 5%股权的协议,买方没有进行尽职调查,

---

① 该公司曾用名北京航美传媒广告有限公司,是航美在境内的运营实体。

卖方也没有披露估值依据,双方又能任意终止出售并要求回购,他们认为这就不算交易。看不懂的海外投资者,对航美发起了指控。受此影响,航美传媒的股价暴跌。

为什么投资者会发出这种指责,这里有文化和制度差异的问题,航美签署的协议很不符合英美法下的股权交易惯例,协议条款较少。

(3)航美 CEO 郭曼发公开信澄清,随后股价大涨

作为对指控文章的回应,2015 年 4 月 29 日,郭曼先生发出致公司股东的公开信,该信中称,"在此次交易中,应航美要求,航美获得了回购权:在盛世联合收到联建光电现金支付后的 75 个自然日内或称等候期内,航美有权选择将航美广告股权出售给第三方投资者,如该情况发生,盛世联合将以 1.5 亿元现金回购 5% 的股份,并支付相应费用"。

对于为什么要保留回购权,信中解释道:"航美保留此回购权的原因是因为数家非关联公司向我们表示了购买航美广告业务股份的兴趣,为此航美愿意保留评估其他公司可能的出价并和条款最令人满意的公司签约的可能。作为对航美要求的回购权的交换,联建光电也要求并取得了在等候期结束后取消交易和回售股份的权利。"

受该公开信影响,航美股价暴涨,最高涨至 7.7 美元。投资者从公开信中可以得知:一是航美想要出售航美广告剩余 95% 的股份;二是买方不一定是联建光电,也有可能是其他 A 股上市公司。

所以,这 5% 的股权,就是航美向国内 A 股市场发出一个竞购的信号,一个美丽的绣球。航美保留把这传统广告业务最终卖给自己心仪的公司的权利,这就是首次出售 5% 股权的用意。

(4)航美宣布另行出售 75% 股权,随后股价大跌

2015 年 6 月 15 日,航美传媒宣布,与北京龙德文创投资基金管理

有限公司(下称"龙德文创")签署最终《股权转让协议》，以 21 亿元的现金对价，出售航美广告 75％的股权，此对价反映了航美广告的总估值为 28 亿元，略低于第一次出售 5％股权时预估的人民币 30 亿元。

以上即为航美传媒对航美广告的第二次转让。在该转让中，明确锁定了收购方，确定了收购方案。这一消息发布之后，航美传媒股价应声大跌。从 2015 年 6 月 15 日至 18 日，航美股价连续放量暴跌，股价跌至 3.5 美元。眼看着股价跌跌不休，航美传媒的管理层在这时提出了私有化提议。

(5)私有化要约发出，随后股价先上涨再平稳

2015 年 6 月 19 日，航美传媒管理层对航美传媒发起 6 美元/ADS 的私有化要约。此消息发出后，航美的股价先大涨后阴跌，随后股价终于比较平稳。

这两次出售股权的举动，尤其是对被出售股权的定价，招致了投资者针对航美传媒及其相关高管的集体诉讼。

2015 年 7 月 3 日，投资者将起诉状提交至纽约南区地方法院。该集体诉讼的起诉状称，航美做了虚假和误导性陈述，声称将航美传媒的广告子公司的 5％股权出售给联建光电，并且对该子公司进行估值，"反映航美广告的总估值为 30 亿元人民币"，要求航美传媒及高管就此虚假陈述进行赔偿。

对于拟对外出售的传统广告业务的股权，究竟该卖多少钱，该什么时候卖，如果卖早了又该怎么办？请看下节。

3.后患和后悔！优先购买权

如前所述，在第一次试图出售航美广告股权之后，很快，航美传媒

启动了第二次出售。这次是动真格的了,按照 14 倍市盈率,作价 28 亿元,以现金 21 亿元出售航美广告 75％的股份。

通常情况下,一手收钱,一手交股权,麻烦事应该不多。但这第二次出售,却后患无穷,让航美传媒后悔不迭。为什么呢?

航美传媒原来打算的是卖给一家 A 股上市公司。但上市公司收购股权和资产要走程序,要发公告,比较慢。于是,航美把股权卖给了两家基金,基金并非最终买家。这两个基金买家在收购股权之后,再出售给上市公司。这一转售就带来麻烦了。

具体说来,接手这 75％股权的,是龙德文创和另外一家基金,两者共同支付了 21 亿元的对价,该价格是按照 14 倍市盈率确定的。这两个基金买家在收购该 75％的股权之后,很快转手卖给了 A 股上市公司金桥信息(603918)。

金桥信息在 2016 年 3 月 28 日开市起停牌,随之在 2016 年 4 月 29 日发布了重组公告,称要对目标公司股权进行收购和实现控股。这一公告的发布,彻底打乱了航美传媒的私有化计划并使其陷入两难境地,航美传媒急了。

如果这两个基金买家把这 75％的股权卖给金桥信息,售价比照当时的行情,上市公司收购此类资产估计能达到 40 倍市盈率上下,也就可以估算这 75％的股权大约能卖到 60 亿元人民币。

基金为了赚取资产的利差,实现盈利,对后手的售价势必要比其从航美传媒购买的价格要高。这一买一卖之间,价差相当可观。但一旦航美广告的海外投资者看到基金买家的高转售价,就会质疑甚至起诉航美传媒低价出售公司资产。① 如此一来，便会对航美造成不利的影响。

而更让人紧张的是，这还是航美传媒正在进行私有化的敏感时期。航美传媒在出售 75％ 股权之后的 4 天，就公告要进行私有化。而该私有化要约的价格，是根据出售这 75％ 股权价格进行的公允价值评估。简单地说，既然 75％ 股权的估值为人民币 28 亿元，剩余 25％ 股权的估值就该为 7 亿元。

因该转售的价格远高于其买入的价格，这将对航美传媒的私有化价格产生影响。如果 75％ 股权对应 60 亿元人民币，剩余的 25％ 股权的估值就变成了 20 亿元！

这时，航美传媒警醒了。如果听凭基金买家高价出售股份，那势必为祸甚大。75％ 的股权被拿去卖个高价，就相当于航美手中剩余 25％ 的股权也得对应地提价，也就相当于航美传媒私有化的成本大大提高了。这样一来，航美的私有化买方财团要重新融资，私有化各项程序要重来一遍。航美终于意识到，不能这样分比例地"变卖家产"，这会引起一串连锁反应。

另外请注意，航美传媒此前已因 5％ 股权出售的不严谨，招来了虎视眈眈的做空势力，也招来了做集体诉讼的美国律师事务所。所以，对于航美广告股权出售的事态发展，各方可都在盯着呢。

让航美担心的是，一旦金桥信息对航美广告完成高溢价收购，航美要么就构成低价贱卖，要么就是原定的私有化价格和方案都要推倒重

---

① 基金买家的销售对象是 A 股上市公司，上市公司收购重大资产和重组需要公告。所以，基金买家的卖出价格就变得透明了。

来。无论哪种情况,美国证券交易委员会和股民都会要航美传媒吃不了兜着走。即使航美完成了退市也逃不脱前述责任,海外投资者及其律师必定不会善罢甘休。

航美传媒认识到了问题的严重性,就要从实质上阻止金桥信息对航美广告的收购和重组。如何阻止呢? 在出售 75％ 股权给两个基金买家之后,航美传媒通过其下属公司,拥有航美广告剩余 25％ 的股权,仍是航美广告的小股东。这样,航美传媒想出了一个办法,让其下属公司凭借公司股东身份,行使中国公司法规定的"优先购买权"。

根据《中华人民共和国公司法》第 71 条的规定,股东向股东以外的人转让股权,应当经其他股东过半数同意。股东应就其股权转让事项书面通知其他股东征求同意,其他股东自接到书面通知之日起满 30 日未答复的,视为同意转让。其他股东半数以上不同意转让的,不同意的股东应当购买该转让的股权;不购买的,视为同意转让。

于是,基于航美广告剩余 25％ 的股权还持有在自己手里,航美传媒想要启用"优先购买权"来拦阻这项计划。航美传媒表示,"既不会放弃优先购买权,也不会参与金桥信息的重组",并且航美的下属公司向金桥信息正式发送了律师函。①

前述律师函向金桥信息传达的消息是,金桥信息要购买的标的公司航美广告 75％ 的股权,必须先问问航美持有 25％ 股权的股东答应不答应。如果金桥信息要收购这 75％ 的股权,那持有 25％ 股权的股东就

---

① 2016 年 7 月 5 日上海金桥信息股份有限公司董事会公告,律师函中称"委托人就公司收购标的公司 75％ 股权意向表示异议,提示委托人享有《中华人民共和国公司法》第 71 条第 2 款规定的权利"。

要行使优先购买权。

比较戏剧的是,如果航美传媒当真要行使优先购买权,也必须在同等条件下才能购买。也就是金桥信息报价用多少钱买,航美传媒也得用多少钱买。这就很戏剧了,航美传媒前手刚卖,后面就要多花几倍价钱买回来。

总之,航美传媒祭出优先购买权这一大招,最终管用了。① 2016 年 8 月 11 日,金桥信息发布公告称,由于公司无法在规定时间内解决航美传媒的股权纠纷等问题,公司决定终止此次重大资产重组。

这给打算分拆业务的中概股公司敲响了警钟。如果要分拆部分业务,事先要有个好的统筹和安排,包括对后续私有化等行动可能造成的影响需全盘综合考虑,否则,麻烦事可能接踵而至。另外,对业务的估值和定价都要慎重,要有充分的依据。如果需要限制后续转售,需要在协议中做出明确约定。

4.原股东发威！救火不停

航美的私有化过程中,出现的麻烦事还没结束。2016 年 7 月 1 日,金桥信息发布公告如下:"近日公司收到北京市天元律师事务所向公司发送的《律师函》,函称北京市天元律师事务所受张晓亚先生委托致函本公司。《律师函》告知公司:航美传媒原实际控制人郭曼及其一致行动人徐青通过伪造签名的方式非法侵占了张晓亚先生持有的航美

---

① 2016 年 7 月 5 日,金桥信息就上述优先购买权等律师函的公告,导致航美股价再次下跌了约 13％。从股价的连续放量暴跌可以看出,美国资本市场并不看好出售的交易安排及公司的预期价值。

传媒及航美盛世股权,为追回被非法侵占的股权,张晓亚先生已提起诉讼,相关诉讼尚在审理过程中。"①

伪造签名、侵占股权,这都是性质很严重的指控。航美一方立即进行澄清。航美的郭曼、徐青不认同这一指控,指出真实的情况是,张晓亚早已退出公司,但仍作为航美广告的登记股东,在面对配合进行股权转让的要求时,张晓亚不予配合。

原来,张晓亚的这一纠纷,围绕的是个老话题,那就是境内运营实体登记股东的"人头控制"风险。张晓亚与郭曼、徐青当年都是航美传媒的联合创始人。为了到境外上市,需要搭建协议控制结构,航美的境内运营实体的股东要与外商独资企业签署整套的法律文件,包括股权质押协议、表决权协议、基础服务协议等。通过这一套协议,实体的登记股东将权利完全转移给外商独资企业,从而实现财务并表,将境内运营实体的业绩纳入航美传媒上市公司中。

据称,2013年张晓亚与郭曼、徐青产生矛盾,此后张晓亚决定退出。2014年,郭曼及徐青决定以千万美元的对价,将张晓亚所持股权全部回购。原本张晓亚在收到款项后,不应再持有航美所有实体

---

① 根据2016年7月1日《上海金桥信息股份有限公司关于重大资产重组停牌进展的公告》,"根据标的公司的工商登记资料,截至本公告出具日,文化中心基金持有标的公司46.43%的股权,龙德文创基金持有标的公司28.57%的股权,航美盛世持有标的公司24.84%的股权,郭曼持有标的公司0.1445%的股权,徐青持有标的公司0.0208%的股权,上述股东合计持有标的公司100%股权;张晓亚于2015年12月将持有的标的公司0.0085%股权转让给徐青,之后该部分股权未发生转让。根据北京市企业信用信息网显示的航美盛世登记信息,截至本公告出具日,郭曼、徐青及章熠合计持有航美盛世100%股权。根据航美盛世2014年年度报告,郭曼持有航美盛世79.86%的股权,徐青持有航美盛世11.94%的股权,张晓亚先生持有航美盛世8.2%的股权"。

的股权或权益。但是,各方似乎忘了彻底完成运营实体的股权转让工商变更登记。

结果是,2015年6月,当航美向两家基金出售75％股权时,才发现张晓亚仍在工商部门登记持有航美广告0.166％的股权。因需要办理75％股权的过户,所有股东均需签字,只差张晓亚一人未签。当时需要如期向龙德文创交割,办理完成75％股权的工商变更手续。为此航美采取了多种办法通知张晓亚出面签字,但没有效果。

后来,2015年7月31日,航美根据股东之间签订的《经修订和补充的购股权协议》(下称"《购股权协议》")中的仲裁条款,向北京仲裁委员会申请仲裁,要求张晓亚将所持航美集团0.166％的股权转让给徐青,并要求办理股东变更登记手续。

仲裁期间,张晓亚现身,反驳称2007年签订的各个协议(特别是《购股权协议》)并不代表他的意志,他不知道相关内容,因此认为约定无效。随后张晓亚又向北京市第三中级人民法院起诉,请求法院确认仲裁条款无效。其后,张晓亚的起诉被法院驳回。①

2015年11月末,距离当年年底前完成对龙德文创基金股权过户的时限只剩下1个月了。虽然最终张晓亚败诉,但强制执行的时间可能来不及。这时,航美的工作人员在文件堆中找到了一份非常重要的文件互相授权委托书。其中约定,张晓亚将所持有的航美集团及航美

---

① 2015年8月25日,北京三中院认为张晓亚虽对于《协议》中是否约定有仲裁协议持有异议,但未能提交证据对其主张予以佐证,本纠纷实质上属于当事人对于有无仲裁协议之争,并不属于仲裁协议效力之争,张晓亚申请确认仲裁协议无效所依据的事实和理由不属于人民法院确认仲裁协议效力案件的审查范围,驳回了张晓亚的这一申请。

盛世两家公司的股权完全处置权，无条件地全部授权给指定受让人徐青。

　　此类授权委托书，是联合创始人之间互相授权委托的法律文件。于是，基于该文件，徐青直接代替久不露面的张晓亚签署了相关文件。

　　总之，这一起事件，也令金桥信息对收购航美广告打了退堂鼓，这样看，也算是"塞翁失马，焉知非福"。该事件就此告一段落。

第十一章

私有化回归争端案例深入解读

● 为什么说创始人大股东在私有化过程中所起的作用至为关键？

● 在私有化过程中,如果买方财团多次变更,可能造成哪些影响？

● 中概股公司的双层股权结构(分 A 股、B 股),对于公司私有化
　等重大事项决策,可能有什么影响？

● 在私有化过程中,如果买方财团持股比例和表决权比例都不
　高,可能面临哪些风险？

● 如何应对在私有化中出现的竞争对手的敌意收购的情况？

在读完本章后,对于以上问题,应该可以得到答案。

一、盛大游戏的私有化和重组案例

盛大游戏私有化的买方财团经过多次变更,财团成员构成、公司股权结构和整个公司局势都很复杂,并由此产生了许多争议和纠纷,给盛大游戏的私有化和回归带来了很大的负面影响。其中的种种经验、教训,值得深思。

1. 旗帜早易！盛大无天桥

提起盛大游戏,自然会与盛大网络和陈天桥联系在一起。

盛大游戏,有过辉煌。盛大游戏从盛大网络(SNDA)中分拆出来并独立上市,融资 10.4 亿美元,成为 2009 年美国规模最大的 IPO 案。

盛大网络,也有过辉煌。作为盛大游戏曾经的母公司,盛大网络 1999 年成立,是中国第一家在美国成功上市的互动娱乐媒体公司,曾涵盖了盛大文学、盛大游戏、盛大在线等多个板块。

陈天桥,更有过辉煌。作为盛大系的创始人,在盛大网络上市后,陈天桥曾跻身中国首富,是当时名震天下的青年才俊。

陈天桥创设的盛大网络和盛大游戏,都是先成为上市公司,后又在陈天桥的主导下退市,成为私人公司。从发展脉络上看,先是盛大网络2004年在美国纳斯达克上市,随后2009年,盛大游戏在纳斯达克独立上市。退市也是按照这个次序,2012年盛大网络实现私有化和退市,2014年年初,盛大游戏也宣布启动私有化和退市。

在盛大游戏提出退市的时候,中概股游戏类公司在纳斯达克不怎么受待见。和国内上市游戏公司的高股价相比,美国上市的游戏公司股价长期低迷。2014年年初,盛大游戏开始其私有化进程。

2014年1月27日,盛大游戏宣布收到初步私有化要约,盛大游戏的大股东盛大网络和春华资本提出以6.90美元/ADS的价格进行私有化,该价格较要约前一交易日的收盘价溢价22%。

盛大游戏私有化刚启动时的2014年年初,盛大游戏的控股股东还是盛大系公司,其最终控制人还是陈天桥。所以,在发出私有化要约后的近1年内,盛大网络、盛大集团以及陈天桥还一直充当着私有化的核心,直到新的股东进来。

2014年9月,宁夏中银绒业集团(下称"中绒集团")加入盛大游戏的私有化,从大股东盛大网络受让了盛大游戏的大部分股份。在此之后,中绒集团逐步占据了盛大游戏的大股东地位,力图主导盛大游戏私有化交易事项。自此,陈天桥及其控制的盛大系实体退出,不再作为盛大游戏的大股东,盛大游戏改旗易帜。

根据盛大集团早前在官网上发出的公告,"盛大集团已于2014年11月25日完成出售所持有的盛大游戏公司(Shanda Games)的所有股份,即盛大集团已不再持有盛大游戏公司的任何股份。自出售日起盛大游戏公司发生的一切内外事务,包括股东权益纠纷等,均与盛大集团无关。盛大集团授权盛大游戏公司使用的盛大游戏商标亦至2016年12月31日到期。感谢社会各界对盛大集团一直以来的支持和厚爱,我们将为全面转型为全球领先的投资集团的目标而继续努力"。

自从2012年将盛大网络私有化之后,陈天桥开始对盛大的业务进行转型,从文化领域转向投资领域,组建自己的投资基金,同时陆续将视频、游戏、文学等出售变现。就这样,盛大原本是文化领域的一面旗帜,慢慢地变小了,老板转型做投资了,这让有些盛大的老粉丝至今还觉得可惜。

总之,陈天桥作为盛大游戏的创始人,在私有化开始后的不长时间内,就决定退出私有化买方财团。没了他的身影,盛大游戏好像没了主心骨。也许,正是因为船长弃船早,才使得盛大游戏的私有化和回归过程如此风波不断。

2.新三国杀！你方唱罢我登场

盛大游戏的私有化,是截至目前最像小说的中概股私有化案例。走马灯一般的主演,宫斗戏一般的剧情,当事人和旁观者都很容易迷失。对于这样的故事,没有身处其中,很难写出要领。不过即便让亲身经历的当事人自己写,估计各方当事人也会写得完全不同,这就是罗生门一般的案例。

首先,盛大游戏私有化的一大特色,是买方财团大更迭,走马灯一样地更换。据不完全统计的信息,买方财团至少经历了7次大的变更,"换人"成为盛大游戏私有化的日常活动。

从私有化财团变更当中，可以大概看出主要的势力变化如下：

（1）盛大系公司在退出时，把盛大游戏的 A 类股票和 B 类股票分成几大部分，分别转让给了后来加入的财团成员。A 类股每股拥有 1 票表决权，B 类股每股拥有 10 票表决权。这也就决定了后来没有一家势力或派系能单方控制全局。

（2）春华资本和完美世界都较早退出了买方财团，不清楚他们退出的具体原因。

（3）东方证券和海通证券两家在私有化过程中地位有些尴尬，后来把位置共同让给了 A 股上市公司世纪华通（002602）的砾系基金。

（4）自 2015 年年初开始，盛大游戏私有化财团形成了九大股东，而九大股东又隶属于三大派系，分别是中绒集团、世纪华通和盛大管理层。

虽然财团成员变幻纷纭，但是从其涉及的股权的综合份量（包括股权比例和表决权比例）比例来说，主要分成三大派系，即第一派系、第二派系和关键派系，分别对应着中绒集团、世纪华通和盛大管理层持股。

按照如上分析，盛大游戏的股权结构实际是三足鼎立之势。

（1）第一派系的位置被中绒集团占有。该部分的股权持股较久，持股比例较大（41.19％），表决权比例最大（46.66％）。中绒集团控制 A 股上市公司中银绒业（000982），希望让盛大游戏回归后，借壳中银绒业上市。

（2）第二派系的位置最初由东方、海通两家证券公司占有，在其退出后，由世纪华通及其牵头的砾系基金持有。持有股份都是 A 类股票，股权比例最大（43％），但是表决权比例最小（16.33％）。

（3）关键派系的位置被盛大管理层占据，持有股份以 B 类股票为主,股权比例最小(15.81％),但是表决权比例较大(37.01％)。亿利盛达控股是管理层设立的持股平台,最后管理层将其控制的股权转给了银泰集团。

可见,盛大游戏私有化的三个派系,或者说三方势力,所形成的足鼎之势非常有趣。

(1)虽然第一派系的持股比例和表决权比例综合来看最大,但股权比例实际略小于第二派系所能控制的持股比例。

(2)第二派系虽然股权比例也能达到40％以上,但因为全部都是A类股票,其代表的表决权非常低,导致第二派系的持有者最为憋屈。

(3)关键派系中,管理层持股虽然股权比例小,但却代表接近37％的表决权,成为三股势力中最为关键、最需要争取的力量。

从上面的各方力量对比中,可以明白盛大游戏的私有化和回归过程风波不断的深层原因。在陈天桥和其领导下的盛大系公司尚未离开前,就将盛大游戏的公司股权"均衡"地划分成了三大块,并给管理层有意留了最后这一大块"甜"的,这一做法颇有深意。

3.壳怕渣! 打铁还需自身硬

自从将中绒集团引入私有化的时刻起,盛大游戏私有化和回归便开始了一波三折。

前面讲了,中绒集团不断吸筹,逐步控制了盛大游戏41.19％的权益,代表了约46.66％的表决权。中绒集团是有自己的算盘的,希望能把盛大游戏的境内外资产,整体注入到其子公司中银绒业上市公司中去,让盛大游戏借壳上市。

这一计划能否成功呢? 看似可以,因为中绒集团作为盛大游戏的大股东,而且控着 A 股上市公司的壳,好像有把握能借壳。但事实却相反。

想要让盛大游戏借壳,还必须自身硬,控的这个壳至关重要。当时中银绒业上市公司和关联方都是官司缠身,对于这样的壳,不仅不硬,还有点渣,想进行重大资产重组,不具备基本条件。①

粗略看来,中银绒业上市公司和关联方遭遇了多种官司类型,包括上市公司被立案调查、上市公司被质疑造假、公司实际控制人马生国先生被刑事立案、相关合伙企业份额被冻结、与上海砾游投资管理有限公司相关的禁制令和仲裁事项、内部的财产份额纠纷和与盛大游戏前CEO 张蓥锋以及新股东银泰集团的纠纷。

以内部份额财产纠纷案件为例,中绒集团主导的私有化财团中的多个成员陆续宣布起诉中绒集团,指责后者在分配私有化份额方面违约,中绒集团实际控制人甚至被刑事立案。

以上这些针对中绒集团的多起案件当中,为数不少是由分盛大游戏私有化蛋糕所引起的,各方指责中绒集团故意缩减合伙人出资额度,试图最大化占有盛大游戏回归 A 股的收益。宁夏中绒集团实际控制人马生国也在同一时间段内,因涉嫌犯罪被刑事立案调查。

中银绒业在 2015 年 12 月 31 日曾公告披露,公司实际控制人马生国涉嫌合同诈骗被立案侦查,随后银川市公安局冻结了马生国通过中绒集团分别持有的宁夏中绒文化产业股权投资企业(有限合伙)等六个有限合伙企业合计 6000 万元的出资。根据该公告,"目前,立案事项正

---

① 根据《上市公司重大资产重组管理办法》(2014)第 43 条第 3 款,上市公司发行股份购买资产,应当符合"上市公司及其现任董事、高级管理人员不存在因涉嫌犯罪正被司法机关立案侦查或涉嫌违法违规正被中国证监会立案调查的情形"。

在调查中,尚未结案。截至本回函出具日,银川市公安局并未因此案对马生国采取任何刑事强制措施。鉴于立案事项尚处于调查中,暂不知悉立案事项与盛大游戏私有化项目是否有关"。

2016年1月19日,中绒集团收到5份民事起诉状,分别是上海涌川投资合伙企业(普通合伙)、耿群英、耿国华、杨忠义、杨成社5位投资者因中绒集团在盛大游戏私有化过程中依合同约定调整其出资份额事项,将中绒集团诉至宁夏回族自治区高级人民法院。

除此之外,宁夏中绒集团还与宁夏晓光股权投资合伙企业(有限合伙)存在关于盛大游戏私有化份额的民事诉讼案,与上海颢德资产管理有限公司存在盛大游戏私有化份额的民事诉讼案。

正如中银绒业在公告中所披露的,中银绒业、中绒集团及其关联方涉及的相关立案调查和诉讼事项,使得盛大游戏置入中银绒业的具体方案、实施日程、预计完成时间及最终是否能够成功实施具有重大不确定性,甚至导致前述事项终止。

除此之外,中绒集团作为第一派系,得不到另两个派系的支持。中绒集团想把盛大游戏整体注入到中银绒业,盛大游戏的其他股东强烈反对。众人心不齐,无法就盛大游戏后续资本运作方案达成一致意见。

4.甄嬛的晋级! 知道进退

宫斗是残酷的,保命最重要,然后才是保存实力。要想晋升,首先得知道何时该退。知道进退,方为智者,这是盛大游戏各个私有化财团成员(尤其是管理层)的体悟。

2015年6月,世纪华通新加入盛大游戏的私有化财团,发起设立了上海砾游等砾系基金,持有盛大游戏43%的股权。就此,揭开了中绒集团、世纪华通、盛大管理层这三大主要势力明争暗斗的新剧集。这个过程持续了大约 1 年，直到管理层将股权转让给银泰，局势才有所不同。

虽然说有三家主要势力，但是管理层实际并没有明显诉求，只是从中斡旋。而另外两家则不同，中绒集团和世纪华通都有 A 股上市公司背景，都希望把盛大游戏注入自己的上市公司壳中。所以，这两家争得最凶。

从股权份额来讲，世纪华通的比例不比中绒集团的低多少，但世纪华通取得的股票都是 A 类股票，对应的表决权只有 16.33％。而世纪华通没有因此放弃制约中绒集团。

2015 年 12 月 29 日，是盛大游戏母公司凯德集团（Capitalhold Limited）原定计划在银川召开股东大会的日子。股东大会的主要议程，是审议将中绒集团设立的控制实体与凯德集团进行合并等事项。通过该合并计划，相当于将盛大游戏的全部资产和权益，一并转移给了中绒集团。

世纪华通很忌惮这个合并计划，也很忌惮这个股东大会。一旦在股东大会上合并协议得以通过和生效，那将意味着世纪华通自此出局，与盛大游戏下一步资本运作的大蛋糕再也无缘。

于是，在股东大会召开的前 3 天，2015 年 12 月 26 日，世纪华通领先一步，取得了香港高等法院颁发的禁制令，禁止中绒集团做上述合并计划。① 此举很有效果，导致盛大游戏股东会延期，为买方财团的其他各方争取到了时间。

就在中绒集团和世纪华通争斗不休之时，盛大管理层成了两方争夺的焦点。日子久了，谁也没想到，管理层最先对这种局势不能忍受了。无心恋战的盛大管理层，将其持有的关键股权转让给了银泰集团。自此之后，局势又整个大变。

2016 年 5 月 19 日，盛大游戏宣布，原任 CEO 的张蓥锋等管理团队决定退出，将其持股公司亿利盛达所持有的股份，转让给银泰集团旗下控股企业 JW HOLDINGS CAYMAN LP（下称"JW"）。银泰集团自此成为新的股东，并且向盛大游戏委派了新的 CEO。

对于张蓥锋退出并将股权转让给银泰集团的做法，中绒集团和世纪华通的态度迥异。世纪华通的态度是很支持的，银泰的入局给世纪华通增加了希望，世纪华通希望能结盟银泰，共同对第一大股东中绒集团进行反制，以扳回局面。而中绒集团这边则是举双手反对，又是起

---

① 世纪华通向香港高等法院申请禁制令，禁止该项议案的讨论和投票。世纪华通称，按照协议约定，未经其书面同意，不能批准、签订任何关于盛大游戏的并购、联合、清算或企业合并的协议等事项。世纪华通称已在 2015 年 12 月 26 日取得了香港高等法院颁发的禁制令，禁止中绒集团致使或容许中绒圣达投资控股（香港）有限公司、中绒投资控股（香港）有限公司，在未经东方弘泰（香港）有限公司、东方弘智（香港）有限公司及浩鼎国际有限公司的书面同意下，授权、批准或接纳日期为 2015 年 12 月 20 日 Capitalhold Limited 所订立的合并协议及计划书，致使或容许该公司授权、批准或接纳合并协议。这些协议包括但不限于在计划于 2015 年 12 月 29 日北京时间早上 9 时 30 分于宁夏银川市清水道 222 号银川国际会议中心所召开的特别股东大会上投票支持合并协议。2016 年 5 月 24 日，香港高等法院审理判决，撤回禁止 2015 年 12 月 20 日合并协议的禁制令，并驳回上海砾游投资管理有限公司持续、扩张禁制令的申请。

诉、又是发函，抗拒接受这一变化。

　　首先，中绒集团对张蓥锋的去职及银泰集团入股表现得很震惊，称张蓥锋未经同意转让盛大游戏股权的行为违反了当时向中绒集团的承诺。2016 年 6 月 12 日，根据中银绒业的公告，中绒集团已将宁夏亿利达、上海蓥锋及张蓥锋诉至宁夏回族自治区银川市中级人民法院，并申请追加 JW 为第三人，要求判决确认张蓥锋对外转让的股权转让合同无效。①

　　2016 年 6 月 24 日，中绒集团质疑银泰直接任命谢斐为盛大游戏 CEO 这一举动的合法性，发出《致盛大游戏现有管理层公开信》，信中称张蓥锋、上海蓥峰投资和亿利达将其间接持有的盛大游戏权益全部转让给 JW，严重违反了与中绒集团一致行动的承诺函；并声明未经盛大游戏全体投资人一致同意，盛大游戏原有管理架构应予维持。而盛大管理层则回应表示，这起人事变动由盛大游戏董事会同意并签署了相关任命，根据开曼法律，该任命真实有效。

　　虽然中绒集团还在不停追击，但原管理层的退出是木已成舟的事实。而盛大管理层张蓥锋虽然退出了，但似乎还有些麻烦需要收拾，除了被中绒集团追责不该对外转让股权外，还被宁夏亿利达其他合伙人指责，称其对外转让是个人意志，没有经过全体合伙人合议。

---

　　①　宁夏中绒集团在诉状中称，宁夏亿利达、上海蓥锋、张蓥锋曾向宁夏中绒集团承诺，未经宁夏中绒集团同意，张蓥锋、上海蓥锋、宁夏亿利达不得向第三方直接或间接转让其持有的盛大游戏 48,759,187 股 B 类股股份。而后，在未事先通知宁夏中绒集团的情况下，宁夏亿利达于 2016 年 4 月将持有的亿利盛达投资控股（香港）有限公司全部股权转让给 JW，给原告宁夏中绒集团的利益造成严重损失。

总之,盛大游戏私有化和回归可谓纠纷多多,一波未平一波又起。尽管其他的游戏类公司如巨人网络、完美世界等都完成了从美股退市和回归 A 股,但是时至今日,盛大游戏登陆境内 A 股资本市场尚且看不到明朗的时间表。

二、爱康国宾的私有化敌意收购案例

2015 年 8 月,爱康国宾(KANG)收到了创始人张黎刚私有化的要约。这一私有化过程战火朝天,中途还杀出了程咬金——竞争对手借机提出了敌意收购,不停加价,爱康国宾及其创始人奋力反击。最终,私有化和收购以各方都未曾料想的方式结束。

1. 三分天下! 体检业的格局

2014 年之前,国内体检业的格局三分天下。三分天下者,老大是爱康国宾,老二是美年健康(002044),老三是慈铭体检,各有各的特点。

老大爱康国宾,走品质化和洋派路线。创始人兼 CEO 张黎刚毕业于复旦、哈佛等名校,有学霸的光环。在 CEO 的带领下,爱康国宾对接资本市场之路也走洋派路线,公司的股东可谓豪华,包括高盛集团和新加坡政府投资公司。

老二美年健康,是由美年和大健康两家企业合并而成,创始人俞熔有着敏锐的商业嗅觉。美年健康于 2015 年 6 月成功借壳江苏三友(后更名为"美年健康")登陆 A 股,曾连拉 15 个涨停板,市值一度高达 370 亿元。

老三慈铭体检,成立时间早,体检中心覆盖面大,也比较亲民。只可惜,上市路走得不太顺,先后尝试过创业板、中小板,可是阴差阳错始终上不成。

按说三角形是最稳固的,但是在体检界,这三足鼎立的时间并不长。这一产业也像其他新兴产业一样,非常烧钱,需要不停融资来扩张。但当资本介入后,就会对企业有各种业绩和扩张的要求,相当于有资本在背后挥舞着小鞭子,企业哪敢不去攻城略地!

于是,这体检界的三兄弟,先是对外吸收合并小的体检中心,争夺地盘,随后竞争白热化,开始互相蚕食。老三慈铭体检先是在这场厮杀中败下阵来,2014年冬,慈铭体检接受美年健康的投资,二者结成联盟。于是体检界进入两家争雄的阶段。

事实上,此时谁是老大、谁是老二,还有些难讲。美年健康在门店规模等方面,已经开始超越爱康国宾。在美年健康与慈铭体检合并后,美年健康年体检人次达到728万,占体检市场份额的1.9%,是爱康国宾的2.7倍;同时,其拥有的线下体检中心达到154家,远超爱康国宾的58家,并且逐渐将网络布局下沉至三、四线城市。

总之,在外界看来,美年健康的如意算盘是先吃下老三慈铭体检,再吃掉老大爱康国宾,占领行业老大的位置。健康体检行业从此天下大一统,尽数归于美年健康的囊中。

与风头很劲的美年健康相比,爱康国宾2014年仅仅扩张了13家门店,全国门店共58家。线下机构网点数量不足,成为爱康国宾的软肋。美年健康依托国内资本市场,弹药充足,在国内虎视眈眈,老大爱康国宾开始紧张了。健康体检业火药味十足,一场争夺战即将开始。

2.私有化启动！开枪为自卫

爱康国宾的私有化,赶上了 2015 年的中概股退市高潮。爱康国宾在 2015 年 8 月 31 日收到董事长兼 CEO 张黎刚的私有化要约,这距离爱康国宾登陆纳斯达克,也不过 17 个月。张黎刚说,"爱康国宾选择私有化,完全是出于战略性的选择"。

在张黎刚宣布私有化之时,爱康国宾的股价为 15.39 美元/ADS,市盈率为 30 倍,总市值为 10 亿美元。这样的股票表现在中概股当中非常耀眼,可以说,爱康国宾是中概股中市盈率最高的几家公司之一,是美国资本市场的"香饽饽"。

既然在美国日子过得挺好的,又受到投资者的认可,为什么还要启动私有化呢? 当时国内的健康体检业,竞争局势很紧张。美年健康在国内积极扩张,爱康国宾感到在美国股市估值有限,融资能力受限。

美年健康在成功借壳上市公司江苏三友后,在国内 A 股市场有 370 亿元的市值,市盈率超过 140 倍。而爱康国宾作为体检行业的翘楚,当时在美国纳斯达克的市值不过 10 亿美元,市盈率为 30 倍。

这就是当时境内外资本市场估值的差距,如果没有平和的心态,确实容易感到失落。压力不仅来自估值差,爱康国宾看到美年健康不仅有强大的融资能力,而且还有野心,吞并了慈铭,一副想当行业老大的样子。总之,想到这些,张黎刚感到有压力了,于是思变,决定从美国资本市场退市。

张黎刚提出私有化,正中了美年健康的下怀。美年健康的 CEO 俞熔野心勃勃,已将上市公司多数股票质押。而且,他在借壳重组时做了巨大的对赌业绩承诺,如果完不成,需要回购股份或者自掏现金补偿。① 而企业自身的业绩增长率总是有限的,为了完成对赌承诺,美年健康想要吞并盘子大、盈利强的爱康国宾。

从美年健康的角度,此前与爱康国宾围绕着在国内争夺体检中心据点的拉锯,始终是分散的、局部的。如今,既然爱康国宾要搞私有化,正好也可以参与其中,来一场直接的、正面的对决,直捣爱康国宾在纳斯达克的老巢。私有化,成了双方一个公开的竞技场!

反过来说,如果爱康国宾不主动启动私有化,美年健康虽然虎视眈眈,但一时真不好找到合适的时机发动对爱康国宾的正面进攻。

3.上半场肉搏战! 加价、毒丸和要约收购

前面讲到,随着国内体检业内竞争加剧,老大爱康国宾和老二美年健康火拼是迟早的事。

爱康国宾提起的私有化,就成了双方博斗的战场。现以爱康国宾董事长兼 CEO 张黎刚牵头的私有化财团为我方,以美年健康牵头的私有化财团为对方,逐一分析双方的对垒。先看上半场双方的对峙。

(1)第一回合:我方初始报价,对方加价(抬价 23.6%)

①我方初始报价。2015 年 8 月 31 日,爱康国宾董事长兼 CEO 张黎刚与私募股权基金方源资本一起,向爱康国宾提交了私有化初步要

---

① 美年健康在江苏三友的重组方案中承诺,2015－2018 年度合并报表口径下净利润分别为 2.23 亿元、3.31 亿元、4.24 亿元和 4.88 亿元。如果完成不了利润指标,将以美年健康股份作价补偿,不足的部分以现金方式进行补偿。

约,报价为 17.8 美元/ADS。①

②对方第一次加价。2015 年 11 月 30 日,美年健康让江苏三友及其财团出面,向爱康国宾董事会及其特别委员会提交私有化要约,价格为 22 美元/ADS,比张黎刚等管理层牵头的买方财团报价高 23.6%。

第一回合点评:本来美年健康就想吃下爱康国宾,爱康国宾一提私有化,正好给了美年健康机会启动争夺战。爱康国宾管理层自身股权比例不高,这点造成了后来的被动。

(2)第二回合:我方毒丸反击,对方再度加价(抬价 32%)

①我方毒丸反击。2015 年 12 月 2 日,爱康国宾祭出“毒丸计划”,如有任何机构或个人获得 10% 以上 A 类普通股股份,或任何机构获得超过 50% 的 A 类普通股股份,爱康国宾的毒丸计划就会启动;如任何机构或个人准备实行要约收购,以获超过 10% 的 A 类普通股股份,毒丸计划也会启动;如毒丸计划启动,则每份普通股会获得一份相应的认股权,这个价格是每股 80 美元,即 40 美元/ADS。

②对方第二次加价。2015 年 12 月 14 日,美年健康将要约价格加至 23.5 美元/ADS,收购价格比张黎刚等管理层牵头的买方财团报价高约 32%。

第二回合点评:对美年健康的私有化要约,爱康国宾试图以毒丸计划进行反击。但爱康国宾已设了审查私有化的特别委员会,该毒丸计划就需要经过特别委员会的同意后方可实施。当对方给出的报价远远

---

① 为评估内部要约,爱康国宾董事会于 2015 年 9 月 10 日宣布成立特别委员会,之后特别委员会于 2015 年 11 月 10 日聘任了相关的财务顾问及法律顾问,协助开展评估要约的具体工作。

高于管理层牵头的财团给出的要约价，特别委员会很难有合理理由通过毒丸计划来拒绝高报价。

(3)第三回合：我方新增财团援手，对方再度加价（抬价 40.4％），并发起要约收购

①我方新增财团援手。2016 年 1 月 5 日，张黎刚等管理层牵头的私有化买方财团，新增阿里巴巴、中国人寿、中国新资本国际、LTW 资本捷豹、安大略教师年金和天津君联赟鹏企业管理咨询等成员，组成了新的私有化买方财团。

②对方第三次加价。2016 年 1 月 6 日，美年健康将要约价格加至 25 美元/ADS，收购价格比张黎刚等管理层牵头的买方财团报价高约 40.4％。

③对方采取要约收购。见到我方财团扩容，对方也增加了财团成员，组成了联盟。① 江苏三友财团采取"分敌击破"的策略，提出了要约收购的方案——

"鉴于与张黎刚及其买方集团无关联关系的爱康国宾股东拥有爱康国宾超过 64％的表决权（包括美国存托股份代表的股份），买方财团拟将收购结构设计为两步交易的合并，从而使无关联股东有权自行做出决策，并在其支持我们的收购的情况下，及时地以现金方式收到提高后的股份价值，而无需考虑张黎刚对买方财团收购的立场。

"买方财团拟按照其顾问于 2015 年 12 月 21 日提交给特别委员会的合并协议的大体格式订立合并协议（该等合并协议可能会进行修改或

---

① 买方财团成员新加入了上海源星胤石股权投资合伙企业（有限合伙）、上海赛领资本管理有限公司和海通新创投资管理有限公司。

修订,从而体现进一步优化收购要约所述条款及买方财团与特别委员会一致同意的其他条款,简称'合并协议')。根据合并协议,买方财团将同意在各方订立合并协议后尽快启动以 25 美元/ADS 或每股普通股 50 美元的价格全现金收购爱康国宾全部已发行普通股的要约收购"。

第三回合点评:美年健康并无收手之意,三次大幅提高报价,已远高于我方报价。尽管张黎刚找来资本助阵,但如不能明确提高报价,处境仍颇危。而这时美年健康却想明白了,利用我方持股表决权比例不高的劣势,采取"分敌击破"的策略,扩大同盟阵营,利用资金优势搞要约收购,志在必得。

4. 下半场杀器祭! 反垄断举报和诉讼

在上半场,各方基本都围绕着私有化报价开战,下半场就不局限于此了。"进攻就是最好的防守",于是,在爱康国宾的主导下,战场回到了国内,手段包括起诉、举报、开媒体发布会等。

(1)第四回合:我方起诉对方侵犯商业秘密

①我方起诉对方侵犯商业秘密。2016 年 1 月,爱康国宾对牟元茂、美年健康产业(集团)有限公司、美年健康产业控股股份有限公司以及广州美年医疗门诊有限公司、广州美年健康科技有限公司侵犯商业秘密的行为提起民事诉讼,要求赔偿 5000 万元。

爱康国宾指出,2014 年开始,爱康国宾陆续出现团体客户大面积异常流失的情况,在爱康国宾向新客户进行投标时,竞标成功率也远低于往年以及同期全国平均水平。后经查发现,爱康国宾在广州地区的业务系统遭到了攻击和侵入,侵入者以广州爱康国宾的内部业务系统为通路,将爱康国宾的经营信息以远程连接、读取、下载的方式大量盗取。通过对大量的非法侵入日志记录进行跟踪和分析,最终锁定操纵非法侵入的是美年健康的管理人员牟元茂。

牟元茂此前是美年健康广州区的市场负责人,2014 年 11 月被北京市公安局网监大队刑事拘留。在该起民事诉讼前,牟元茂已被判处 1 年零 4 个月的有期徒刑,罪名为窃取公民信息、侵犯爱康国宾业务信息。

②对方发布公开信表示反对。美年健康发表公开信,一方面证实了在 2016 年 2 月 24 日,确实收到了关于上面提及诉讼的法院传票和诉状;另一方面强烈指责这一行为,表示此刻提起诉讼,"带有非常明显的恶意诋毁、蓄意炒作,并试图干扰正常市场秩序"。

第四回合点评:商战已趋白热化,爱康国宾开始启动系列诉讼和举报,诉讼皆为高额索赔,意图震慑对方。

(2)第五回合:我方进行反垄断举报

①我方进行反垄断举报。2016 年 3 月 10 日,爱康国宾召开新闻发布会,向媒体公布称,已向商务部反垄断局实名举报美年健康产业控股有限公司及其实际控制人俞熔。爱康国宾举报的理由是,美年健康违反反垄断法,在对慈铭体检进行的相关股权收购交易中未依法进行

申报。①

　　②对方接受反垄断调查。在爱康国宾新闻发布会的当天,美年健康发函进行反驳,称不涉及垄断,并指责张黎刚此举是"以非市场行为干扰私有化的进程"。但在,2016 年 7 月 26 日,美年健康发布公告称收到了中国商务部反垄断局出具的《涉嫌未依法申报经营者集中立案调查通知》(下称"《调查通知》"),接受商务部反垄断局的立案调查。

　　第五回合点评:反垄断审查对美年健康产生了巨大的威慑作用。按照反垄断的规定,美年健康和慈铭体检如果真超过了经营者集中的申报门槛,其合并不能通过商务部的反垄断审查,那这两家公司不仅可能被罚款,还会被勒令要求恢复到合并前的状态。②

---

　　①　根据江苏三友披露的重组文件,慈铭体检之前宣布与美年健康的股权合作大致情况如下。2014 年 11 月,美年健康与慈铭体检全体股东、慈铭体检签订《关于慈铭健康体检管理集团股份有限公司之股份转让协议》,拟分期收购慈铭体检 100% 股份,慈铭体检总体估值 36 亿元。其中,第一次转让股份占慈铭体检总股本的 27.78%,该部分股份估值 10 亿元,收购已完成;第二次转让股份占慈铭体检总股本的 72.22%,该部分股份的转让对价可采取货币资金支付、股份支付及两者结合的方式进行,具体支付方式由各个卖方独立自主决定。对于采用货币资金方式支付的股份转让,美年健康应在交割日(2014 年 12 月 19 日)后的 12 个月内完成;对于以股份或股份与货币资金结合作为转让对价的,由选择该支付方式的慈铭体检股东与美年健康于交割日后的 12 个月内协商确定有关的进度及支付安排。如在交割日后的 12 个月内,美年健康未能按照协议的约定完成 72.22% 股份中的货币方式受让,慈铭体检或其指定的第三方有权在约定收购期满后,按照该次交易的价格回购或收购已经转让给美年健康的 27.78% 股份中的全部或部分。

　　②　根据《国务院关于经营者集中申报标准的规定》,参与集中的所有经营者上一个会计年度在中国境内的营业额合计超过 20 亿元人民币,并且其中至少两个经营者上一个会计年度在中国境内的营业额均超过 4 亿元人民币的情况下,需要向商务部反垄断局进行反垄断申报。美年健康收购慈铭体检时,美年健康 2014 年年度中国境内营业额为 14.3 亿元人民币,慈铭体检为 9.1 亿元人民币,两家公司 2014 年年度的中国境内营业额均已超过了规定的申报门槛。

(3)第六回合:我方起诉对方侵犯著作权

①我方起诉侵犯著作权。2016年5月,爱康国宾召开媒体发布会称,爱康软件开发系统的前员工跳槽到美年健康全资子公司美东软件工作,盗取原公司体检管理软件源代码,侵害了爱康国宾集团的健康体检软件系统著作权,已在上海市知识产权法院起诉,要求赔偿损失合计人民币5300万元,并要求美年健康旗下近200家体检中心及圣嘉门诊部停止使用并删除涉嫌侵权软件,要求相关被告登报消除影响、赔礼道歉。

②对方发出严正声明。遭到起诉后,美年健康再次发出严正声明,认为爱康国宾制造的多起诉讼、举报事宜对美年健康构成了恶意中伤、抹黑,称将会坚决应诉。

第六回合点评:爱康国宾高调起诉并提出高额索赔,意图震慑对方。

(4)第七回合:管理层和美年健康都退出私有化,换新主角出场

①2016年6月7日,爱康国宾宣布收到来自云锋基金的私有化要约,准备以每份美国存托股凭证20~25美元价格收购爱康国宾发行在外的100%流通股。·

②2016年6月7日,张黎刚宣布撤回私有化要约。

③2016年6月8日,美年健康宣布撤回私有化要约。

第七回合点评:云锋基金一提出报价,张黎刚代表的爱康国宾创始人和管理层团队便退出了私有化,同时美年健康也一并退出了。

5.得分失分! 恩怨哪堪回顾

这一场私有化下来,爱康国宾并不能算输。没有被竞争对手美年

健康整合,在品牌和经营理念等方面还尽量保持公司本来的基因,得以继续作为健康体检业的一股主要力量存在。

而创始人和管理层呢?在最初面对敌意收购时,CEO张黎刚称将会战斗到底,"作为爱康的创始人,我将与爱康共命运、共进退,我本人不会支持任何其他竞争性交易"。

半年过后,战斗到最后,张黎刚却只能说,"在过去的6个月内,我一直在与包括爱康的竞争对手美年健康在内的一个竞争性财团发出的敌意收购要约做抗争。为了公司的长期利益,如果我从爱康股东层面和管理层面完全退出将有助于知名且友好的投资者对于爱康的收购,我愿意在收购完成时离开。作为爱康的创始人,其实这将是一个非常艰难的决定"。

他的话语让人动容,体现了一位企业家的英雄悲情。敬重这位企业创始人,他曾一度带领公司占据行业第一的位置,给体检业带来一股清新之气,提高了体检行业客户的感受力,他的成绩不容抹杀。

但是从另一方面讲,原想携手资本进行私有化,带领公司继续做大做强,结果事与愿违,如果真要把自己一手创立的公司拱手让人,这确实让人难过和伤感。

回顾爱康国宾创始人和管理层的表现,有一些得分项,也有一些失分项。得分项具体见前两节中涉及的各个回合,总体来讲,在应对敌意收购时,能给对手不小的压力。而与此同时,也一些失分项。

首先是创始人提出的私有化方案有些激进。从时机来看,选择在2015年下半年启动私有化并不太有利。私有化之时,爱康国宾在纳斯达克有30倍的市盈率,股价偏高。张黎刚选择在这个时机去私有化,抛开是否有竞争对手来截胡不说,自己的融资压力也很大。

尽管张黎刚方面的要约价只比当时的股价溢价约 10％,但因为其手中拥有的股票筹码太少,大致测算张黎刚至少需要筹集 60 亿元才能完成私有化,其融资压力可想而知。但事实上,对一只原本就不便宜的股票进行私有化,创始人和管理层自身持有股权比例和表决权比例双双不高,还出现了敌意收购的竞争对手,最后去比拼双方背后财团的融资能力,如果最初知道私有化意味着这样的局面,创始人是否还愿意提议私有化呢?

说到持股比例,之所以在私有化中遭遇如此困境,主要还是张黎刚作为管理层自身持股太少,表决权太少。私有化之时,张黎刚组织的买方财团拥有公司 12.6％的流通股,这些股份代表了公司 34.5％的表决权,不足以控制公司。① 张黎刚为首的管理层决定采取一步式的合并方式,但却未能考虑一步式适用的前提条件。在基本面不扎实的前提下,就采用激进的打法,自然达不到预期效果。

美年健康虽然在最初靠一轮轮的提高报价来吸引散户,但很快就醒悟到,应该用两步式的交易方式,利用自身资金优势发起要约收购。此招甚是致命。

张黎刚为首的管理层对竞争对手开展了半年多的狙击战,但其中不能说有真正克敌制胜的办法。事实上,面对竞争对手比管理层提出报价高出 40％以上的私有化议案,特别委员会很难代表公司回绝此报价,否则会立刻激起大量美国股民的集体诉讼。

---

① 爱康国宾发展初期,为了获取门店资源,爱康和国宾合并,导致创始人张黎刚的股权被稀释。

第十二章

中概股公司的私有化和重组实务

● 上市公司如果决心做私有化和回归,代价可谓不小,为什么?

● 中概股公司进行私有化退市的主要程序有哪些?

● 按照传统路径,中概股公司从启动私有化到最终回归境内 A
股,有哪些主要步骤?

● 拆除协议控制结构和重组涉及哪些事项,需要重点把握的关键
点有哪些?

在读完本章后,对于以上问题,应该可以得到答案。

一、私有化和回归的主要步骤

1.代价不菲! 私有化也贵

中概股上市公司进行私有化和回归的代价可能是巨大的,堪比
IPO上市的花费,甚至还要更高。上市时各方面的成本和投入原本就
不菲,但私有化和退市的成本和投入更大,这是为什么呢?

首先,私有化通常是溢价收购。为了保证私有化顺利进行,实施私
有化的买方财团作为收购方,给广大中小股民开出的私有化要约价格
往往是有溢价的,溢价幅度不等。当然了,如果能有理由不给溢价,或
者不怕被指责,不给溢价也不是不行。但前提是不溢价也能让其他股
东同意,能让私有化方案得以在特别股东大会上通过。

其次,私有化的中介费用很高。私有化和退市涉及多方利益,需要
得到专业的财务顾问、律师、审计师等外部顾问的建议,这对于私有化
和后续的成功再上市非常重要。此外,上市公司进行私有化需要成立

特别委员会，特别委员会也要雇佣自己的财务顾问和律师来评估要约的价格和履行相关的职责。这些国际性的专业中介机构通常计时收费，账单金额动辄几十万甚至数百万美元。

私有化作为一项上市公司非常重大的交易活动，要受到证券监管机构的详细审查。比如，对于美国上市公司的私有化来说，美国证券交易委员会的监管就非常严格。对于上市公司披露的申报文件，如果处理不好，就很容易遭到美国证券交易委员会的质疑而不能通过，而且也很容易招致中小股民的集体诉讼。

总之，如果私有化当中的任何环节处理不好，便可能给自己的公司以及大股东、董事埋下地雷，一旦未来被引爆，后果便不堪设想。

此外，私有化的时间成本和财务成本也不可忽视。私有化程序本身就需要不短的时间，再加上后续的重组和上市，全部算下来花费 2 年左右是非常正常的。另外，重组过程中也有大量的税负和资金问题，需要全盘考虑的问题很多。

最后，不要低估国外股民和国外律师事务所的活跃程度，更不要低估国外监管机构的严谨程度。如果私有化的价格不合理，或有程序做得不到位，便可能招致股民集体诉讼。一旦证券监管部门认为私有化过程中存在违规情形，上市公司、高管和相关人士还可能受到调查。如果出现这些情况，一来可能需要花钱免灾，进行庭外和解和赔偿，二来可能还会拖延私有化的进度，甚至让私有化交易无法交割。

现实中，许多上市公司在私有化提议公告发出之后，都遭受了股民的质疑，如认为私有化要约价格太低，认为私有化计划存在投机和套利性质，或者认为私有化发起人违反了董事的信托责任等。但上市公司和买方财团也不得不硬着头皮，在争议的炮火中继续将私有化向前推进。

总而言之，为了能按计划的时间表完成各个事项，上市公司需要提前筹划好，还要在预算、财务、时间节点等方面留有一定的周转余地，以谨小慎微、如履薄冰的态度推进私有化。

另一方面，如果私有化已经启动了，那对私有化的成功要有信心、有正念。好事多磨，磨砺虽多，但结果常常是好的。中概股公司多数都注册在开曼群岛，根据当地的投票表决机制，提出私有化的股东不需要回避表决，这就大大提高了私有化结果的可预测性，私有化一般最终总能完成。

2.好事多磨！私有化退市的流程

私有化是复杂的并购交易，涉及上市公司监管机构和多方主体，如果处理不当，存在不能顺利完成的风险。

纵观在美国上市的中概股公司的私有化和退市历程，有些公司的私有化进程非常顺利，如被培生收购的环球雅思，在短短 30 天内就完成了私有化。但同样，也有几经周折才得以完成的案例，如历经 388 天才完成私有化的泰富电气（HRBN）。

2005 年 1 月，泰富电气以开盘价 3.1 美元登陆美国资本市场。2007 年 1 月 31 日，泰富电气成功升板，正式开始在纳斯达克市场主板进行交易，股价也涨至 12 美元，实现华丽转身。

3 年后的 2010 年，泰富电气启动私有化。泰富电气推进私有化正赶上美国资本市场对中国概念股的强势做空浪潮，泰富电气也成为做空机构的攻击对象。但泰富电气还是坚持完成了私有化，共用了388 天。

泰富电气私有化可以总结为三个阶段,各个阶段的基本流程如下。需要说明的是,这是适用于一步式合并的流程。

(1)第一阶段:宣布私有化交易

①成立买方财团。私有化的发起人要组建自己的买方财团,搭建班底是很重要的一件事。私有化的发起人成立买方财团,先争取其他主要股东的支持,再从外部获得投资机构的支持。

②提交非约束性报价并公告。买方财团需要向公司董事会提交一份初步非约束性收购意向书,其中需载明私有化的收购价格以及总交易金额。买方财团将该文件提交给董事会,同时上市公司发布公告,表示董事会已经收到私有化提议。

2010年10月11日,泰富电气宣布收到董事长兼CEO杨天夫和霸菱亚洲投资基金集团(下称"霸菱")的私有化提议,收购价格为24美元,该公司总股本为3125.1万,总交易金额达7.5亿美元。

泰富电气在这个环节上遭遇了波折。买方财团成员之一的霸菱在中途决定更改融资方案,在更改后的融资方案中霸菱承诺为私有化提供的资金有了比例限制,最高仅占此次交易总额的10%,这让人对泰富电气私有化的资金情况表示担忧。

(2)第二阶段:董事会批准

①组建特别委员会。公司董事会在收到私有化提议后,应当组建成立特别委员会,对私有化要约进行评估。

特别委员会一般包括公司的独立董事,同时也会聘请专业人士介入参与,如行业领袖、专业顾问等。特别委员会的任务是要独立于董事会之外,保护广大股东的利益。特别委员会要对要约价格是否公允给出意见,还要对价格以及收购细节进行把关,确定最终收购条款。

2011 年 3 月 17 日,泰富电气宣布成立了一个由独立董事组成的特别委员会,评估由 CEO 杨天夫提出的公司私有化提议。特别委员会的功能是保护广大股东的合法权益。如果特别委员会不同意私有化提议,会直接导致无法启动股东大会表决。

②签署合并协议。在经过特别委员会的审查和评估后,特别委员会向公司董事会推荐该私有化交易方案,并将合并协议提交董事会。当董事会批准该协议后,公司与买方财团设立的并购实体(包括并购母公司和并购子公司等)签署合并协议。

2011 年 6 月 20 日晚,泰富电气宣布同意私有化收购方案。消息称,泰富已与 Tech Full Electric 和 Tech Full Electric Acquisition 签署一项最终合并协议和计划。Tech Full Electric 在开曼群岛注册成立,由泰富电气公司董事长兼 CEO 杨天夫全资控制,是并购母公司。Tech Full Electric Acquisition 在美国内华达州注册成立,是 Tech Full Electric 的子公司,是并购子公司。

(3)第三阶段:交易实施和完成

①向美国证券交易委员会提交文件。在特别委员会与各方对私有化方案确认完毕,并签署最终的合并协议后,私有化发起人按照美国证券交易委员会的相关规定,提交股东委托投票权说明等文件,并披露私有化的详细合并方案。

2011 年 7 月 13 日,泰富电气向美国证券交易委员会提交了相关文件,进一步披露了该公司私有化的情况和进展。

②提交特别股东大会批准。公司通知召开特别股东大会,要求股东对私有化和收购的相关文件进行投票,特别股东大会经过投票后决定是否通过合并协议。

2011 年 9 月 30 日，泰富电气宣布已向美国证券交易委员会递交有关与 Tech Full Electric 合并的委托投票文件，同时宣布泰富电气将于 2011 年 10 月 29 日举行特别股东大会。

2011 年 10 月 29 日，泰富电气在纽约召开特别股东大会，通过了公司私有化方案。

③交割和摘牌。当合并协议约定交易条件全部得到满足后，就需要进行合并协议的交割。随着交割的完成，上市公司便可宣布终止美国证券交易法下的注册和报告义务。最后一步，是向交易所提交停止交易的申请，交易所对其正式摘牌，私有化和退市自此完成。

泰富电气后来如何了呢？在私有化完成后，泰富电气原本希望能登陆国内资本市场。2014 年年底，我国 A 股上市公司宝光股份（600379）曾对泰富电气提出资产重组计划，泰富电气期待以此为契机借壳上市。但后来，据称因为泰富电气的债权人有不同意见，泰富电气的协议控制结构未能按照要求拆除，该重组计划被搁浅。

3.路线图！回归三大战役

如某些中概股公司所说，海外上市的低估值和低股价，简直对不起股东，一定要进行私有化。对于近年来启动私有化的中概股公司而言，私有化的最终目标不仅仅是退市，而是在国内再上市。一言以蔽之，在海外上市的中概股公司完成私有化后，期待能回 A 股重新上市，回到估值高的国内资本市场。[①]

尽快回归境内 A 股市场，这是中概股公司在启动私有化时的期望和愿景，也是公司、创始人和大股东、其他买方财团成员及机构投资者各方的共同目标。但何时能实现，并不好预计。

无论任何事，事先做好最坏的打算总是必要的。所以曾有人说，发起私有化的创始人、大股东要先想好，做个极端的假设，如果最终无法再上市，是否还愿意私有化。一旦退市开启，就将确定离开美国资本市场，基本没有回头路。而这些启动私有化的创始人明知这一问题，多数还是决定开启私有化。

如果确定要做私有化，后面的退市、拆除协议控制结构、回归 A 股这一连贯的行动，所牵涉的境内外监管审批、交易结构设计、资金安排等方面问题非常复杂，需要尽早引入国内机构和中介，早早开始筹划大计。

在回归之前，各方要对私有化和回归所涉及的主要阶段心里有数。如果按照传统的路径，大致来说，回归必须要完成私有化和退市、重组和境内上市三大方面的任务，就姑且叫回归的"三大战役"吧。[②] 当然，这三大战役在时间上可以交叉，可以在同一时间多个战线同时作战，如同时开展私有化和重组。但即便如此，三大战役全都完成，一般也需要2 年左右的时间。

---

① 也可能正因为如此，如果短期内回归境内资本市场的难度太大，中概股公司从美国完成退市后，开始考虑去香港资本市场上市融资，这是 2016 年年底之后出现的新趋势。

② 个别私有化后回归的案例与传统路径不同，采取分拆资产、跨境转板或跨境换股收购的方式，但这些方案能否落实的不确定性较大。

对于这三场战役的核心任务,分别总结如下:

(1)战役一:私有化和退市

该阶段需要完成的事项,包括寻找投资者、确定融资方案、确定私有化要约方案、成立特别委员会、向董事会提交私有化方案并公开宣布、董事会批准、签署最终合并协议、交割并完成退市。

私有化的结果,一般能够从各方势力对比来预测得知。说到底,私有化是一个重新洗牌、确定各方利益的过程。比如,大股东控制的股票分量重(包括股票数量多和表决权比重大),融资又足够充分,私有化的完成还是很有保证的。尤其是中概股公司常见的注册地(如开曼群岛)投票机制比较宽松,所有股东都可以参加投票,提出私有化的股东不需要回避表决,这就大大降低了私有化的难度,私有化完成很有把握。①

虽然私有化的结果比较有把握,但私有化的过程会不会顺利,其间可能会出现什么样的风险和波折,则需要具体问题具体分析。例如,如果私有化的价格不合理,程序做得不到位,可能会带来被诉的风险,那就意味着要掏腰包进行庭外和解,还可能会导致私有化进程因此而被延迟,甚至无法交割。

(2)战役二:结构重组

该阶段需要完成的事项,主要包括拆除中概股公司的协议控制结构,并对公司进行必要的重组。

---

① 对于早些年在美国上市的中概股公司,或者后期在美国买壳上市的中国企业,因其上市主体是美国公司,私有化交易的参与方被要求回避表决,需要少数股东表决通过,这样就增加了私有化的不确定性。

海外上市的中概股公司许多都是协议控制结构,想要回归 A 股,需要拆除原有的协议控制结构。在重组过程当中,一般会涉及把控股权转回境内。其中,复杂的持股结构要被处理,不能有遗留的税务问题(重组涉及的税负一般很重),员工股票期权激励计划要得到妥善安排。

在这一阶段还需要确定拟上市主体,是以外商投资企业还是以境内运营实体作为未来上市主体,并以此为基点,确定重组结构。上市主体的股权结构设计应当简化、透明和稳定,并且要符合 A 股上市的业绩连续、持续盈利要求,实际控制人的认定,以及维持原则等。

重组过程涉及的境内外投资机构很多,涉及的监管部门也很多,如商务部门、外管局、工商部门、税务部门等,其中有很多谈判和协商的工作。对于要回归的公司来说,重组可能是一个涅槃重生的过程。

至于重组的目标如何实现,重组的成本有多高,事先不好做出估计,一方面要看具体案例的情况和难度,另一方面也要看当时的政策和环境。总之,顺利与否存在较大的变数。

(3)战役三:登陆境内资本市场

最后一步,是完成将中概股公司原有资产和业务在国内 A 股的再上市。中概股公司回归 A 股有两种主要途径,选择首次公开发行上市(IPO)或者重大资产重组。

以 IPO 的方式登陆 A 股,原本有两个障碍。一是排队审核的企业多,二是 IPO 审核常暂停。

第一个障碍已经得到改善。自 2016 年起,监管层对新股发行上市的审核力度加大,IPO 提速,"堰塞湖问题"得到不小的缓解。

2014-2016 年,A 股 IPO 年发行数快速增长。进入 2017 年之后,发行速度超过以往,平均每周发放 10 家 IPO 批文。如果维持此趋势,所有在审企业近 600 家，在 2017 年年底就可以全部消化完。也可能是因为此原因，进入 2017 年后，退市后的中概股公司纷纷表示将在未来申报 A 股 IPO。

关于第二个障碍，目前监管层也希望能够克制这种叫停现象的发生。以往来看，每当股市不稳，就会通过减少或暂停 IPO 的方法来稳定市场。不过我国证券监管机构已经意识到，减少或暂停 IPO 以稳定市场并不是好办法。

除了 IPO 之外，另一个登陆境内资本市场的方式是重大资产重组，通常是借壳。对于借壳的监管审核原则上要求与 IPO 等同。

如本书前面所述，对于中概股公司的借壳回归，监管层面趋于消极谨慎的态度，2016 年年中出台了严厉的重大资产重组新规，2017 年年初又严格限制了定向增发的规模和周期，监管层以此希望能够遏制"炒壳"的现象。

不过，在 2017 年 11 月 3 日，我国证监会又做出了原则性表态，支持符合条件的中概股公司以并购重组方式的回归，"重点支持符合国家产业战略发展方向、掌握核心技术、具有一定规模的优质境外上市中资企业参与境内 A 股公司并购重组，并对其中的重组上市交易进一步严格要求。同时，证监会将继续高度关注并严厉打击并购重组中涉嫌内幕交易等违法违规行为"。

总之，回归 A 股的路漫漫，从重组结构到完成 A 股上市，其间会有许多困难和挑战。比如，环境政策的不确定性，资金成本的压力，内部私有化成员之间的利益协调，等等。

考虑到国内资本市场的风云变幻，上市和重组要受制于监管审批，中概股公司在私有化完成前后，都要有心理准备，有可能回而不归，短期内完成境内上市难度系数还是不小的。

二、协议控制结构拆除和公司重组要点

明白了协议控制结构的由来，也就能看到协议控制结构的因果。协议控制结构的搭建，是为了中概股公司成功登陆海外市场。而协议控制结构的拆除，是为了回到国内资本市场上市。

当中概股公司想要退市并在退市后回归A股，或者协议控制结构搭好后尚未在海外上市就想回归A股，这时候的协议控制结构就要拆除，这是个重组的过程。

拆除协议控制结构，也是一个重新洗牌的过程。涉及各方的博弈，需要把握和平衡各方的现有利益和诉求利益，据此制定和实施整体最优的拆除方案。

1. 赎身不易！结构拆除如改嫁

想当年，为了海外上市，中概股公司才搭建了协议控制结构。那会不会有一天，为了退市，或者是什么其他原因，还得拆除协议控制结构呢？

答案当然是肯定的。中概股公司是怎么"嫁"出去的，现在还得怎么"改嫁"回来。罗密欧和朱丽叶在一起几年后，时过境迁，朱丽叶要想回来，便需要将当年签署的控制性协议解除掉。

要知道，朱丽叶和罗密欧签署的协议，核心在于朱丽叶作为境内运营的实体"被控制"，包括股权被质押、利润被控制、表决权被控制等。现在朱丽叶想要和罗密欧解除协议，那就需要从罗密欧家族赎身，彻底

与其解除关系。

被分手的罗密欧希望能得到足以让家族满意的回报,否则不愿放人。这时朱丽叶只有支付足额的"赎身费",罗密欧才肯同意与其解除协议,境外投资者才能被清退。

在这一分手过程中,朱丽叶能动用的主要力量就是中概股公司在境内的创始人。而一旦罗密欧索取的分手费太高,除了自掏腰包,为了能快速赎身,还需要在境内再找新的投资者,共同努力把朱丽叶赎回来,这便是境外投资者的退出和境内新投资者的加入。顺利的话,朱丽叶在境内尽快重组好,并寻求再上市。

总之,原来之所以搭建协议控制结构,是国内中概股公司为了去海外资本市场融资。现在为了私有化和回归,需要"退婚"或"离婚"(视公司是否在境外已经上市而定),与原来的"婆家"撇清干系(清退境外投资者),与自己的"娘家"夯实基础(权益回落境内),与新的"婆家"搞好关系(找境内投资者接盘和融资)。

以这样的思路去看待结构拆除方案,便会有豁然开朗的感觉。总之,就协议控制结构的拆除而言,最核心的问题是如何对各方利益重新安排,使各相关方达成一致,并且这一安排要具有可实施性和可操作性。

2.马首是瞻! 重组的主要方面

协议控制结构搭建难,拆除更难。有人以为协议控制结构就是一套协议文本,把这套协议解除了,就算拆除完毕。其实并非如此,解除协议只是拆除协议控制结构中的一个环节,还不是最重要的环节。重组和拆除协议控制中涉及的事项千头万绪,必须抓住主要矛盾。如果重组的最终目的是实现境内上市,一切都要围绕这个来进行。

所以,有必要温习一下我国境内 A 股上市的一般要求(仅是列举,并未穷尽)。在拆除完协议控制结构并且重组完成后,这些条件都得具备,不然没法在境内上市。

(1)关于国内上市主体的要求。应当符合产业政策,具备业务资质和牌照,符合盈利要求,资产和业务具有独立性、完整性,在规定时期内实际控制人和管理层未发生重大变化,主营业务无重大变化。

(2)关于股权方面的要求。应当做到股权结构清晰,无潜在纠纷,股权转让支付合理对价,员工激励计划得到妥善清理和落地,公司与股东之间不存在同业竞争等问题。协议控制结构拆除后的境内公司作为标的资产,应当为权属清晰的经营性资产。

(3)关于合规方面的要求。应当做到上市主体在报告期内未有违反工商、外汇、土地、环保、海关及其他法律、行政法规的情况,不得存在受到行政处罚且情节严重的情形,或者存在可能严重损害投资者合法权益和社会公共利益的其他情形。

就以上的上市要求而言,前两项可能相对来说更为关键,在着手拆除协议控制结构的时候,需要首要确定如何应对前两项。与权益结构有关的事项,是企业重组和再上市必须要抓好的主要矛盾,需要唯此马首是瞻。

围绕着"权益结构"这个核心,拆除协议控制结构和重组的过程就像把大象放进冰箱一样,总共分三步。当然了,不会真这么简单。

(1)第一步,先确定境内的拟上市主体,同时要兼顾业务的连续性、实际控制人不能发生变更等要求。

在典型的协议控制结构中,境内包括两个核心主体,一个是境内运营实体，通常拥有业务运营牌照以及实际运营的业务、资产及人员；另一个是外商投资企业，即境外融资进入境内的主要通道，也是对境内运营实体施加主要控制的主体。

在进行重组时，需要首先明确，以哪个境内主体作为境内的拟上市主体。这一问题需要尽早明确，因为这关系到后续的创始人权益境内落地、境内资金接盘安排、境外投资者处理等多个核心问题。

而就协议控制架构的回归案例来看，大部分项目似乎都倾向于选择将境内运营实体作为拟上市主体。这主要是因为，在多数情况下，境内的运营实体持有业务牌照，实实在在连续几年运营业务，同时运营主体、业务、资产及人员等都在境内运营实体内。① 因此，用境内运营实体作为将来的上市或挂牌主体，更容易满足资产完整性、业务独立性以及连续性等方面的监管要求。

此外，如果未来想在国内上市，则在规定时间内实际控制人不能发生变更，因此，对于曾经采用协议控制结构的公司，我国证券监管机构重点关注协议是否实际履行、公司的控制权是否曾经发生过变化、投资者是否因为协议的履行已对公司控制权产生了实质的影响。②

另外，对于股权历次变化的历史沿革，也需要注意。从我国证券监管机构的角度，非常关注境内拟上市主体历次股权的变化、变化原因、

---

① 当外商投资企业总资产、营业收入或利润总额等财务指标超过了境内运营实体的相应指标，或因先前的协议安排被实际执行而已将大部分收入、利润等转移至外商投资企业或境外，导致境内运营实体无法满足有关财务指标要求，就可能需要考虑以外商投资企业公司（而非境内运营实体），作为拟上市主体。

② 协议包含一系列控制内容，而其履行情况会影响对实际控制人的判断并决定控制权是否发生变更。

定价依据和实际交割等情况。若股权转让价格存在较大差异的,需解释理由。对于境外投资者情况及其入股、股权转让、股权回购过程,各项交易价格及其定价依据,是否存在股份代持或其他利益安排等问题,也要重点关注。

(2)第二步,境内外的重组,境外权益回落境内,境外投资者退出,境内投资者接盘。

围绕着权益结构这个核心,拆除协议控制结构需要处理的事项还包括创始人权益如何落回境内、境外投资者如何退出、境内资金如何接盘以及是否需要股权下沉或替换。而这也正是拆除协议控制结构中的重点和难点。

如果实际控制人、控股股东本身为境内自然人或法人,境内控制人必须直接持有发行人股权,不得以境外特殊目的公司持有发行人股权。因此,需要考虑将境外特殊目的公司架构去除,对于拟上市主体的控制权必须回归境内。

而如果实际控制人、控股股东本身为境外自然人或法人,则要把握股权结构是否清晰透明以及资金来源是否合法。

关于境外投资者要不要清退的问题,要视情况而定。如果公司的主营业务不存在相关的外商产业政策限制,而且境外投资者愿意随创始人股东一同回归境内上市,则境外投资者可以比照在境外的参股比例,在境内拟上市主体层面取得一定比例的股权。而如果公司的主营业务存在外商产业政策限制,或者境外投资者不愿意参与到公司的境内上市中来,则需要回购境外投资者持有的股份,使其退出。

至于以何种价格能让境外投资者同意退出,以及从何处筹集到资金用于清退境外投资者,就是另一个难点了。如果中概股公司在境外的特殊目的公司有充足的自有资金，或者能获得境外借款，能够自行回购境外投资者股份，在境外公司层面解决该问题，那么事情就简单了。但在很多情况下，公司在境外的实体并没有资金，无法自行回购，那又该怎么办呢？

一般的做法是，公司从新的境内投资者那里融资，以融得的资金将境外投资者清退。以境内运营实体作为拟上市主体为例，为了能清退境外投资者，拟上市的境内运营实体需要寻找合适的境内投资者，由境内投资者以增资的方式投资境内运营实体。增资的资金到账后，境内运营实体再去收购外商投资企业的股权，最终令境外股东能够取得对价而退出。

(3)第三步，解除控制性协议，对无关实体进行清算和注销。

当各方对核心事项达成一致，并在重组实施条件具备后，控制性协议即可在适当的时点解除。各方同时签署书面协议，就终止协议事宜做出具体约定。涉及境内运营实体股权质押的，应当办理工商部门解除质押的变更登记。

如果担心某些后续即将退出的境外投资者不配合签署解除协议，则需要提前在其退出的股权转让协议或回购协议等法律文件中明确，要求境外投资者承诺将配合签署解除协议文件及配合办理解除股权质押的手续等。

在完成拆除和重组事项后，协议控制结构中包含的境外实体都需要办理清算和注销。同时，如果涉及，还要依法办理境内居民设立特殊目的公司的外汇登记的注销。

3.阵法莫乱！重组的其他事项

"万物皆有此理,理皆同出一原",拆除协议控制结构也一样。在理想的状态下,所有人和所有问题都能得到妥善对待。但是,真实的情况是,每个人、每个问题、每个环节都要受到各种限制。在有限的时间内,受限于许多条件和成本,各个问题不可能都以最如意的方式得到完美解决。更多的时候,需要与现实情况妥协,折中找到"两害相权取其轻"的办法。

在协议控制结构拆除的方案当中,除了前述的关键问题,还有千头万绪的其他事项,其中的重点包括税务负担安排、外汇登记、员工期权登记等。各个问题虽然细碎,但"牵一发而动全身",不可大意。

(1)税务成本与税收筹划

首先,境外投资者如果需要退出,退出时的股权收益相对应的税负很高。对于境外投资者的股权转让收益,往往需要由受让方,通常是境内的运营实体代扣代缴10%的预提所得税,完税后才能向外汇管理部门申请核准,购汇汇出境外。例如,在分众传媒回归 A 股而进行的拆除协议控制结构和重组过程中,代扣代缴了约 40 亿元人民币的所得税。

如果涉及境外结构,需要在最上部的特殊目的公司(一般是英属维尔京群岛公司)层面去清退投资者,而股东当中如果有境内居民个人,还要按照收益的20%缴纳个人所得税,因为境内居民个人应当就全球收入所得纳税。

此外,如果在拆除协议控制结构过程中涉及收购外商投资企业的股权,之后该企业变更为内资企业或者被注销,而若该外商投资企业是生产型企业，并在此前已经享受了外商投资企业的企业所得税优惠政策（如外商投资企业"两免三减半"的优惠政策），则属于外商投资企业的企业生产经营业务性质或经营期发生变化，按照我国法律法规，需要补缴此前已经享受的减免税税款。

总之，拆除协议控制结构往往会涉及不小的税务成本。在拆除协议控制结构和重组的过程中，需要考虑采用何种方式能够在跨境税收方面获得最优筹划。如果能与税务部门协调，允许股权灵活转让的定价原则、允许适用特殊税务重组的规则、允许递延纳税，那会更有利。

（2）特殊目的公司登记的合规性

我国证券监管机构主要关注的是，中概股公司的所有创始人在原境外上市主体历次私募融资过程中是否办理了特殊目的公司外汇登记，包括初始登记和历次变更登记。

在历次私募融资过程中办理特殊目的公司外汇登记，与之有关的法律依据主要是《国家外汇管理局关于境内居民通过境外特殊目的公司融资及返程投资外汇管理有关问题的通知》（汇发〔2005〕75号，"75号文"）。而2014年7月后，外管局又出台了《国家外汇管理局关于境内居民通过境外特殊目的公司融资及返程投资外汇管理有关问题的通知》（汇发〔2014〕37号，"37号文"），自此37号文取代了75号文。

许多人觉得，37号文比75号文的要求更合理，可操作性也更强。但因为目前大多数中概股公司搭建协议控制结构的时间点均在2014年7月前，因此适用75号文规定的情形更普遍。根据75号文规定，特殊目的公司发生融资事项变更的，如涉及新的境内投资者，或者原有投资发生变更，应在重大事项发生之日起30日内办理变更登记手续。但对于未能按时办理境外融资的变更登记手续应如何处理，75号文没有明确规定。

在协议控制结构拆除时,如果发现曾经遗漏办理外汇变更登记的情况,就会比较棘手。相关的对策,包括补办登记、出具承诺函或找主管部门出具合法合规证明,这时需要根据实际情况来选择合适的方案。有的时候,虽然想补办登记,但是补办可能所需时间很长,尤其是实务中可能遇到一些地方的省级外汇管理部门能否顺利补办都存在很大不确定性的情况,那样便会给协议控制结构拆除和回归的进程造成不利影响。

此外,如果中国居民在境外特殊目的公司层面未能妥善办理登记,在后续的外商投资企业资金注入或者经营利润流出的环节便会遇到麻烦,很可能面临涉嫌出现虚假陈述或者未能如实披露境外的中国居民持股权益的情况,这时外商投资企业和相关主体将可能面临被外汇管理部门处罚的风险。

可见,外汇登记问题更多是历史遗留问题。如果协议控制结构搭建得规范,各项外汇登记都按照规定办理,那么在拆除协议控制结构的时候就会比较顺利。但是如果此前搭建协议控制结构时就没有规范办理各项外汇登记和审批备案手续,到了拆除协议控制结构的时候,这些问题就会集中爆发,需要妥善处理。

(3)员工持股计划的落地

在大多数协议控制结构的项目里,境外主体都制定甚至实施了员工持股计划,或称员工股票期权激励计划。而在拆除协议控制结构之后,因不再需要在海外资本市场上市,该激励计划就不再继续执行,因此,在拆除协议控制结构的同时如何处理员工持股计划,也是我国证券监管部门的关注重点。

对于员工持股计划,一般有两种处理方式。一种是买方财团直接以现金方式支付补偿,加速兑现现有的员工持股计划,完成后就相当于被清退;另一种是允许员工持股计划对应的股份平移,并由并购子公司承继,从而让目标公司仍有部分股权为员工持股计划所持有。买方财团需要综合考虑资金实力、资金成本、整体重组方案等因素,来确定采用哪种处理方式更为合适。

而由于私有化的中概股公司多为高科技公司,员工构成公司的核心竞争力,为此,在私有化退市后,为了留住核心员工,一般仍需要在重组方案中安排新的员工持股计划。[①]

每个项目都有自己独特的情况,也有独特的难点。拆除协议控制结构的牵头方及其中介机构,需要以理性和务实的态度,明晓利害,强化沟通,顾全大局。

此外,一旦各方确定了拆除协议控制结构的方案,就不要轻易更改,尽量执行到底,还要在时间安排上尤其小心,给整个项目预留充分的、可能发生各种插曲的时间。在计划赶不上变化的时代,只能尽量努力踩准节奏。

三、暴风科技的重组实例

暴风科技(300431,后更名为"暴风集团",又称"暴风")这家公司,

---

① 例如考虑以设立有限合伙的方式,由员工做有限合伙人,由公司实际控制人做普通合伙人。此举既能保证员工的利益,令员工看到对公司持股的好处,同时投票权还能集中在实际控制人手中,可以确保实际控制人的控制力。从境外的员工持股计划转换为境内的员工持股计划,需要做出一些必要的调整。例如,境外期权在很多情况下人数会超过 200 人,而在境内设计员工持股计划时,按照我国现行法律法规的要求,员工人数必须下降至 200 人以下。在进行上述运作时,买方财团内部需要明确有关的成本由谁承担、如何承担等系列复杂问题。

先搭建了协议控制结构,后来又放弃在海外上市,拆除协议控制结构后转而在国内成功上市。本节将通过暴风的案例,具体看一下协议控制结构的搭建和拆除过程。

1.按部就班! 协议控制结构的搭建

协议控制结构搭建得完善与否、合规与否,对中概股公司非常重要。因为无论是选择去海外上市,还是选择拆了协议控制结构后再回归 A 股,境内外的证券监管机构都很关注协议控制结构搭建的完善性和合规性。

暴风当年搭建协议控制结构,是考虑到互联网视频行业属于外资限制进入的行业,而暴风接受了美元基金 IDG 的投资。于是,为了能利用外资,又能保证取得互联网视频行业的资质,不至于因为外方股东的原因被挡在资质门外,暴风按照通常行业投资惯例搭建了协议控制结构。

暴风的协议控制结构搭建的过程概括如下:

(1)2005 年 8 月,成立酷热科技,作为视频软件开发、运营的主体;

(2)2006 年 5 月,在开曼群岛设立境外融资平台 Kuree;

(3)2006 年 7 月,Kuree 又在境内注册成立全资子公司互软科技外商投资企业;

(4)2006 年 9 月,Kuree 收购了暴风影音的软件、技术秘密、商标和域名;

(5)2007 年 1 月,为运营暴风影音的品牌和业务,又在境内注册成立了暴风网际,该公司即是后来的上市实体暴风科技;

(6)2007 年 7 月和 2008 年 11 月,在 Kuree 的 B 轮及 B+轮融资交割前,Kuree、互软科技与两家境内运营实体(即酷热科技、暴风网际)

及其股东,共同修订并补充签署了一系列控制性协议,使 Kuree 能够享有酷热科技、暴风网际的收益。

暴风的融资情况并不复杂,当时总共才进行到 B+轮,主要的机构投资者有两家,分别是 IDG 和经纬,其中,经纬是在 600 万美元的 B+轮融资阶段进入的。

互软科技作为外商投资企业,与酷热科技、暴风网际这两家境内运营实体存在着协议控制的关系。按照暴风搭建的协议控制结构,原计划是将境内运营实体与境外融资实体 Kuree(也是未来上市实体)从会计层面合并报表,这也是搭建协议控制结构的目的所在。

暴风当初协议控制结构搭建得比较完备和合规,主要体现在以下方面:

(1)对外直接投资的合规性

对协议控制结构来说,首先需要搭建"投出去"的结构,这就是境内主体向境外直接投资的过程,包括由境内个人或者境内企业在境外设立多个特殊目的公司。作为搭建协议控制结构的基本环节,创始人和投资者应履行相关的手续,以满足我国对境内主体在境外投资的监管程序要求。

在暴风的案例中,冯鑫及管理层成员于 2006 年 5 月搭建协议控制结构、设立 Kuree 时,这些创始人按照当时适用的 75 号文的要求,均取得了外汇局盖章的《境内居民个人境外投资外汇登记表》。

取得《境内居民个人境外投资外汇登记表》,并不算大功告成。按照 75 号文的规定,如果涉及新的境内投资者,或者原有投资发生变更,就需要办理相应的新的初始外汇登记或变更登记。也就是说,这些登记还要不时进行更新。

暴风后来进行的几次美元融资,都是以 Kuree 作为融资主体的。
在这几次融资过程中,各个创始人都进行了外汇变更登记,但在 Kuree
的 B+轮私募融资时,漏掉了办理外汇变更登记这一事项。对此,证监
会还在暴风上市前询问,要求暴风的律师进行补充核实。经过核实后,
律师给的最终结论是"该等法律瑕疵不会对发行人的本次发行上市造
成重大障碍",这一问题也就算通过了。

(2)外商直接投资和资金出入境的合规性

协议控制结构的搭建,除了要"投出去",还得能"投回来"。这就涉
及进行外商直接投资或者跨境并购的有关监管程序的要求。

在暴风搭建的结构中,Kuree 曾于 2006 年 7 月设立了互软科技,
这属于新设的外商投资企业,对此按照我国外商投资法律法规的有关
规定,互软科技取得了相应商务部门的批准,并办理了工商、外汇及税
务等相关登记手续。

此外,境外机构融得的资金如何入境,资金进出是否经过外汇审批
或登记手续,这些问题也是证券监管机构关注的重点。

在暴风上市的过程中,监管部门就曾要求发行人及中介机构说明,
Kuree 的境外投资者对互软科技或暴风科技提供资金支持的形式和途
径,以及是否办理了相应外汇审批手续。对此,发行人及中介机构核查
了 Kuree 有关资金入境的途径及外汇登记手续后确认,历次的资金汇
入都已经履行了外汇监管的手续要求。

2.内外兼收!协议控制结构的拆除

暴风原本搭建了协议控制结构,计划去海外上市,后来想改在国内
上市,于是决定拆除协议控制结构。

自 2010 年开始，暴风主动启动了对协议控制结构的拆除工作。这意味着暴风自己断了海外上市的路，决定专心争取回国内 A 股上市。直至 2011 年 5 月，暴风的协议控制结构拆除工作全部完成。

在暴风的协议控制结构拆除过程中，最核心的重组采用了"内外兼收"的方式。2010 年 12 月，Kuree、互软科技、暴风网际、酷热科技、IDG、Matrix 与境内的新投资者共同签署了重组协议，按照如下步骤进行了重组。

（1）新投资者向 Kuree 购买互软科技的全部股权；

（2）Kuree、互软科技与暴风网际、酷热科技、暴风传媒及其各自股东就各方债权债务关系，进行梳理、确认和清偿；

（3）Kuree 在境外向 IDG 及 Matrix 回购其所持有的全部 Kuree 股份；

（4）调整拟上市主体暴风网际的股权结构；

（5）各方签署的控制性协议均终止。

在重组中，境内的新投资者是新加入的主体，也是重组过程的核心。新投资者是境内人民币基金，一方面增资入股境内运营实体，另一方面收购互软科技这家外商投资企业，两件大事并行完成。

对境内的运营实体，新投资者主要通过增资的方式，成为拟上市主体暴风网际的股东，完成增资并取得股权。对境外的 Kuree 和其投资的互软科技，新的投资者向 Kuree 购买了互软科技 100％的股权，互软科技从外商投资企业变更为内资企业。

Kuree 收到交易对价款后，向境外投资机构 IDG 及 Matrix 回购所有股份，让这两个美元投资机构获利后退出。与此同时，调整境内拟上市主体的股权结构。在这一过程中，新投资者要求境内拟上市主体持有股权,既要参照历史上的权益持有情况,又要根据各方就新投资者持股问题所进行的谈判能够达成的一致意见来进行。

采取这种方式,能够保证业务和控制权的连续性,这样的重组安排是暴风、各方投资机构和中介机构共同努力的成果。

以上重组过程是比较流畅和顺利的。虽然这在今天看起来可能并不算多特别,但在当时,公司拆除协议控制结构并在境内 A 股上市,还基本没什么先例可以参考,所以能探索出这样的方案并能落实到位,殊为不易。

在重组过程中,洽谈和确定外方投资机构以何种条件退出和新投资者以何种条件接盘是最难的,各方花了不少时间谈判。按照当时暴风 CFO 曲静渊接受《新理财》专访时的说法,"耗时最长的是人民币用一个什么样的估值来接盘美元的谈判,主要是谈双方的估值和交易的对价。因为我们要把美元全部退出,首先要找到足够的人民币基金来接盘。在当时的条件下,人民币基金如何给即将盈利的科技公司估值并没有很多案例,所以耗用了一段时间"。

在拆除协议控制结构的过程中,重组是硬仗,确定权益结构是硬骨头。如果各方能把重组的重大方面谈妥,尤其是把权益结构这块硬骨头啃下来,拆除协议控制结构就比较有谱了。这时候,再谈终止控制性协议就是水到渠成的。

尤其是,暴风涉及的各个控制性协议,除了《非专利技术转让协议》及《非专利技术使用许可协议》得到部分履行外,其他协议均未实际履行。例如,根据互软科技与暴风网际签署的《股权质押合同》,暴风网际的所有股权按照合同约定应当质押给互软科技,应当到工商行政管理部门去办理股权质押登记,但实际上各方并没有办理。

有人也许要问,为什么新的投资者都是人民币基金,为什么一定要让所有的美元基金退出。这是因为暴风所从事的互联网视频行业，必须要取得《信息网络传播视听节目许可证》，这是运营该类业务的必备牌照，按照当时的法律规定，取得该牌照要求运营的企业不能有外资成分。

所以在此硬性要求下，暴风在拆除协议控制结构时，只能请所有的美元基金退出，境外美元基金持有的投资份额需要由人民币基金来接盘。

暴风清理美元基金的过程是比较幸运的。暴风拆除协议控制结构，原本所有美元基金都应该退出，但刚巧暴风的老股东 IDG 美元基金的团队人员正好在设立一只新的人民币基金，这家基金就是北京和谐成长投资中心（下称"和谐成长基金"）。

于是，和谐成长基金接了 IDG 美元基金的一部分份额，还参与了对拟上市实体的增资，成为暴风的新投资者。因为和谐成长基金和 IDG 有这层渊源，能够让退出和接盘的方案更容易谈些，有利于进行暴风协议控制结构的拆除工作。

不过后来，也正因为和谐成长基金和 IDG 的这层渊源，在上市前还节外生枝了一下。在暴风上市的过程中，还被专门询问过，"和谐成长为 IDG 在中国境内设立的人民币股权投资基金，普通合伙人为北京和谐天成投资管理中心，和谐成长目前持有 10.889％股权。请保荐机构、律师说明和谐成长作为境外企业在中国设立的基金直接持有发行人股权，是否符合有关法律法规的限制性规定"。

对于这一问题，券商和律师经过核查，认为和谐成长基金的最终出资人和有限合伙人均来自境内，并不属于境外企业在中国设立的基金。

话说回来，暴风是和谐成长基金的一个成功投资案例。和谐成长基金在暴风上市前重组阶段进入，到上市 1 年锁定期满后减持，2016年 4 月减持 1100 万股，占总股本的 4％，一下子套现 10 亿元。

第十三章

私有化的势力格局和融资安排

● 中概股私有化当中，一般会涉及哪几个类型的资本构成？

● 为什么说在创始人缺位的情况下，中概股公司的私有化项目容易出现很多变数？

● 基于各方势力对比，如何预测中概股公司的私有化项目中可能出现的问题？

在读完本章后，对于以上问题，应该可以得到答案。

一、私有化涉及的资本构成

在私有化大浪潮当中，中概股公司就好似远航的大船，目标是能顺利完成私有化和退市。[①] 这一征程注定考验重重，能否顺利到达彼岸，既要看船的运力和性能，也要看掌舵人的经验和本领。

那么，是谁在掌舵呢？要想知道谁在掌舵，先看看船上有谁，有哪几路资本。简单来说，私有化的过程当中，涉及的资本可以分为三个主要类型：主要股东股权、股权融资资本和债权融资资本。

（1）主要股东股权

主要股东股权由大股东、机构股东和持股的高级管理层所持有的股份构成。如果创始人在，创始人一般是大股东，还担任董事长或 CEO。

至于机构股东，基本都是大股东在公司中的同盟，往往是已经当了该公司很多年中小股东的机构投资者。

---

① 本章只按照中概股公司传统的私有化、退市和回归来进行分析，暂不考虑中概股公司跨境转板、分拆部分资产再上市等创新情形。

　　主要股东是私有化买方财团的成员，也是整个私有化交易的发起者。在私有化过程中，主要股东将其持有的股权进行平移，直接移至收购主体中，在这过程中不涉及向主要股东支付任何现金对价。

　　作为私有化的买家，主要股东拥有的上市公司股权就相当于本钱，本钱当然是越多越好。主要股东手上的股票越多，分量越重，所能控制的筹码便越大，私有化便越有把握。同时，其控制的股权越大，另外的资金需求也就越小，这时想要分一杯羹的其他类型的资本，包括外部的投资机构和银行，可能就没有挣钱的空间了。

　　（2）股权融资资本

　　在极少的情况下，大股东可以不必进行股权融资，仅靠自己便可以进行私有化。但是绝大多数情况下，为了实现上市公司私有化和退市，主要股东需要购买其他非主要股东持有的上市公司股份。如果仅凭借主要股东的财力，一般还是有些困难。为此，主要股东愿意出让一定比例的股权作为交换，来吸引外部资本的股权投资。

　　能够提供股权融资资本的主体很多，多数都是国内外的投资机构、私募基金等，他们的主要目的是进行跨境、跨市市场的资本套利，利用不同资本市场估值和制度的差异，谋取超高额的回报。

　　除了私募股权等投资机构之外，一些互联网巨头也积极介入中概股公司回归项目，例如马云和阿里巴巴对于博纳影业、爱康国宾私有化的深度参与。当然，对于互联网巨头来说，介入这类私有化项目的首要目的并非仅是谋求投资回报，可能更多还是为了完善巨头自身的产业布局。

（3）债权融资资本

退市需要动用的资金量很大。如果都以股权融资的方式,将会削弱大股东对企业的控制权。因此,大股东等买方财团愿以承受利息的方式加财务杠杆,借用一定比例的债权融资。

债权融资的资金来源,最主要来自国内外的银行或银团贷款。基本在每个私有化项目中,都能见到银行的身影。一般来说,私有化项目的银团贷款,以国内银行的海外分行作为牵头银行,再联合其他多家银行,贷款的形式多种多样,包括离岸人民币、美元定期、现金过桥和美元备用信用证等。

除了银行为私有化提供借款之外,借款还可能来自对私有化项目进行股权投资的投资机构。但是,投资机构同意出借的长期借款,一般只对创始人提供,且将借款控制在只占全部融资的小部分比例之内。例如,投资机构为私有化项目提供的出资金额中,将股权投资金额和借予创始人的债权金额的比例常会限定在 4∶1,那么,债权的比例就只占该投资机构全部投资额的 20%。

总之,私有化中的资本可分为股权平移投资(对应着主要股东股权)、权益资本(对应着股权融资资本)和外部债务(对应着债权融资资本)这三个方面,其向私有化交易的收购主体中注资,最终实现私有化交易。① 在中概股私有化的公告中,可以找到这三方面的具体构成情况。

---

① 中概股公司的私有化多采取一步式合并的方式,成立新的特殊目的公司为收购主体,利用股权融资和债权融资支付私有化对价,原上市公司的非主要股东在收到对价后退出。

按照上面的分类能很清楚地看到，私有化的本质是大股东拉拢其他主要股东，联合一些外来的资本组成买方财团，再借些外债，然后从其他非主要股东（尤其是散户）手里购买其持有的上市公司股票，进而减少股东人数，从而实现退市。

什么是私有化收购的目标呢？那便是收购非主要股东（如散户）手中所持有的股票。原则上，在不考虑私有化报价、政策、环境等因素的情况下，主要股东持有的股票分量大些，所能取得的融资支持充分些，私有化便会更容易完成些。

除了要完成私有化和退市，为了实现再上市，公司还要进行各种必需的重组。在这一过程中，还会有新加入的资本和寻求退出的资本。一般来说，在一个交易当中，各个资本所拥有的分量，是从一开始就确定了的。如果要介入到中概股公司的私有化项目当中，想要谋求资本运作的巨额收益，需要趁早谋划。①

二、私有化中的势力格局

要退市的中概股公司就好比一艘远航的大船。前面提及的三个资本组成部分之和，便是私有化交易的总价。对于一个中概股私有化的项目来说，通过观察前述三个组成方面，可以看出主要股东基本情况（公司主要股东手中的股权份额）、股权融资情况（引入了哪些机构以及相应的融资条件）、债权融资情况（采取了多大比例的债权杠杆以及借款条件），进而看出项目的硬实力。

---

① 很多私有化项目当中的主要投资机构，并非是在私有化阶段介入的，而是在中概股公司的早期融资和上市时就是核心的机构投资者。

另外对私有化项目至为关键的软实力,则是公司的领头人和他的团队,这些人可以比作私有化大船的船长和船员。私有化买方财团的领头人,即船长,构成整个交易项目的核心,带领公司进行私有化和回归。通常来说,如果中概股公司的创始人在位,便由创始人担任领头人;如果创始人缺位,便由新晋的大股东或者管理层担任领头人。以下按照创始人是否在位,区分不同的情形进行分析。

1.创始人在位的势力格局

(1)情形一:创始人在位,所持股权比例高/表决权比例高

如果创始人在位,创始人较大可能持有大比例的股权。如果公司采用双层股权结构,创始人所持有的股权还往往是表决权比例高的类型的股票(如1股有10票表决权)。此外,创始人还通常担任着董事会主席、CEO,因此创始人很容易形成对公司绝对的控制力,理所应当成为领头人。

如果在位的创始人所持股权比例很高,同时又是公司大股东,这时整个队伍的核心力量最强,也相对强势。一旦创始人下定决心要私有化,一般都势不可挡。例如分众传媒、巨人网络等回归案例,就可以看到江南春、史玉柱在这一路牢牢把舵,坚定航行。反之,如果创始人决定不做私有化,私有化进程也会很快被终止,例如陌陌、欢聚时代等。

(2)情形二:创始人在位,所持股权比例低/表决权比例高

有些时候,创始人所持股权比例不太大。这也不稀奇,因为企业上市前进行了多轮融资(有的可多达E轮及以上),再加上上市,创始人已将股份逐步释放给了其他股东,自己留下的股权比例不高。

当创始人持有的股权比例不太大,其持股还有没有分量呢? 这就

要区分情况看了。有时候创始人股权比例低、表决权比例也低，这时创始人持股的分量就不大。但如果公司采取了双层股权结构，则创始人的股权比例和表决权比例可能不同，创始人持有的股权比例虽然低，但其持股对应的表决权比例却还维持在较高的水平。

双层股权结构在海外公司比较常见。包括京东、奇虎360、当当等许多中概股公司，都采取双层股权结构。比如，设置 A、B 股两类公司股份，其中 A 类股向外部投资者发行，每股只有 1 票的投票权；B 类股被设置为每股有多票（例如有 10 票）的投票权，B 类股不公开对外交易，始终被创始人和管理层持有。持有少量 B 类股的创始人和管理层，就算失去多数股权，也能以大比例的投票权掌控公司的命运。

因此，如果创始人持股比例不是最大，但是所拥有的表决权比例却很大，那么创始人持有的股权仍很有分量。这时倘若创始人铁了心要做私有化，虽然持股比例不算高，也能凭借高比例的表决权让私有化方案获得通过，这类私有化就比较有把握。比如当当网，尽管私有化价格一再遭到挑战和质疑，还是能凭借着俞渝及李国庆持有的 35.9% 的股权比例和高达 83.5% 的投票权，主导当当私有化得以顺利完成。

但是在这种情况下，由于创始人持有的股权比例不大，需要相应收购的外部股权比例就会较大。所以，这时的创始人就会比较依赖其他同盟股东和外部投资机构的支持，不会特别强势。

（3）情形三：创始人在位，所持股权比例低/表决权比例低

还有一种情况，就是创始人手中控制的股权和表决权都很低。这也许是因为创始人在企业发展前期，将股权过多对外释放，对于企业的控制力更多依赖于精神上的、管理上的，而非股权上的。

在这种情况下，创始人如果启动私有化，因为手中的筹码太少，私

有化需要收购的股权比例很大，外部融资（包括股权融资和债权融资）的压力就非常大。融到资金之后，创始人也会非常依赖其他同盟股东和外部投资者的支持，需要以保守稳健的方式，确保私有化的安全完成。

许多中概股公司的私有化，从实质上而言，是在财团支持下进行的管理层收购。之所以这么说，是这些创始人兼 CEO 在上市公司持股非常有限，必须大量求助于投资机构。不论是通过股权融资还是债权融资，都要集结到足够的资金，才能把上市公司在外流通的股份收购回来，从而实现私有化。

爱康国宾的私有化就是这样的情形，创始人组织的买方财团控制的股权比例为 12.6%，代表了公司 34.5% 的表决权，不足以控制公司。这种情况下，创始人进行私有化的基本面很不扎实，一旦出现敌意收购者，就会危及自身的地位，让公司私有化的前景变得渺茫。

2. 创始人缺位的势力格局

总的看来，当创始人在位时，所进行的私有化通常都还很有希望完成，就像本书中的多数案例所显示的那样。但如果创始人缺位，公司的私有化又该怎么办，听谁的？

（1）情形一：创始人缺位，其他主要股东有影响力

创始人缺位，指的是创始人的持股可以忽略，甚至已经退出（无论是主动退出还是被动出局），这时公司的私有化可能存在较大变数。

创始人把公司从零开始发展为海外上市公司，劳苦功高，体现着强烈的企业家精神，是公司的灵魂人物。创始人的个人风格会对公司的风格产生决定性的影响。

创始人缺位的公司，一种糟糕的可能是，公司没有主心骨，没有一方能够动员所有人的力量。但也有比较幸运的情况，如果其他主要股东持股比例较高，或者股权有分量，或者有核心资源，又或者有实质上的影响力，那么由其他主要股东启动私有化，仍有可能顺利完成。

（2）情形二：创始人缺位，外来大股东缺乏控制力

每家公司总该有个大股东，无论这家公司的创始人是否在位。但如果大股东是外来的，他终究会发现，他很难取代创始人的位置。

如果大股东原本也是公司的股东，例如是早期投资公司的人，这样的情况会好一些。因为他毕竟是内部人士，面对协调各方和公司治理的难题，了解的信息比较充分，也就知道怎么应对。

但如果大股东是一个纯粹的外来资本，突然降临公司，那这个外来大股东的地位就没那么稳固了。当公司正常运营时，这个问题还不凸显。可当公司要进行私有化，这个外来人要成为公司私有化的船长，仅凭借大股东的地位控制局面，那便有些难度。要当船长，要问其他股东答不答应，尤其要问管理层答不答应。

汽车之家（ATHM）的案例能从侧面说明这个事实。在汽车之家上市之后，创始人李想只控制了5.3%的股权，在那之后便彻底退出了公司。在汽车之家这样一个创始人缺位的上市公司里，最大的股东是澳洲电讯，持股71.5%，是外来的绝对大股东。后来澳洲电讯出于各种原因，希望把控股地位转让给平安信托。这一转让激起了汽车之家管理层的极端防御，他们担心在平安信托接管公司控股地位之后，管理层会被大换血。

于是，汽车之家以CEO秦致为首的管理层，在2016年4月联合了红杉资本、高瓴资本、博裕资本组成财团，发起了对汽车之家的私有化

要约。此举是对原大股东澳洲电讯对外转让股权的直接反击。不过后来,估计是出于各方面现实情况的考虑,该私有化要约在 2016 年 10 月被撤回。

在该案例中,即将成为大股东的平安信托并未表示要对汽车之家进行私有化,但我们可以想象,如果平安信托想这么做,也可能无法得到管理层的支持。

这一案例说明了在创始人缺位的时候,外来大股东尽管控股,却不能保证令管理层听话;而管理层就算能够集众多资本之力发起私有化,却也不能保证私有化的顺利实施。

要知道,私有化交易可绝非公司一般的交易,那可是让公司脱胎换骨的大战役。

而在创始人缺位的情况下,公司的局势不够稳,公司私有化的过程常常不会很顺。而最主要的角力和冲突,往往发生在外来大股东和管理层之间。两者的关系很难处理,冲突也较难以调和。

(3)情形三:创始人缺位,各股东势力相当且争斗多

当创始人缺位,各方股东的股权比较平均时,情况最为复杂。这时公司没有绝对控股者,只有相对控股者。这个相对控股的大股东,从股权等各方面都不足以控制全局。这时,如果谁敢启动私有化,就可能导致纷争不断,私有化何时完成没有把握,即便完成,公司的前景也非常不明。

创始人代表的是公司的魂。当创始人缺位的时候,公司的魂就好像处于散落的状态。而私有化和退市是很严峻的挑战,如果缺少了最核心的凝聚力,便无法保障其能否胜利。这时,管理层的作用得到了凸显。当各个股东之间争端频发、管理层又缺乏斡旋之力时,形势将会更

加动荡不安，让整个私有化进程陷入一个临近脱轨的状态。

盛大游戏私有化便能证明这一点。在盛大游戏的私有化启动后不久，创始人陈天桥首先选择了退出。在离开之前，陈天桥给新任管理层留下了 9.08% 的股权，该股权对应 34.46% 的表决权。也许他以为给了管理层股权，管理层就能够帮助公司完成私有化和回归的使命。

后来，事态的进展令人吃惊。按理说，管理层有足够分量的股权保驾护航，应该可以掌控局势。然而，从事态进展来看，管理层为了解困，几次引入新的投资者，可最后却无法处理各派系投资者的矛盾，难以从中调停和斡旋。买方财团的投资者进进出出，前后变更 7 次，最后甚至演变为互相起诉。私有化和重组，也只能一再延迟。无奈之下，管理层也只能选择退出，而在退出之后，还遭到一些投资者的指责。

可见，如果创始人缺位，那么私有化能否顺利进行，还得看管理层和公司股东的关系。公司股东，既包括公司的老股东，也包括后来的投资者；既包括公司的大股东、战略投资者，也包括公司的机构投资者等中小股东，甚至还包括散户。在管理层主导的私有化过程里，拉拢谁、引入谁、制衡谁、踢掉谁，利益的斗争风起云涌。

通过以上不同情形的力量对比分析，可以明确的是，在私有化这类项目中，当有了核心，公司就有了精神，团结一切需要团结的力量就变得容易了，私有化就比较有保障。但如果没有核心，只能完全依靠势力的比拼、利益的分配，这时决策容易被推翻，事态进展多有反复。此时无论是主要股东还是外来资本，都需要打足十二分精神，稍一走神，可能就阵仗大变。

综上，通过对各方力量的衡量、对比和分析，可以预测出一个私有化项目靠不靠谱、顺不顺利。

三、私有化中的融资安排

如果想要启动中概股公司的私有化,领头人要视情况所需,"团结一切需要团结的力量",包括引入外部投资者、搭建买方财团、举借银团贷款、进行重组等。还要谋划好作战的战略和战术,才好决胜于千里。同样,私有化过程中的融资方案设计也非常关键。在启动私有化之前,为了确保私有化能够完成,关于融资方案需要考虑如下问题。

1.融资基本方案的确定

(1)需要钱吗?

如果私有化的领头人手里股权、控制权、现金这几样都有的话,那地位就非常稳固了。当然,这样的情况并不多。

有足够的股权、控制权、现金,作为领头人,其地位足够牢固了。这时如果带头启动私有化,同盟的中小股东一般都会紧密追随。为了完成私有化,他们只需要收购二级市场上剩余的为数不多的流通股。这种情况下,私有化对资金的需求就不会太迫切。

但是上述情形是少数。众所周知,许多中概股公司的私有化,发起者往往是创始人,但他一般在上市公司持股有限,所以得求助于投资机构(包括中小股东或者外部的私募股权基金等)。通过股权融资和/或债权融资,集结到足够的资金,才能把上市公司在外的流通股收购回来,从而实现私有化。这种更像是管理层收购,当然需要融钱。

(2)钱需要找吗?

除了少数私有化项目不差钱以外,多数的私有化项目都需要大量的资金，才能把整个私有化和后面的境内外重组做完。资金弹药必须要准备充足，而且要早些找，军马未动，粮草先行。这么看来，提出私有化之前的核心任务便是找钱。而钱容不容易找，这要看公司的具体情况。

不同项目对资金的吸引力差别很大，对于优质项目，大把资金主动找上门，私有化发起者一方还可以在各路资金间挑挑拣拣。有的投资机构非常激进且主动，甚至在公司创始人还没有动私有化的心思之前，就主动前来游说，提议搞私有化，这种情况也不少见。

但对于某些市场不太看好的项目，即便公司的核心股东和管理层四处登门拜访，寻找融资，也可能仍然凑不齐所需的全部资金。投资机构还可能临时变卦，出现钱不按约定到账的情况，弄不好会最终导致私有化进程无奈终止。

（3）融美元还是融人民币？

融资方案的基本问题还包括了融美元还是融人民币的选择问题。如果按传统的方式一般是融美元。纵观过去的中概股私有化案例，以融美元的私有化案例居多。毕竟中概股公司有一套海外公司体系，所有出资以美元方式进行，股票、存托凭证都是以美元计价，私有化要完成交割也必须支付美元。融美元的第一个好处是便宜。显而易见，海外资金的成本相对国内要低不少。

融美元的第二个好处是便利。海外市场中私有化和退市比较常见，也属于融资机构的常规业务，项目不愁找不到合适的海外资金提供方。而且最重要的是，借用美元不涉及境内资金出境的问题。而私有化最终交割也要以美元进行，所以融美元对完成私有化收购最后阶段的交割相对更有保障。

　　另一个方式是融人民币。以往私有化项目一般都采用融美元的方式,在中概股公司私有化中活跃的主要是国际老牌机构投资者。但2015年这波私有化热潮出现了一个新的趋势,那便是机构投资者以来源于境内的人民币基金为主,人民币基金开始主导私有化。例如奇虎360的私有化融的便是人民币。

　　融人民币这一趋势的出现,主要是因为这一轮私有化热潮的终极目标是回归境内A股资本市场,另外再加上人民币国际化趋势和离岸人民币业务的发展,融人民币的模式才得以兴起。在投资机构中间,人民币基金也开始扛起了私有化的大旗,并把融资和重组的主战场都转移到了境内。

　　如果选择融人民币,好处是可以尽早将项目的主体结构落在境内,这也便于后续的重组。并且,因为国内流动性过剩,资金量多,资金之间便会形成竞争,结果就是资金方更愿意让步,企业创始人能占据更优势的谈判地位。

　　融人民币的缺点也非常明显,一是私有化毕竟要以美元币种进行交割,如果人民币处于贬值周期,那便使得交割时所需人民币要比当初预计需要的多,私有化的买方将承担一定的汇率损失。

　　融人民币的另一个缺点也非常重大,还难以克服,那就是在对外汇资金出境严格管控的大环境下,融人民币何时能汇出,以什么方式汇出,成为一个大难题。除非融的都是离岸人民币,否则便可能遭到"虽然钱已到位,但是不知何时能出境"的尴尬境遇。而一旦资金无法交割,私有化的买方便要承担支付巨额赔偿的违约风险。

　　当然,也可以把人民币和美元结合起来,各融一部分。如果是既融了人民币又融了美元,资金的汇集可能需要分别进行,即美元投资者在海外设立一家离岸公司并将美元归集在该离岸公司，人民币投资者在境内设立一家项目公司并将人民币资金归集在该实体，完成境外投资行政程序后，将人民币资金换汇汇出并投资到离岸公司。由买方财团将汇总过来的资金对收购主体进行注资，从而完成私有化收购。

(4)融股权还是融债权？

私有化过程中，主要股东从外部融资，可以用股权融资的方式，还可以用债权融资的方式，还可以用股权融资和债权融资相结合的方式。

股权融资的好处是无需偿还。不利之处是，当进行股权融资后，大股东的持股比例会相对缩减，对企业的控制权会减弱。不仅如此，如果预计项目私有化后很有前景，未来收益很大，那么从外部取得股权融资，也就意味着将一部分的资本收益拱手于人。

这也是许多大股东在启动私有化时，愿意优先选择债权融资的原因。尤其是在买方财团持股比例大、启动私有化时机好的情况下，这时资金较容易融到。如果仅凭金额不大的债权融资就能满足需求的话，买方财团就不会去做股权融资了。

但如果采取债权融资的比例过高，也会带来明显的弊端。需要考虑到，从私有化到最终再上市的间隔时间不短，在这几年的空档期内，借款的利息开支需要照付，但融资却很难再开展。一旦后续回归进程不顺利，债务的本金和利息就可能成为非常大的负担，企业的现金流容易出现危机。①

----

① 此外，银团借款相关担保的影响也需要加以考虑，借款的担保物可能包括借款人直接或者间接持有的公司股权、公司的主要资产及所持有的境内外公司的股权等，设太多担保会对后续的重组造成掣肘。

2.买方财团的组建和制衡

（1）买方财团的组建

中概股公司的私有化,是涉及上市公司的特殊跨境并购,并购所需动用的资金多以十亿元乃至百亿元计。为开展如此规模的跨境交易,出于筹集资金、整合资源等目的,私有化的发起者一般要联合多家投资者,组成买方财团来实施并购。

在寻找买方财团成员时,私有化的发起者需要详细考察潜在伙伴的资金实力、企业类型、资金来源、背景和资源、决策效率、并购经验等多重因素,确保各方能够众志成城且高效地工作。此外,随着国内私募基金的蓬勃发展,私有化也越来越多地利用基金募集的方式汇聚多层次不同渠道的资金。

在买方财团成员基本确定后,买方财团还需要搭建境内外多层级的资金归集平台以归集资金,并最终输送到海外的并购子公司,以完成对目标公司的私有化。

私有化并购的买方财团由多家投资者组成,各成员之间利益诉求、背景和能力、经验和风格等各不相同,需要一套严密的协议来约束。一般在私有化发起前,发起私有化的各方需要着手做好测算,准备一套周全的融资方案,经与各方协商后,签署条款清单,其基本条款将作为整个交易的框架供私有化成员遵守。

在私有化细节已敲定的情况下,买方财团内部还要签署一系列协议,约定投资者之间的合作方式及内容、交易费用分担、出资义务、特别权利安排等。除此之外,还可能需要签署股东协议、托管协议、履约保证协议、出资承诺函等,包括对反向分手费款项的提前汇总,以此绑定买方财团的成员,保证能对上市公司私有化收购完成交割的义务。

另外,在买方财团中,既有私有化交易的发起人大股东或者管理层,也可能有战略投资者、产业投资者,还可能有一般的财务投资者。各方有各自不同的利益诉求。倘若买方财团内部要求按照实际贡献来分割财产份额或股权比例,分量重、加入早的投资者要求有相对的溢价,那么在买方财团的平台搭建、出资方案筹划、交易条款拟定等方面,都需要配合其需求做出安排,这些都要进行全面统筹。

(2)投资机构的期望

资本永远在逐利,这是资本的本能。如果有能带来收益的项目,就会获得资本的关注。上市公司私有化退市的项目,如果预期能盈利,也会吸引各方投资机构的积极介入,从中谋求赚取投资收益。

在这一点上,投资机构做退市项目和做上市项目的目的,可以说是并无差别。对于IPO上市项目,投资机构是为了赚取股票在一二级市场间的差价。而对于私有化退市项目,投资机构还期望能赚取境内外不同资本市场间的差价。

优质中概股公司的私有化项目,经过这么多年的发展,已成为许多投资机构所喜爱的并能带来丰厚回报的业务类型。有些厉害的投资机构,擅长布局和运作,对于同一家中概股公司,在其海外上市的时候赚一道,私有化和退市的时候又赚一道,回国上市的时候再赚一道,做到了"一菜多吃"。

投资机构为了能让投资收益更有保障,并且锁定风险,往往要求签订保证投资者优先权等内容条款。例如,中概股公司必须在一定期限内完成再上市的对赌条款。要求签定这样的条款也可以理解,资本永远是逐利的,投资机构在提供资金后盾的同时,也给中概股公司带上了镣铐。

(3)压力下的制衡

投资机构之所以加入私有化项目,成为买方财团成员,是想以资本的力量来实现私有化,图的是在这一过程中获得资本收益。企业创始人、大股东必须用好投资机构的钱,团结好投资机构,但同时又要强化自身统帅的地位。资本有狼性,既需要利用,也需要防范。

在私有化和重组的过程中涉及的投资机构很多。有要入资的,有要退出的,在这迎来送往之间,各有各的算盘。作为公司创始人、大股东,必须在顾全大局的基础上,调和各路资本的利益,这很考验智慧和经验。

总体来说,强化主要股东的核心地位,一般会有利于整个私有化的进程。为此,有时可能需要避免过早确定买方财团,必要时,要多进行比较,争取让各家投资机构相互制衡。一般来说,在私有化过程中,买方财团一经确定,为了稳定军心,便不要做太大的调整。

最差的情形是作为公司创始人、大股东失去了控制力,被资本反客为主,被虎视眈眈的资本逐利者挟持,失去了话语权。

总之,太阳底下没有新鲜事,但是太阳底下还会一直有事发生。私有化、退市和回归这样的大戏,今后还会继续,在不同的资本市场之间、企业和资本之间、多方资本之间、企业与不同上市地的监管部门之间,继续发生各色的博弈和较量。

图书在版编目（CIP）数据

资本短歌行:中国概念股的海外上市、退市与回归 /
李靖怡著. —杭州：浙江大学出版社，2018.11
ISBN 978-7-308-18515-8

Ⅰ.①资… Ⅱ.①李… Ⅲ.①工商企业—境外上市—
研究—中国 Ⅳ.①F831.5

中国版本图书馆 CIP 数据核字(2018)第 188540 号

资本短歌行：中国概念股的海外上市、退市与回归
李靖怡　著

责任编辑	曲　静
责任校对	杨利军　董齐琪
封面设计	周　灵
出版发行	浙江大学出版社
	（杭州市天目山路 148 号　邮政编码 310007）
	（网址：http://www.zjupress.com）
排　　版	杭州中大图文设计有限公司
印　　刷	杭州钱江彩色印务有限公司
开　　本	710mm×960mm　1/16
印　　张	19.25
字　　数	259 千
版 印 次	2018 年 11 月第 1 版　2018 年 11 月第 1 次印刷
书　　号	ISBN 978-7-308-18515-8
定　　价	52.00 元